“十二五”职业教育国家规划教材
经全国职业教育教材审定委员会审定
高职高专物流管理专业教学改革系列教材

配送管理

第2版

主　编　马俊生　王晓阔

副主编　陈智刚　余晓红　谢　颖

参　编　潘灿辉　张　俊　屈　颖　潘玥舟
姜　波　占　维　谢先明

主　审　潘灿辉

机械工业出版社

本书以配送中心业务流程、职业岗位及职业发展规律为主线，基于项目和任务进行设计，系统阐述了配送及配送中心管理及运营的基本知识和专业能力。主要内容包括：配送认知，配送中心认知，配送中心订单处理作业，配送中心进货作业、存储作业与补货作业，配送中心拣货作业与配货作业，配送加工与包装组织，配送中心送货、装卸搬运与退货作业，配送计划的制订与运行，配送费用核算，配送中心组织设计，配送中心管理信息系统及作业单据，配送中心作业绩效评价。

本书以提高学生配送中心运营管理与操作能力为目的，充分反映高职高专教育的特点，可作为高职高专院校物流管理及相关专业教学教材，也可以作为第三方物流企业、企业物流部、零售业或制造业企业配送中心、物流中心进行业务培训的参考教材。

本书配有电子教材、PPT 课件及其他材料，凡使用本书作为教材的教师或学校可向出版社索取，联系电话：010-88379375。

图书在版编目（CIP）数据

配送管理/马俊生，王晓阔主编. —2 版. —北京：机械工业出版社，2016.1（2022.5 重印）

“十二五”职业教育国家规划教材　经全国职业教育教材审定委员会审定　高职高专物流管理专业教学改革系列教材

ISBN 978-7-111-52650-6

Ⅰ. ①配…　Ⅱ. ①马…　②王…　Ⅲ. ①物流配送中心—企业管理—高等职业教育—教材　Ⅳ. ①F253

中国版本图书馆 CIP 数据核字（2016）第 001604 号

机械工业出版社（北京市百万庄大街 22 号　邮政编码 100037）

策划编辑：孔文梅　　责任编辑：张　亮　席建英

责任校对：黄兴伟　　封面设计：鞠　杨

责任印制：单爱军

北京虎彩文化传播有限公司印刷

2022 年 5 月第 2 版第 6 次印刷

169mm×239mm • 16.5 印张 • 311 千字

标准书号：ISBN 978-7-111-52650-6

定价：45.00 元

电话服务

客服电话：010-88361066

010-88379833

010-68326294

网络服务

机　工　官　网：www.cmpbook.com

机　工　官　博：weibo.com/cmp1952

金　　书　　网：www.golden-book.com

机工教育服务网：www.cmpedu.com

前　言

配送是一种特殊的、综合的物流活动形式，它将商流与物流紧密结合起来，既包含了商流活动，也包含了物流活动中若干功能要素，是物流的一个缩影或在较小范围内的物流活动。

随着技术的不断进步、生产力的不断发展、生活方式和消费方式的不断变化以及消费需求及生产需求的个性化与多样化，配送需求越来越大，配送的重要性日益突出。与此同时，社会对配送人才的需求也日益迫切，带动了物流管理及相关专业的发展。

本书主要有以下特色：

（1）全书遵照物流配送的职业岗位群及职业发展规律进行设计。首先，阐述了配送组织、运营、管理过程中不同的岗位所需的通用知识，即项目 1 配送认知、项目 2 配送中心认知。这部分是基础部分，要求是“应知”。其次是基于配送业务活动的运营部分，主要阐述了公司岗位群里属于“员”级的岗位的要求，如订单处理员、拣货员、复核员、送货员等，强调这些岗位所需的知识、能力与素养的培养，即项目 3～7。这部分是全书的重点，要求是“应会”。最后是配送管理部分，主要阐述了公司岗位群里属于“主管/经理”级的岗位要求，如客户主管、采购主管、库存主管、配送主管、配送中心经理等，强调了这些岗位所需具备的知识、能力与素养的培养，即项目 8～12，要求是“应懂”。

（2）设置了 12 个项目，每个项目又设置不同的工作任务，以此为架构进行编写。

（3）每一个任务开篇都有一个案例，这些案例以虚拟企业 1 个月的运营情况来设计，涉及企业配送运营的各个环节。然后按照任务所需的知识、能力、素养来编排、取舍内容。

（4）本书的理论知识部分多是文字叙述，但能力和素养培养等实践部分尽量应用了表格、图，包括图片来阐述和说明。

（5）每个项目结尾部分都有关键术语、思考题和案例分析，每个任务阐述过程中均采用“资料”来补充。

本书第 1 版的编写分工如下：姜波（第一章），占维（第二章），潘玥舟（第三章），马俊生、屈颖（第四章），王晓阔（第五章），屈颖、张俊、谢先明（第六章），谢颖（第七章），马俊生、张俊（第八章），马俊生（第九章）；并由马俊生进行统稿。

由于本书第 1 版的部分编写人员忙于工作，无法参加修订，仅提供了资料，所以本书主要由马俊生、陈智刚、谢颖、余晓红和张俊修订。具体分工是：马俊生负责项目 1、2、5，陈智刚负责项目 7、9，张俊负责项目 3、4、11，谢颖负责项目 6、10，余晓红负责项目 8、12，由潘灿辉负责主审工作。

在编写本书过程中，编者参阅了大量文献资料，在此对有关作者表示衷心的感谢！同时，对辽宁交通高等专科学校刘兴斌教授和机械工业出版社孔文梅编辑的大力支持，对昆明理工大学管理与经济学院张悟移教授、昆明齐发物流有限公司总经理向曦的指导，一并表示感谢！

由于编者水平有限，书中难免存在不足之处，恳请有关专家和读者批评指正。

编　者

目　　录

项目 1 配送认知

知识目标

1. 掌握配送的定义
2. 了解配送的产生与发展、内涵和外延、特点、作用
3. 掌握配送的功能
4. 掌握配送的分类与配送模式
5. 掌握配送的环节与流程
6. 掌握配送系统的构成

能力目标

1. 学会选择配送模式
2. 学会设计和选择配送流程
3. 学会构建配送系统

任务 1　配送的定义、功能

案例：

总部设在L市的佳美零售商业有限责任公司，在L市内有20家零售门店，在L市所在省有60家门店，在L市周边的S、Q、G、C和X省有门店50家，约有员工2 000人，2013年营业收入为60亿元人民币。2013年12月25日，在L市的公司总部召开运营会议，参会代表是片区经理、门店店长及公司管理层。讨论的内容主要是近期总部及各门店遇到的问题，如采购成本的增加、供应商送货不及时、门店库存管理、客户投诉、销售增长和公司盈利能力等问题。

采购经理认为，公司应该集中采购，收回各门店的采购权，增强对供应商的采购谈判权，获得价格、成本、交货期和质量方面的优势。

门店店长认为，集中采购虽然会有很多优势，但是由于物流的缘故，门店

需要的物品不能及时补货，而且货损率也较高，影响到门店的销售。

物流经理认为，由于各门店要货量对供应商缺乏吸引力，同时由于城市交通管制，供应商不能按时送货。加之省内外的店铺由于距离的缘故，也出现类似情况。因此，建议公司总部整合物流资源，开展配送活动。

财务经理认为，以往的采购模式导致采购成本增加，员工工资也在增加，货损增加，运营费用也在增加，如何提高利润呢？关键在于物流的支持。

销售经理认为，物流对门店销售的支持不够，不能给门店及时的补货，货损率较高，对最终消费者送货不及时，客户投诉较多。

大家都在不断地争论、不断地找问题、不断地想办法。原本计划开两个小时的会议开了三个半小时。但各部门还是没有达成共识。

公司总裁认为会议开得很成功，发现了许多问题，集思广益，但是，问题主要集中在物流方面，也给出了好的解决办法。建议由公司运营副总会后三天内制订一份可行的物流方案，提交给公司董事会讨论，以便解决公司目前面临的问题。

问题：

1．这里的物流是指什么？

2．连锁经营成功的关键在于什么？

3．何谓配送？配送的功能是什么？

4．配送模式有哪些？

5．配送环节与流程有哪些？

通过任务 1 的学习，你将能够解决上述问题。

1．配送的产生与发展

经济生活中有许多配送现象，如面向城市居民、学校、写字楼的矿泉水、纯净水的配送，面向居民的液化气配送，面向居民的粮油配送；零售业的连锁店铺的配送，生产企业的原材料、零部件和组件的配送等。

（1）配送的产生

配送最早产生于美国等西方发达国家，随着国际交流的日益增加和经济全球化趋势的不断加强，这种先进的物流方式逐步在其他国家和地区推行开来。在发达国家，配送已经成为制造商和经营商普遍接受和采用的物流方式，而且还在迅猛发展。

配送是由送货逐渐演变而来的。一般的送货形态在西方发达国家已经有相当长的历史，在买方市场情况下，送货最初是作为一种迫不得已的推销手段出现的。但是随着经济的复兴和高速发展，送货作为商品主要流通的手段，暴露出许多问题：①物流分散，生产企业自备车辆，出行混乱；②道路拥挤，运输效率低而流通费用上升。在这种形势下，改变传统的物流方式，采用现代化的物流技术，进一步提高物流合理化程度，自然成了一些国家的共同要求，并且就此采取了一系列改革措施。

日本做过的一项调查表明，由于社会上自备车辆多、道路拥挤及停车时间长，企业收集和发送货物的效率明显降低。但是如果减少企业自备车辆，就意味着企业运力的下降。为了保证企业生产和销售的顺利开展，需要依赖社会的运力和仓储力。因此，日本政府积极推行“共同配送制度”，经过不断变革，一种被日本企业界称为“配送”的物流体制应运而生。

美国相关机构也曾组织了一次调查，表明“以商品零售价格为基数进行计算，流通费用所占的比例达 59%，其中大部分为物流费”。因此，美国许多企业成立了配送中心，将独立、分散的物流进行统一装卸和搬运，大大降低了流通费用，节约了劳动消耗。资料表明，美国有 30%以上的生产资料是通过企业配送中心销售的。

（2）配送的发展

配送和其他新生事物一样，是伴随着生产的不断发展而发展起来的。其发展大体上经历了三个阶段：萌芽阶段、成长阶段和成熟阶段。

1）配送的萌芽阶段

配送的雏形最早出现于 20 世纪 60 年代初期。在这个时期，物流活动中的一般性送货开始向备货、送货一体化方向转变。从形态上看，初期的配送只是一种粗放型、单一性活动，其范围很小，规模不大。

在这个阶段，企业开展配送活动的主要目的是促进产品销售和提高市场占有率。因此，在这个时期，配送主要是以促销手段的职能来发挥作用的。

2）配送的成长阶段

20 世纪 60 年代中期，随着经济的快速发展以及货物运输量的急剧增加和商品市场竞争的日趋激烈，配送在发达国家得到进一步发展。

在这个时期，欧美一些国家组建（设立）了配送中心，普遍开展了货物配载及送货上门活动。这期间，不但配送货物的种类日渐增多，而且配送活动的范围也在不断扩大。例如，美国已经开展了州际间的配送；在日本，配送的范围由城市扩大到了区域。从配送形式和配送组织上看，这个时期曾试行了“共同配送”并且建立起了配送体系。

3）配送的成熟阶段

20 世纪 80 年代后期，受多种社会和经济因素的影响，配送有了长足的发展，并且以高技术为支撑手段，形成了系列化、多功能的供货活动。具体表现在以下几方面：

① 配送区域进一步扩大。近几年，实施配送的国家已不再局限于发达国家，

许多发展中国家也按照流通社会化的要求实行了配送制，积极开展配送。就发达国家而言，20 世纪 80 年代以后，配送的活动范围已经扩大到了省际、国际和洲际。例如，以商贸业立国的荷兰，其配送的范围已经扩大到了欧盟诸国。

② 配送方式日趋多样化。20 世纪 80 年代，由于经济发展的外部环境发生变化（消费向小批量、多品种转化），不但配送规模和配送活动的范围明显扩大，而且配送作业方式也逐渐多了起来。在配送实践中，除了独立配送、直达配送等一般配送形式外，又出现了共同配送、即时配送等新的配送方式。

③ 配送手段日益先进。技术不断更新、劳动手段日益先进，是成熟阶段配送活动的一个重要特征。进入 20 世纪 80 年代后，各种先进技术特别是计算机的应用，使物资配送实现了自动化。自动分拣、光电识别、条形码等先进技术与无人搬运车、分拣机等先进设备的配合，使配送的准确性和效率大大提高。

④ 配送服务质量要求越来越高。在激烈的市场竞争中，配送企业必须通过自身专业化的服务来保持高质量的客户服务，否则将无法生存与发展。配送服务质量不仅体现在准确和速度方面，还包括低成本以及满足客户个性化服务的能力。

2. 配送的定义

在不同的国家或地区，理论界、企业界对配送有着不同的定义，这反映出人们对配送的性质、作用、范围、功能等的不同认识。为了方便读者对配送有比较准确的理解，本书给出国内外具有代表性的定义。

（1）配送的英文含义

配送的英文是“Delivery”，具有“交货”“送货”的意思。

（2）日本原文部省的定义

日本原文部省在审定的物流培训教材中，是这样定义配送的：“最终将物品按指定时日安全准确交货的输送活动。”

（3）日本日通综合研究所的定义

日本日通综合研究所在其编写的较有影响的《物流手册》中，这样定义配送：“面向城市内和区域范围内，对需要者进行的运输称为配送”，以及“从配送中心到顾客之间物品的空间移动称为配送”。

（4）日本工业标准（JIS）的定义

日本工业标准（JIS）对配送的定义是：“把货物从物流据点交到收货人处。”

（5）国内的定义

2001 年颁布、2006 年修订的《中华人民共和国国家标准　物流术语》（GB/T 18354—2006）将物流定义为“在经济合理区域范围内，根据用户要求，对物品进行拣选、加工、包装、分割、组配等作业，并按时送达指定地点的物流活动”。

该定义具有以下基本含义：

① 描述了接近用户资源配置的全过程。

② 配送实质是送货。

③ 配送是一种“中转”形式。

④ 配送是“配”和“送”有机结合的形式。

⑤ 配送以用户要求为出发点。

⑥ 应该追求合理性，进而指导用户，实现共同受益的商业原则。

本书采用国家标准《物流术语》对配送的定义。

此外，与配送相近的词汇还有“交货”“运送”“输送”“供应”“供给”等，但这些词都没有对配送做出精确的解释。

配送是一种特殊的、综合的物流活动形式，它将商流与物流紧密结合起来，既包含了商流活动，也包含了物流活动中若干功能要素，是物流的一个缩影或在较小范围内的物流活动。

3．配送与运输及仓储

（1）配送与运输

日本物流配送专家中田信哉认为：

① 运输是长距离的、大量货物的移动，而配送是短距离、小批量、多品种的货物移动。

② 运输只是据点间的移动，与距离无关，而假如某企业给客户送货上门，则属于配送。

③ 货物在区域间的移动称为运输，在区域内的移动称为配送。

④ 同一辆车一次性地把货物送到一个地点随即返回称为运输，但是向不同客户分送少量货物则称为配送。

⑤ 货物的移动称为运输，其中，短距离、小批量的货物运输则称为配送。如图 1-1、图 1-2 所示为港口运输与公路运输，并非配送。

图 1-1　港口运输

图 1-2　公路运输

此外，关于运输与配送的比较还有以下观点：

① 运输是具有连续性的、多环节的生产过程；配送是处在整个运输过程中

的支线输送或末端输送的位置，也就是从物流据点到客户这一范围内的输送，是直接与门店或客户（消费者）相联系的部分。

② 配送是运输在功能上的延伸，体现了物流的最终效应，它直接为客户服务，满足客户需求。

③ 一般地，配送是面向城市内的小范围、短距离、小批量的运输。但是，目前在一些交通发达、货物运输能力强的国家或地区，配送活动范围早已超越市域界限，依靠先进的通信技术和信息网络，配送的范围在不断扩大。

④ 配送是多种物流活动的有机结合，不是一般性的企业之间的供货和向客户的送货。配送处于“二次运输”“末端输送”的地位，与运输相比，更直接面向并贴近客户。运输一般是干线输送或直达送货，批量大，品种相对单一；配送与运输的区别不单单表现在数量、种类、距离、复杂程度等方面，配送更需要有现代化技术和装备的支撑。

（2）配送与仓储

仓储是在库房、货场、堆场等物流节点进行货物的交接、验收、入库、保管、养护、盘点、出库及库存管理等作业活动的，而配送作业活动是在配送中心进行的。配送与仓储的区别体现在仓库与配送中心的区别上，主要表现为以下几点：

① 仓库存储所有的产品，配送中心则保持最低库存和高需求的物品。

② 仓库通过接收、存储、保管、盘点、装运处理大多数产品，配送中心通过进货、接收、存储、加工、拣货、配货、配装、装运处理大多数物品。

③ 仓库进行的是低附加值活动，配送中心进行的是高附加值活动。

④ 仓库成批地收集数据，配送中心实时地收集数据。

如图 1-3 所示为库房储存区。

图 1-3　库房储存区

4．配送的特点

配送作为物流系统的重要功能之一，具有以下特点：

① 配送是运输在功能上的延伸，是一种末端物流活动。

② 配送是“配”和“送”的有机结合。配送的优势体现在分拣、配货上，这也是配送与一般送货的重要区别。

③ 配送是以客户需求为出发点的物流活动。配送是按客户订单满足客户要求的服务活动，充分体现了客户的主导地位。

④ 配送是物流和商流有机结合的商业流通模式。配送是商物合一的产物，是一种商业模式。配送作业的起点是集货，必然包括订货、交货等商流活动。因此配送是一种商流和物流有机结合的商业模式。

⑤ 配送是一种小范围、综合性的物流活动。配送是综合性的、一体化的物流活动，包含着丰富的内容。配送过程包含了采购、运输、储存、装卸、搬运、分拣、配货、配装、流通加工、送货、送达服务和物流信息处理等多项物流活动，是一种综合性很强的物流活动。

5．配送的功能

配送是物流系统中一个涉及多环节的物流活动，它有许多不同的功能。

（1）集货

要满足客户的需求，按照客户的要求进行配送，首先必须进行集货，将分散的、需要配送的物品集中起来，以便进行分拣和配货。配送的集货功能包括从几家或者数十家供应商订货、接货、验货和收货等环节。

集货过程必须分析市场信息，了解商品供需状况，既要避免集货不足造成缺货，又要避免因集货批量不当造成库存积压。

（2）存储

为了提高配送的客户服务水平，必须尽量减少配送的缺货次数和缺货数量。合理的存储是满足这一配送要求的重要保证。

存储的合理性体现在库存时间的合理、库存数量和质量的合理、库存结构的合理等方面。

（3）分拣

分拣是根据需要配送的货物种类和数量，从货垛或货架上将货物拣取出来，搬运到理货场所的活动。

在根据客户订单要求进行送货之前，必须对所需货物进行分货、拣选，从而拣选出所需货物。分拣可以采用自动化分拣设备和手工方式两种。

分拣是配送不同于其他物流形式的功能要素，是完善送货、支持送货的准备工作。通过分拣，可以减少差错，提高配送服务质量。

如图 1-4 所示为配送中心的自动分拣系统。

图 1-4　配送中心的自动分拣系统

（4）配货

配货是根据顾客对商品的品种、规格、型号、数量、质量、送达时间和地点等的不同要求，将货物按客户的要求进行包装、组配的过程。

（5）配装

在配送过程中，为了提高送货车辆容积和运输效率，要通过合理的配送路线的安排，把不同客户的货物组合、装配在同一载货车上。

配装的目的是降低送货成本，增加单次运输数量和减少运输次数，同时避免交通拥挤状况。

配装是配送系统中具有现代特点的功能要素，也是配送与一般送货的重要区别之一。

（6）送货

送货是指在配送过程中利用自备运输工具或借助社会运输力量来完成送货作业。

送货有时按照固定时间和路线进行，有时不受时间和路线的限制，可以机动灵活地完成送货任务。

（7）送达服务

送达服务是指在将货物送抵客户的目的地或送货结束后，为客户提供的卸货、退货、换货、拆包装、组装、试用等相关的服务活动。送达服务的目的是提供配送增值服务，提高客户满意度。

（8）配送加工

配送加工是指为了扩大经营范围和提高配送服务水平，将集货的货物通过切割、分装和分选等方式，加工成一定规格、尺寸和形状的货物，从而提高货物的价值。配送加工这一功能不具有普遍性，但往往具有重要作用。

6．配送的作用

配送在物流系统中的作用主要体现在以下几方面：

① 创造时间价值。

② 创造空间价值或场所价值。

③ 创造加工附加价值。

④ 完善输送及整个物流系统，提高末端物流的经济效益。

⑤ 实现低库存或零库存。

⑥ 简化手续，方便用户。

⑦ 提高供应保证程度，降低成本，提高物流经济效益。

7. 配送的分类

（1）按配送主体分类

1）配送中心配送

配送中心是从事配送业务的场所，它借助网络技术、配送管理信息系统、现代物流技术和现代物流设施，为客户提供专业的配送服务。

配送中心专业性强，和客户有固定的配送关系，通常有较大规模的存储、分拣及输送系统和设施，配送品种多、配送数量大，可以承担企业主要物资的配送及实行补充配送等，是配送的主要形式。

2）商店配送

商店配送是由商业或其他流通企业的门市网点，根据用户的要求，将商店经营的品种配齐，或代用户外购一部分本商店不经营的商品，与商店经营的品种一起配齐运送给客户。

商店配送的组织者一般实力有限，往往是针对零售商品的少量配送，配送的商品种类繁多，用户的需求量并不大，很难与大型配送中心建立计划配送关系，因此常常利用小零售网点从事此项工作。但是由于商业及物资零售网点数量较多，配送半径较小，商店配送比较机动灵活，可以承担生产企业非主要物资的配送以及对消费者个人的配送。可以说，商店配送是配送中心配送的辅助及补充形式。

3）仓库配送

仓库配送是以库房、货场作为物流据点组织的配送。它可以把仓库完全改造成配送中心，也可以在保持仓库原功能的前提下，增加一部分配送职能。

由于原仓库并不是按配送中心专门设计和建立的，因此仓库配送的规模较小，配送的专业化程度较低。仓库配送是开展中等规模的配送可以选择的形式，同时也是较为容易利用现有条件而无须大量投资的形式。

4）生产企业配送

生产企业配送的组织者是生产企业，尤其是进行多品种生产的生产企业。这类配送业务可以直接由企业进行，而不需要将产品发送到配送中心进行配送。由于减少了一次物流中转，所以有一定的优势。

生产企业配送需要有较为完善的配送网络和较高的配送管理水平，适用于生产地方性较强的产品的生产企业，如食品、饮料、百货等。某些不适用于中转的化工产品及地方建材也常常采用这种方式。

资料：家乐福的配送中心

近年来，家乐福正计划建立区域性物流配送中心，分为华东区、东北区、西南区、华南区、华中区等分部。而在此之前，由于单店管理能力很强，家乐福（中国）并没有大型物流中心，所有货品均由供货商直接送达店面，物流成本也由供货商自行负担。

试问：家乐福的配送是什么配送？

（2）按配送时间和数量分类

1）定量配送

定量配送是指按规定的批量在一定时间范围内进行配送。其特点是配送数量相对固定或稳定，时间要求不十分严格，备货工作相对简单。配送时，可以根据托盘、集装箱及车辆的装载能力规定配送的定额数量，能有效利用托盘、集装箱等集装方式，配送效率较高。

2）定时配送

定时配送是指按规定的时间间隔进行配送。特点是间隔时间固定，易于安排工作计划，易于计划使用车辆。配送数量和品种可根据计划或按一定联络方式（电话、网络）确定。但是，如果要求的配送数量变化较大，配货、装货难度较大，也会使配送运力安排出现困难。

3）定时定量配送

定时定量配送是指按规定的时间、规定的货物品种数量进行配送。它兼有定时配送和定量配送的优点。但这类配送计划性强、稳定性要求高，对配送企业的服务要求比较严格，管理和作业难度较大，相对来说比较适合生产和销售稳定、产品批量较大的生产制造企业或大型连锁商场的部分商品配送。

4）定时定量定点配送

定时定量定点配送是指按照确定周期、货物品种和数量，对确定的客户进行配送。其特点是配送中心与用户事先签有配送协议，并严格执行。适用于重点企业和重点项目的物流支持。

5）定时定路线配送

定时定路线配送是指在规定的运行路线上制定到达的时间表，按运行时间表进行配送，用户则可以按照规定的路线站点及规定的时间接货以及提出配送要求。

采用这种方式有利于安排工作计划、车辆及驾驶人。在配送用户较多的地区，也可以免去由于过分复杂的配送要求造成的配送组织工作及车辆安排的困难。对于用户来说，既可以在一定路线、一定时间上进行选择，又可以有计划地安排接货力量，适用于消费者比较集中的地区。

6）即时配送

即时配送是指完全按用户的配送时间、品种、数量要求进行随时配送，是一种具有很高灵活性的应急配送形式。由于即时配送对配送中心的配送速度和配送时间要求比较严格，因此，通常只有配送设施完备，具有较高的管理和服务水平、较高的组织和应变能力的专业化配送中心才能大规模开展此项业务。

问题：Just In Time

准时制（JIT）的原理与定时定量定点配送有何区别与联系？

（3）按配送的品种和数量分类

1）少品种大批量配送

少品种大批量配送是指对客户所需的货物品种少但需求量大而实行的配送。其特点是由于配送量大，商品品种较少，从而可以提高车辆利用率，同时也使配送组织内部的工作简化，配送成本低廉。

采用这种配送形式的原因往往是商品数量大，不必与其他商品配装，可使用整车运输。

2）多品种小批量配送

多品种小批量配送是指针对零售企业所需的货物品种多、批量小的特点，配备齐全后，送达该企业或用户的配送。其特点是除了配备良好硬件设备外，还需一流的业务操作水平和训练有素的管理水平。

在实践中，多品种小批量配送往往伴随多用户、多批次的特点，配送频率一般较高。这种方式与现代社会中的“顾客需求多样化”理念相符，是许多发达国家推崇的配送方式。

3）成套配套配送

成套配套配送是指根据那些装配型或流水线制造企业生产的需要，集合各种产品成套或配套的零部件，按生产节奏定时定量地配送。其特点是适用于专业化生产和实现制造企业“零库存”的需要。

在这种配送方式中，配送企业承担了生产企业大部分的供应工作，使生产企业可以专注于生产，与多品种小批量配送的效果相同。

问题：上海梅林正广和的配送

收集上海梅林正广和股份有限公司配送管理信息，说明其采用何种配送形式。

（4）按配送的组织形式分类

1）分散配送

分散配送是指销售网点或仓库根据自身或用户的需要，对小批量、多品种货物进行配送。其特点是适用于分布广、服务面宽、近距离、品种繁多的小额货物。

2）集中配送

集中配送又称配送中心配送，是指专门从事配送业务的配送中心针对社会性用户的货物需要而进行的配送。其特点是规模大、专业性强、计划性强、与客户关系稳定和密切、配送品种多、数量大，是配送的主要形式。

3）共同配送

共同配送是指为提高物流效率对某一地区的用户进行配送时，由多个配送企业联合在一起进行的配送。它是在配送中心的统一计划、统一调度下展开的，有两种运作形式：

① 由一个配送企业对多家用户进行配送，即由一个配送企业综合某一地区内多个用户的要求，统筹安排配送时间、次数、路线和货物数量，全面进行配送。

② 仅在送货环节上将多家用户待运送的货物混载于同一辆车上，然后按照用户的要求分别将货物运送到各个接货点，或者运到多家用户联合设立的配送货物接收点上。这种配送有利于节省运力和提高运输车辆的货物满载率。

资料：共同配送

西安有三家连锁商业企业 A、B、C。A 企业在西安北部的未央区、B 企业在西安南部的雁塔区、C 企业在西安中部的莲湖区都有各自的配送中心，并面向西安市内本系统的店铺实施商品配送。在这种情况下，A 连锁企业的配送中心在向雁塔区分店配送商品时，要穿过市中心繁华地带；B 连锁企业要在未央区开设分店，也要从雁塔区配送中心穿过市中心繁华地带，向未央区分店配送商品。这样，三家连锁企业都可能存在“重复运输”过程。

试问：三家连锁企业如何进行商品配送，才会减少或消除“重复运输”？

（5）按经营形式分类

1）销售配送

销售配送是以销售经营为目的、以配送为手段的配送，是销售型企业作为战略环节所进行的促销型配送。销售配送的对象往往是不固定的，配送的经营情况取决于市场状况，配送的随机性较强、计划性较差。许多商店或连锁超市的配送一般属于销售配送。

2）供应配送

供应配送是用户为了自己的供应需要所采取的配送方式，由用户、用户集团组建配送据点，集中大批量进货以求取得采购价格优惠，然后向本企业、本企业集团内若干个企业配送。这种配送方式在大型企业、企业集团、联合公司中采用较多。例如，现在很多连锁超市集中采购，再向各个分店送货，就是一种供应配送。采用这种配送方式进行供应，是保证供应水平、提高供应能力、降低供应成本的一种有效方式。

3）销售—供应一体化配送

销售企业对于基本固定的用户和基本确定的配送商品，可以在自己销售的同时承担向用户有计划供应的职能，起到既是销售者又是用户的供应代理人的双重作用。销售—供应一体化配送是配送经营的重要形式，它有利于形成稳定的供需关系，有利于采取先进的计划方式和技术方式，有利于保持流通渠道畅通稳定，因而受到人们的关注。

4）代存代供配送

用户将属于自己的商品委托配送企业代存、代供，然后组织对本身的配送。这种配送在实施时不发生商品所有权的转移，配送企业只是用户委托的代理人，商品所有权在配送前后都属于用户，所发生的只是商品位置的转移。配送企业只从代存、代供中取得效益，而不能取得商品销售的经营性效益。

5）代理配送

代理配送在一般情况下与销售配送一致，只是在配送业务开展时组织货源，不用配送企业提供货款。配送企业只是受生产者委托而代销商品，对配送商品不拥有所有权，不能取得商品销售的经营性收益，只能按销售额的一定比例获取佣金。这种配送方式对配送企业比较有利，同时也是发展现代化流通的一项重要内容。

问题：采购物流

采购或供应物流是比较典型的供应配送，分析该配送形式的优点与缺点。

（6）按配送企业专业化程度分类

1）综合配送

综合配送是指配送商品种类较多，在一个配送网点中组织不同专业领域的产品向用户配送。由于其综合性较强，所以被称为综合配送。综合配送可以减少用户组织所需全部物资的进货负担，它们只需要和少数配送企业联系，便可以解决多种需求的配送。因此，综合配送是对用户服务较强的方式。

综合配送的局限性在于由于产品性能、形状差别很大，在组织时技术难度较大。因此，一般只是在形状相同或相近的不同类产品方面实行综合配送，而对于差别过大的产品难以实现综合化。

2）专业配送

专业配送是指根据产品性状的不同，适当划分专业领域的配送方式。专业配送并非越细越好，实际上在同一性状而类别不同的产品方面，也是有一定综合性的。

专业配送的重要优势是可以根据专业的共同要求来优化配送设施，优选配送机械及配送车辆，制定适应性强的工艺流程等，从而大大提高配送各个环节工作的效率。

任务 2　配送的流程与模式

案例：

佳美零售商业有限责任公司决定在 L 市南区距离市中心 10km 的物流园区建立自己的配送中心，投资 1.5 亿元，建造一个比较先进的 M 配送中心，面积为 2 万 m^2，负责对市内和省内的门店进行配送。随之而来的问题是，采用什么样的配送模式，设计什么样的配送流程。

因为公司各门店经营的商品种类非常多，既包括食品、杂货、家电、化妆品、纺织品、日用品，也包括部分建材类产品，每类商品特性不一样，因此对物流运营要求也不一样。

同时，在对省内各地区门店进行配送时，由于各地区门店数量不一样，各地区消费需求有异，地区之间以及 L 市到各地区的距离、高速公路收费也存在差异，各地区门店销售状况差别较大。

由此产生了以下问题：商品混装；配送线路不优化；车辆不好调度，有的车满载，有的不满载；多辆车行驶在一条配送线路上等。最终导致在最初的两个月内配送费用急剧攀升，成本增加。

问题：

1. 配送流程有哪些？如何设计合适的配送流程？
2. 配送模式是什么？如何选择配送模式？

通过任务 2 的学习，你将能够解决这些问题。

1. 配送的基本环节

从整体上看，配送是由备货、理货、送货和流通加工四个基本环节组成的，其中每个环节又包含若干具体的活动。

（1）备货

备货是指准备货物的一系列活动。它是配送的基本环节，又是决定配送成败、配送规模大小的最基础的环节。同时它也是决定配送效益高低的关键环节。如果备货不及时或者不合理，备货成本较高，则会大大降低配送的整体效益。

备货应当包括两项具体活动：筹集货物和储存货物。

配送中心货物存储如图 1-5 所示。

图 1-5　配送中心货物存储

（2）理货

理货是配送区别于一般送货的重要标志。理货包括货物分拣、配货和包装等各项活动，如图 1-6、图 1-7 所示。

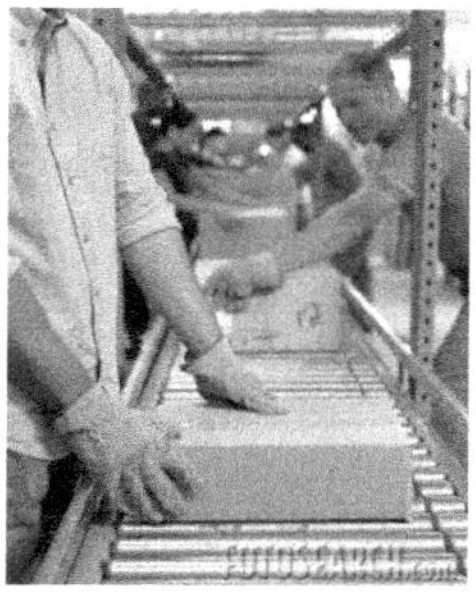

图 1-6　配送中心分拣、包装

图 1-7　配送中心货物分拣

1）货物分拣

货物分拣是指采用适当的方式和手段，从储存的货物中分出（或拣选）用户所需要的货物。分拣货物一般采取摘取式和播种式两种方式来操作。

① 摘取式分拣就是像在果园中摘果子那样去拣选货物。其具体做法是：作业人员拉着集货箱（分拣箱）在排列整齐的仓库货架间巡回走动，按照配送单上所列的品种、规格、数量将客户所需要的货物拣出并装入集货箱内。

② 播种式分拣货物类似于田野中的播种操作。其做法是：将数量较多的同种货物集中运到发货场，然后根据每个货位单位的发送量分别取出货物，并分别投放到每个代表用户的货位上，直到配货完毕。

2）配货作业

配货作业是指把拣取分类完成的货品经过配货检查过程后，装入容器并做好标识，再运到配货准备区，待装车后发货。

3）包装

这里的包装是指物流包装，其主要作用是保护货物并将多个零散包装物品放入大小合适的箱子中，以实现整箱集中装卸、成组化搬运等，同时减少搬运次数，降低货损，提高配送效率。另外，包装也是产品信息的载体，同时在外包装上书写产品名称、原料成分、重量、生产日期、生产厂家、产品条形码、储运说明等，可以便于客户和配送人员识别产品，进行货物的装运。

资料：国际物流的理货

最早的理货就是计数。现在的理货包含制作理货单证、分票和理数、理残、绘制实际货物积载图、签证及批注等具体作业。

（3）送货

送货是配送活动的核心，也是备货和理货工序的延伸，如图 1-8 所示。

图 1-8　配送中心送货

（4）配送加工

配送加工是流通加工的一种，它虽然不普遍，但是往往有着重要的功能，能大大提高客户的满意度。

2．配送的流程

配送的流程有两种类型：一般流程和特殊流程。一般流程就是配送活动必须经过的基本流程，也是各种货物配送活动共有的流程。特殊流程则刚好相反，它是为特殊需要和特殊产品而设计、实施的流程。

（1）配送的一般流程

配送的一般流程如图 1-9 所示。

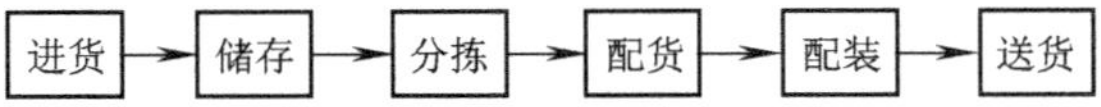

图 1-9　配送的一般流程

配送一般流程的作业内容包括以下几项：

1）进货

进货是指组织货源。进货方式有两种：①订货或购货，表现为配送主体向生产厂商订购货物，由生产厂商供货；②集货或接货，表现为配送主体收集货物，或接收用户所订购的货物。前者的货物所有权（物权）属于配送主体，后者的货物所有权属于用户。

2）储存

储存作业的程序是：运输→卸货→验收→入库→保管→出库。储存作业依产品性质、形状不同而形式各异。有的是利用仓库进行储存，有的是利用露天场地进行储存，液体、气体则须储存在特制的设备中。

3）分拣、配货

分拣和配货是同一个流程中的两项有着密切关系的经济活动。有时候，这两项活动是同时进行和同时完成的（如散装货物的分拣和配货）。在进行分拣、配货作业时，少数场合是以手工方式进行操作的，更多的场合是采用机械化或半机械化方式去操作的。如今，自动化分拣、配货系统已在很多国家的配送中心建立起来，并且发挥了重要作用。

4）送货

送货包括搬运、配装、运输和交货等活动。送货的作业程序是：配装→运输→交货。交货是配送的终点，在送货流程中除了要圆满地完成货物的移交任务以外，还必须及时进行货款（或费用）结算。在送货程序中，运输是一项主要的经济活动。在进行送货作业时，选择合理的运输方式和使用先进的运输工具，对于提高送货质量至关重要。就运输方式而言，应选择直线运输、配载运输（即充分利用运输工具的载重量和容积合理安排装载的货物和运输方法的一种运输方式）方式进行作业。

（2）配送的特殊流程

1）适用于各类食品的配送流程

适用于各类食品的配送流程如图 1-10 所示。

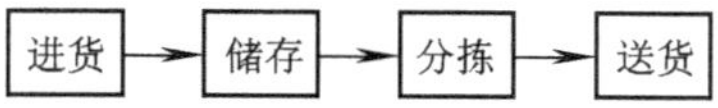

图 1-10　食品配送流程

2）适用于煤炭等散货的配送流程

适用于煤炭等散货的配送流程如图 1-11 所示。

图 1-11　散货配送流程

3）适用于木材、钢材等原材料的配送流程

适用于木材、钢材等原材料的配送流程如图 1-12 所示。

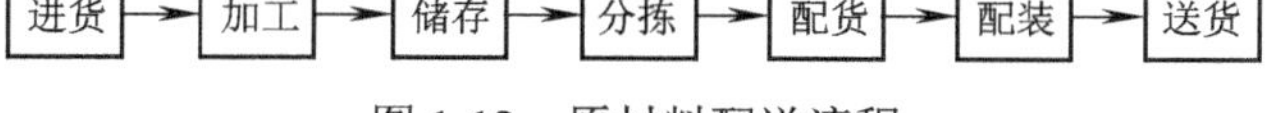

图 1-12　原材料配送流程

4）适用于机电产品中的散件、配件的配送流程

适用于机电产品中的散件、配件的配送流程如图 1-13 所示。

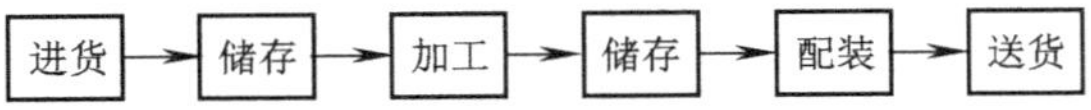

图 1-13 机电产品配送流程

3．配送模式

模式就是指模型、式样。《辞海》中模式的定义为：研究自然现象或社会现象的理论图式和解释方案，是一种思维体系和思维方式。因而可以将其理解为一定理论思想的直观的、简捷的描述，是实践活动的规范化、程序性的概括。

配送模式就是配送业务活动的规范化、程序性描述，具体包括生产资料配送模式和生活资料配送模式两种。

（1）生产资料配送模式

1）生产资料配送模式的种类

从流程上看，生产资料配送模式大体上可分为两种：

① 模式一。在该种配送流程中，作业内容和工序比较简单，除了有进货、储存、装货和送货等作业外，基本上不存在其他工序。

模式一的流程如图 1-14 所示。

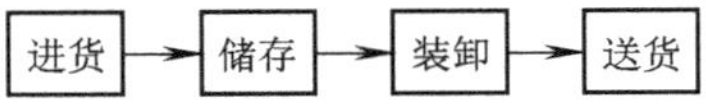

图 1-14 生产资料配送模式一流程

这种模式中，装卸运输作业通常要使用专用的工具或设备，并且车辆可直接开到储货场地进行作业（直接发送）。在流通实践中，按照这种模式进行配送的生产资料产品主要有煤炭、水泥、成品油等。

② 模式二。在该种配送活动中包含着加工（产品的初级加工）。换言之，加工作业成了配送流程中的一道重要工序。由于产品种类和需求方向不同，在加工工序之后续接的作业不尽一致。

模式二的流程如图 1-15 和图 1-16 所示。

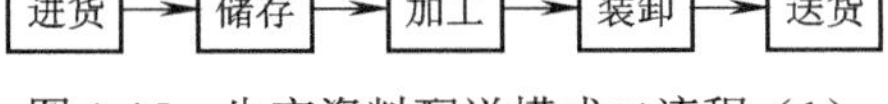

图 1-15 生产资料配送模式二流程（1）

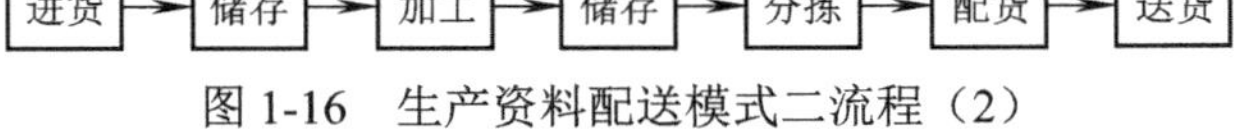

图 1-16 生产资料配送模式二流程（2）

比较而言，模式二比模式一复杂：不但工序多，且同样的工序（储存）会重复出现。在物资供应活动中，采用模式二流转的生产资料主要有钢材、木材等。

2）生产资料配送模式实例

① 金属材料配送模式

金属材料具有重量大、强度高、规格品种繁多，但运输时可以混杂的特点。一般说来，这类物资的产需关系比较稳定，但是需求结构比较复杂。因此，金属材料配送多数都内含加工工序。对于一些需要量不太大但需要品种比较多的客户，金属材料的配送流程中又常常包含着分拣、配货和配装等作业。就加工工序而言，主要有这样几项作业：集中下料；材料剪切、定尺和整形；除锈、剔除毛刺。金属材料的配送流程如图 1-17 所示。

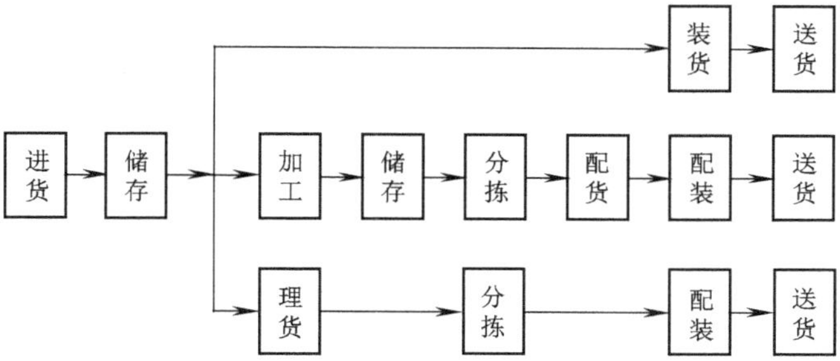

图 1-17　金属材料的配送流程

从图 1-17 中可以看出，金属材料配送存在着一种特殊情况：若配送品种单一且数量较多的货物，流程中没有也不需要安排分拣、配装等作业，通常配送车辆可以直接开到储货场进行装货、送货。由于金属材料的需求相对稳定，因此在实践中，适宜采用计划配送的形式供货；同时因金属材料的需求量大，并且带有连续性，所以也适宜采用集中配送和定时定量配送的形式向用户供货。

② 煤炭产品配送模式

作为配送对象的煤炭主要有原煤、型煤、配煤（混配煤炭）。这类产品有几个共同点：需求量大、需求范围广，消耗稳定，用户较固定。由于此类产品储运以散堆为主，因此很难与其他产品混装。

鉴于煤炭有其特殊的物理性质和化学性质，因此在实际操作中形成了两种不同的配送流程。一种流程是从储存场地直接装货、直接送货；另一种流程是在储货场地设置加工环节，将煤炭加工成配煤和型煤，然后进行装货和发货。如图 1-18 所示。

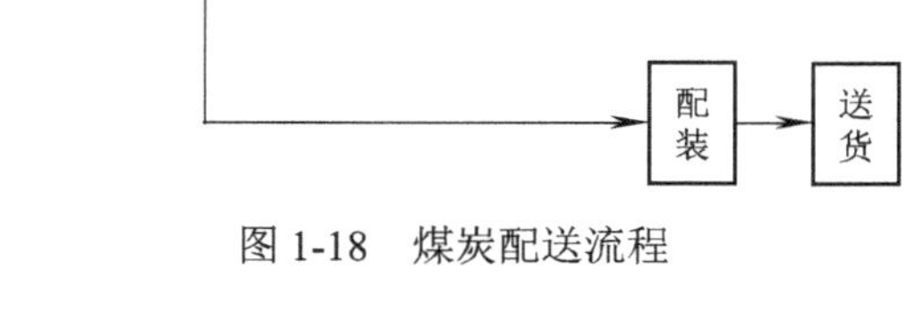

图 1-18　煤炭配送流程

煤炭配送模式是单品种散装生产资料配送的典型模式。按照此模式运作，基本要求是：配送企业要有集中库存的能力和设施；配送主体必须有较强的加工能力；需配置专用的设备和采用专门的技术。煤炭配送的特点是：配送量大且发送频繁。有些不需要加工的煤炭，在满足整车装运要求的前提下，进行配送时，运输车辆可以直接到储煤场地去装货和发货。另外，因配送的煤炭品种单一，故配送流程中不需要分拣、配货等作业。

由于煤炭产品的配送量比较大，加上这类产品的需求稳定，因此，在实际操作时常采用计划配送与定量配送等形式向用户供货。

③ 化工产品的配送模式

化工产品的配送模式是特殊产品配送的典型模式。化工产品的种类繁多，有些产品无毒无害，有些产品则有毒有害。这里所讲的化工产品包括硫酸、盐酸、磷酸、烧碱、树脂等。上述化工产品的共同特点是：活性强，不同种类的产品不能混装、混存，其装载运输和储存要使用特制的容器、设备和设施。

由于化工产品形态比较复杂，进货情况不同，所以其配送流程也不一致。从整体上看，基本上有两种形式：散装或大包装产品配送和小包装配送。

散装或大包装产品配送流程是：配送企业集中进货后，通常都按照要求进行分装交工（变大包装为小包装），然后采取一般配送流程进行配送。如图 1-19 所示。

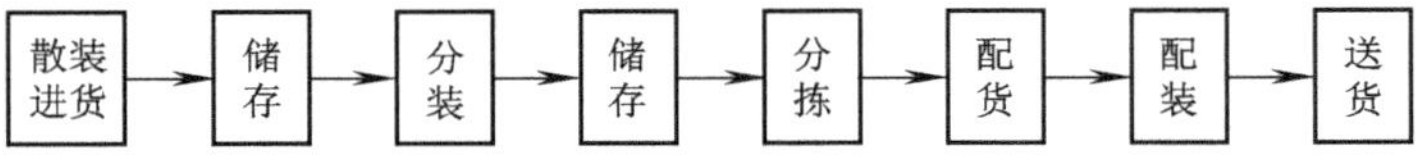

图 1-19　化工产品散装配送流程

小包装产品配送流程是：有些化工产品在出厂前已经被包装成小单元，对于这类产品，配送企业集中进货后不需要再进行分装加工，可以按照一般的配送流程安排作业。如图 1-20 所示。

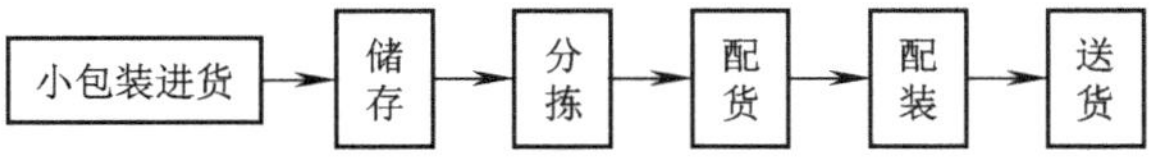

图 1-20　化工产品小包装配送流程

由于很多用于工业生产的化工产品都是有毒有害的，所以配送这类物资必须配备专用的设施。此外，化工产品的配送只适宜由专业生产企业和专业流通企业来组织。因用户不宜过多储存有害、有毒、有危险的物资，所以采用定点定量配送方式和计划配送方式供货是化工产品的主要运作形式。

问题：不同商品的配送模式

试比较金属、煤炭、化工产品三种生产资料的配送模式。

（2）生活资料配送模式

1）生活资料配送模式内容

生活资料的品种、规格比生产资料更为复杂，其需求变化也比生产资料快，因此，生活资料的配送不但必须安排分拣、配货和配装等流程，而且作业难度也比较大。此外，就生活资料中的食品而言，有保鲜、保质期和卫生等质量要求，根据这一特点，一部分生活资料的配送流程中也包含着加工工序。

2）生活资料配送模式实例

① 日用小杂品配送模式。由于日用小杂品的品种、规格繁多，其市场需求又呈多品种、小批量状态，因此，其配送流程中必然要求有理货和配货等工序。由于每一个用户每次对日用小杂品的需求量有限，而这类产品又能够进行混存、混装，因此为了进行合理运输，在配送主流程中又必然安排配装工序。就整个配送流程来看，日用小杂品配送是一种标准化的配送模式，其配送流程如图 1-21 所示。

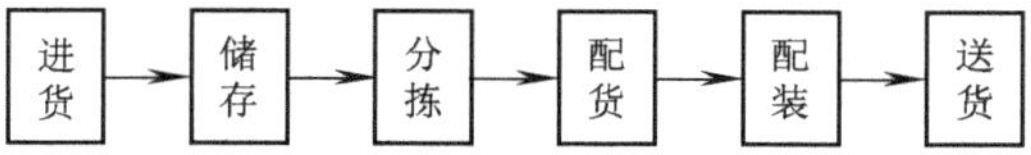

图 1-21　日用小杂品的配送流程

由图 1-21 可知，日用小杂品的配送作业工序比较齐全，但流程中没有加工工序。这是因为日用小杂品多为有包装物品，并且包装内的产品数量一般都不太多，故在这类产品的配送中很少有流通加工环节出现。

日用小杂品的配送常常要根据用户的临时需要来安排和组织，因此其配送量、配送路线和配送时间等很难固定下来。在现实生活中，往往是采用即时配送形式和多品种、小批量、多批次配送的方法来向用户供货和发送货物。

② 食品配送模式。

a．流程模式一：食品组织好以后基本不存放，很快就进行分拣、配货，然后快速送货，中间不存在储存工序。通常，保质期较短和保鲜要求较高的食品（如点心类食品、肉制品、水产品）基本上按照上述流程进行配送，如图 1-22 所示。

图 1-22　没有储存工序的食品配送流程

b．流程模式二：在备货作业后安插储存工序，然后依次进行配货和配装等作业。通常，保质期较长的食品主要按照这样的流程配送。操作程序是：大量货物组织进来后，先要进行储存保管，然后根据用户订单进行分拣、配货、配装，待车辆满载后，随即向各个用户送货。其流程如图 1-23 所示。

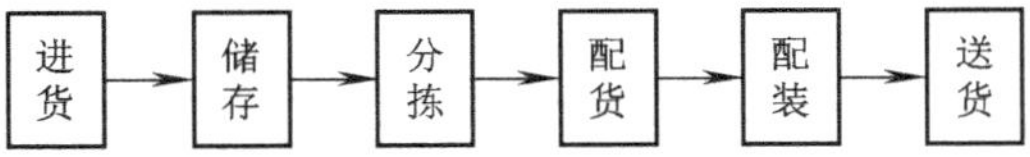

图 1-23　带有储存工序的食品配送流程

c．流程模式三：带有加工工序的食品配送流程。实际操作情况为：大量货物集中到达仓库或场地后，先进行粗加工，然后依次衔接储存、分拣、配货、配装和送货等工序，如图 1-24 所示。

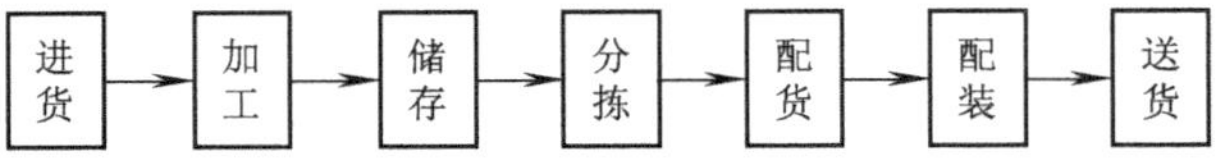

图 1-24　带有加工工序的食品配送流程

鲜菜、鲜果、鲜肉和水产品等需要进行粗加工的货物配送经常选用上述包含有加工工序的食品配送模式。而就加工工序的作业内容而言，主要有以下几项：分装货物（将大包装改为小包装），货物分级分等，去杂质，配置半成品等。

食品配送要特别强调速度和保质期，因此在实践中，一般都采取定时配送、即时配送等形式向用户供货。

（3）配送模式的发展趋势

1）共同配送

① 日本运输省将共同配送定义为“在城市里，为使物流合理化，在几个有定期运货需求的货主的合作下，由一个卡车运输者，使用一个运输系统的配送”。

② 国家标准《物流术语》将共同配送定义为“由多个企业联合组织实施的配送活动”。

③ 共同配送是由多个企业为了实现运输规模经济而联合组织实施的配送活动，主要针对某一地区的客户所需物品数量较少而使用车辆不满载、配送车辆利用率不高等情况。

从事共同配送的主体可以是货主，也可以是第三方物流企业。对货主来说，共同配送可以在不增加物流费用的前提下，实现小批量、多批次配送；对第三方物流企业来说，可以提高配送效率，改善服务，提高竞争力。同时，共同配送对节约社会运力、减少交通流量、减少空气污染、降低噪声对居民健康的影响也是有利的。

共同配送有两种运作形式：①由一个配送企业对多家用户进行配送，即由一个配送企业综合某一地区内多个用户的要求，统筹安排配送时间、次数、路线和货物数量，全面进行配送；②仅在送货环节上将多家用户待运送的货物混载于同一辆车上，然后按照用户的要求分别将货物运送到各个接货点，或者运到多家用户联合设立的配送货物接收点上。这种配送有利于节省运力和提高运输车辆的货物满载率。

2）越库配送

① 越库配送的概念。越库配送包括任何一种避免在将货物送去零售商之前将其放入仓库的运输方法。而分销商仅仅把货物从卸货码头移到装运码头或者把它放在一个暂时的地方，运用条形码扫描信息及自动输送设备和新颖的摆放技术方式，减少物流作业环节。

② 越库配送的功能。在分销中心实施越库配送的办法，可以降低库存持有成本和配送中心劳动力成本。供应商和分销商可一起去掉多余的操作环节及订货标准活动。更多的节省可以通过采取以下措施来实现：

a．缩短产品操作及储存时间，这样可以减少劳动力成本、货损和退货。

b．减少储存和运营的空间和要求。

任务 3　配送系统

案例：

佳美零售商业有限责任公司在构建 M 配送中心时，从规划、设计、选址到设备选型、人员招聘及运营等方面都面临众多问题，需要决策。具体问题如下：

（1）选址在 L 市还是其他地方？

（2）面积多少？

（3）建成楼层式还是平房式？

（4）配送中心要具备哪些功能？

（5）需要购买哪些设施设备？

（6）需要投资多少？资金如何筹措？投资回收期多长？

（7）技术程度应该有多高？自动化程度多高？用哪些技术？

（8）由物流部管理还是归口其他部门？

（9）配备多少员工？配备多少管理人员？岗位如何设置？如何进行日常组织运营与管理？

真是“牵一发而动全身”，因此需要进行系统化决策。

问题：

1．何谓配送系统？

2．配送系统的组成如何？

3．公司配送系统由什么构成？

通过任务 3 的学习，你将能够有效解决上述问题。

1. 配送系统概述

（1）系统的含义

系统一词源于古希腊语“System”，有“共同”和“给予位置”的含义。在生产和生活中，一个企业、一个部门、一项计划、一个项目、一套管理制度都可以看成一个系统。系统是由两个或两个以上相互区别和相互作用的单元有机结合完成某一功能的综合体。

（2）配送系统的概念

配送系统是指由两个以上相互区别又相互联系的单元结合起来，以完成物品由配送中心到客户的配送业务活动，并使客户满意的有机结合体。

企业配送系统一般由物流系统、信息系统和运营系统组成，具体包括配送设施（配送中心）、仓储管理、越库管理、配送管理、退货管理以及配送调度安排、线路优化和跟踪等内容。

（3）配送系统的特征

① 配送系统是由两个或两个以上的单元构成的。这些基本单元包括进货、储存、分拣、包装、流通加工、配货、配装、送货、信息、结算、客户订单和物流据点/配送中心。

② 所有这些不同层次的单元相互区别又相互联系，发挥配送系统协调整合的优势。

③ 配送系统具有特定功能。由于系统结构不同，功能也就不同。如存储功能、流通功能。

④ 配送系统是一个有机结合体。

⑤ 配送系统的结构是一个等级层次结构。

a．管理层：负责配送系统的计划、实施和控制。

b．控制层：控制配送业务活动过程。

c．作业层：完成配送作业活动。

⑥ 配送系统处在一个外部环境之中。

此外，配送系统的内在特征还包括：

① 具有快捷（Speed）、安全（Safety）、可靠（Surely）、低成本（Low）的优势，以最低的物流成本为客户提供最好的配送服务。

② 遵循“7R”原则，即合适的数量（Right Quantity）、合适的质量（Right Quality）、合适的商品（Right Commodity）、合适的价格（Right Price）、合适的时间（Right Time）、合适的地点（Right Place）、良好的印象（Right Impression）。

③ 遵循“二律背反”定律，即配送各单元（子系统）之间存在着此消彼长

的矛盾关系。

2. 配送系统的组成要素

配送系统是由人、物、财、设备、信息和任务目标等要素构成的有机整体。配送系统的组成要素一般包括一般要素、功能要素、支撑要素和物质基础要素四个方面。

（1）配送系统的一般要素

配送系统的一般要素主要是指人力资源、资金、物力资源三个方面。

① 人力资源。人力资源是配送系统的主体，是保证配送得以顺利进行和提高配送管理水平的最关键的因素。提高人的素质，是建立一个合理化的配送系统并使之有效运转的根本，为此需要合理确定配送从业人员的选拔和录用，加强配送专业人才的培养。

② 资金。资金是配送活动中不可缺少的资源。配送运作的过程实际上也是资金运动过程，同时配送服务本身也需要以货币为媒介。配送系统建设是资本投入的大领域，离开了资金这一要素，物流不可能实现。

③ 物力资源。物力资源是指配送活动中的原材料、组件、半成品、成品、能源、动力等物质条件，包括配送系统的劳动对象。没有物力资源，配送系统便成为无本之木。

一般要素对配送产生的作用和影响，构成配送系统的“输入”。

（2）配送系统的功能要素

配送系统的功能要素是指配送系统所具有的基本能力，这些基本能力有效地组合连接在一起，便成了配送的总功能，便能合理、有效地实现配送系统的目标。

配送系统的功能要素包括集货、存储、分类、分拣、配货、包装、装卸搬运、配送加工、配装、送货和信息处理等方面。在这些功能要素中，分拣及配货功能在配送系统中处于主要功能要素地位。

（3）配送系统的支撑要素

配送系统的支撑要素是指建立配送系统所需要的各种支撑手段，主要包括：

① 体制、制度。体制、制度是配送系统的重要保障，它决定配送系统的结构、组织、领导、管理方式。

② 法律、规章。配送系统的运行，不可避免地会涉及企业或人的权益问题。法律、规章一方面限制和规范配送系统的活动，使之与更大系统协调；另一方面是给予保障，合同的执行、权益的划分、责任的确定都需要靠法律、规章来维系。

③ 标准化。标准化保证配送环节协调运行，是配送系统与其他系统在技术上实现连接的重要支撑条件。

（4）配送系统的物质基础要素

配送系统的物质基础要素主要是指配送系统建立和运行所需要的技术装备手段，这些手段的有机联系对配送系统的运行有决定性意义。配送系统物质基础要素主要有：

① 配送基础设施。配送基础设施是组织配送系统运行的基础物流条件，包括配送中心、仓库、公路、铁路、机场、港口等。

② 配送设备。配送设备主要包括分拣装置、输送装置、货架、搬运及输送设备、加工设备、运输设备、装卸机械等。

③ 物流工具。物流工具包括包装工具、维护保养工具、办公设备等。

④ 信息技术及网络。信息技术及网络是掌握和传递物流信息的手段，根据所需用信息水平的不同，包括通信设备及线路、传真设备、计算机及网络设备等。

⑤ 组织及管理。组织及管理是配送网络的“软件”，起着连接、调运、运筹、协调、指挥各要素的作用，保障物流系统目标的实现。

3．配送系统模式

物流系统模式如图 1-25 所示。

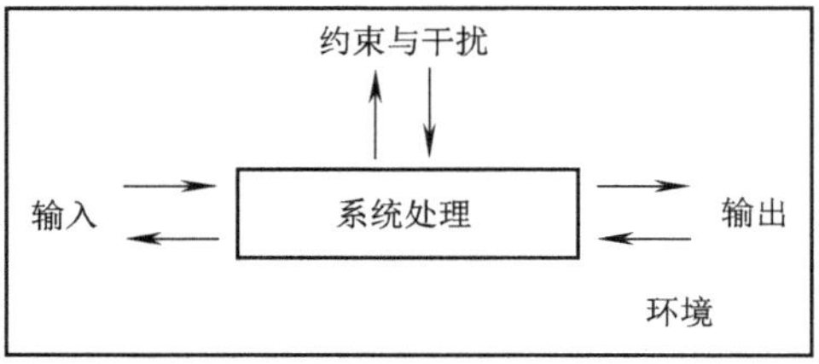

图 1-25　物流系统模式

配送系统模式如图 1-26 所示。

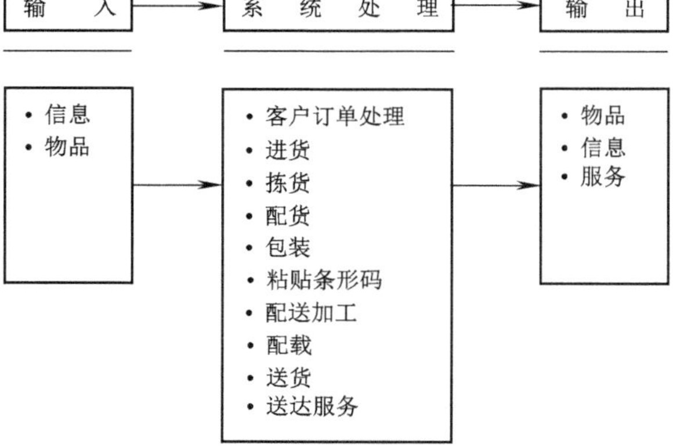

图 1-26　配送系统模式

一个配送系统由以下几部分组成：

① 配送系统的环境。配送系统的环境是配送系统所处的更大系统，配送系统与其环境之间的相互作用表现为配送系统的输入、输出、约束和干扰。

② 配送系统的输入。配送系统的输入是环境对配送系统的直接输入，输入的是物品和信息，它是配送系统处理的对象。

③ 配送系统的输出。配送系统的输出是配送系统对环境的直接输出，是经过配送系统处理，加进了配送服务的物品和信息。

④ 配送系统的约束。配送系统的约束是环境对配送系统的间接输入，包括物品、劳工、信息、能源、政治、经济、文化、地理、气候、体制等软件、硬件条件等，是配送系统处理的条件，是对系统的约束条件。

⑤ 配送系统的干扰。配送系统的干扰是一种偶然的约束，也是一种间接的、强迫性的输入。

⑥ 配送系统的处理。配送系统的处理是指配送系统本身的转化处理过程，即把输入的物品或信息转化成输出的物品或信息的过程。其基本功能是客户订单输入、集货、储存、整理、分类、包装、流通加工、分拣、配货、配装、送货，向环境输出物品和信息，满足客户需求。

4. 配送系统的组成

完善而富有效率的配送系统由配送网络、管理信息系统和运营管理系统组成。其中，配送网络由配送场所即配送中心、库房或货场及相关设施、设备组成，信息管理系统包括配送功能、流程及作业管理系统，运营管理系统包含组织机构、人员配置、作业规范等。这几项要素组合在一起，形成专业化、效率化、信息化、标准化、制度化的配送系统。

（1）配送中心

配送中心是专门从事货物配送活动的经济组织，或从事配送业务的物流场所或组织，也是集加工、理货、送货等诸多功能于一体的物流据点，是集货中心、分货中心和加工中心功能的综合。

传统仓库固然也能开展物流配送业务活动，但由于传统仓库固有的缺陷，如选址、规划、功能、作业流程、管理模式与经营理念等方面的缺陷，要满足客户在物流服务的内容、时间和服务水平方面的高要求，很显然是做不到的。因此必须建立功能完善的配送系统，才能有效组织配送业务，最终满足客户需求，提高客户满意度。

配送中心是配送系统最重要的物流设施，是组织配送业务的专业场所或组织。国际国内许多著名的企业，如 Wal-Mart、Carrefour、FedEx、UPS、Dell、通用汽车公司、福特汽车公司、海尔、联想、国美、苏宁、上海联华等，都组建了自己的现代化的配送中心，为企业的生产、经营和销售提供配送支持，提高了效率，降低了库存，增强了企业竞争力，提高了客户满意度，取得了生产经营的成功。

如图 1-27 所示为英国雷诺汽车公司产品配送中心。

图 1-27　英国雷诺汽车公司产品配送中心

（2）集货系统

集货是为了满足特定客户的配送要求，将几家或数十家供应商预定的货物集中，并将要求的物品分配到指定的容器或场所。

集货是配送的准备工作或基础工作，是配送的优势之一，可以集中客户的需求进行一定规模的集货。

在实践中，配送的集货有许多形式，具体包括：

① 进货/采购。进货/采购是生产企业、商业企业在供应物流或采购物流过程中，采用的一种集货方式。

② 供应商送货。供应商送货是社会化的、专业化的第三方物流的配送中心，在为客户提供配送服务时采用的一种集货方式。

不管采用何种集货方式，都包括以下基本作业：制订进货作业计划、到货、卸货、拆货、标识及分类、验单、填制进货单、验收。

常用的集货设施或工具如图 1-28 所示。

a）图示 1　　b）图示 2

图 1-28　美国瑞泰液压式装卸平台

（3）装卸搬运系统

1）自动化搬运系统

自动化搬运系统主要用在纸箱的拣选上。目前从收到商品到货物装上汽车，搬运快速移动的箱装物品可完全自动化。自动化搬运系统使用一个由电力和重力输送机组成的整体网络，电力和重力输送机连着电动活动货架，如图 1-29 所示。

a）图示 1

b）图示 2

图 1-29　自动化搬运系统

2）无人搬运车系统

无人搬运车系统不需要操作人员的介入即可自动运行和定位。典型的无人搬运车系统依赖于光导和磁导系统。在光导应用中，仓库地面上导入路径上的光束可引导设备；磁导的无人搬运车系统按照安装在地面上的电线行驶。该系统的主要优点是不需要驾驶人，如图 1-30 所示。

a）图示 1

b）图示 2

图 1-30　无人搬运车系统

3）高层仓库搬运系统

高层仓库的自动化单位载荷的搬运已经引起了广泛关注。高层仓库搬运从收货入库到出运完全实现自动化。其基本系统由四个部分组成：储存货架、存取设备、输入输出系统、控制系统。它将资金投资于自动化设备，而不是将资金用来作为机械化搬运人工费用投资。除了减少直接的人员数量以外，自动化系统还提高了操作的速度和准确性。不足之处是投资大，开发和应用复杂，如图 1-31 所示。

a）图示 1

b）图示 2

图 1-31 自动化立体仓库

（4）分拣系统

1）自动分拣系统

随着科学技术的发展，特别是感测技术（激光扫描）、条形码技术及计算机控制技术等的使用，自动分拣机已被广泛应用于配送中心。在日本的连锁商业中，自动分拣机的应用更为普遍。

自动化的分拣设备通常与输送机配合使用，其优点是减少了所需的人工数量，提高了分拣速度和准确率，减轻了作业强度，而且使差错率大幅度下降。

输送机是广泛用于收货入库、货物出库、货物拣选的基本设备。输送机按电力、重力、滚轴或皮带输送机进行分类。

自动分拣系统的组成包括：

① 输入装置。被拣商品由输送机送入分拣系统。

② 货架信号设定装置。被拣商品在进入分拣机前，先由信号设定装置（键盘输入、激光扫描条形码等）把分拣信息（如配送目的地、客户户名等）输入计算机中央控制器。

③ 进货装置。进货装置或称喂料器，它把被拣商品依次均衡地送入分拣传送带，与此同时，还使商品逐步加速到分拣传送带的速度。

④ 分拣装置。分拣装置是自动分拣机的主体，包括传送装置和分拣装置两部分。前者的作用是把被拣商品送到设定的分拣道口位置上；后者的作用是把被拣商品送入分拣道口。

⑤ 分拣道口。分拣道口是从分拣传送带上接纳被拣商品的设施，可暂时存放未被取走的商品，当分拣道口满载时，由光电管控制阻止分拣商品不再进入分拣道口。

⑥ 计算机控制器。计算机控制器是传递处理和控制整个分拣系统的指挥中心。自动分拣的实施主要靠它把分拣信号传送到相应的分拣道口，并指示启动分拣装置，把被拣商品送入道口。分拣机控制方式主要是脉冲信号跟踪法。

自动分拣系统如图 1-32、图 1-33 所示。

a）图示 1

b）图示 2

图 1-32　自动分拣系统

图 1-33　滚筒式输送机

2）数字化分拣系统

目前，医药行业、化妆品制造业已广泛使用全自动拣选系统（如日本资生堂、花王、大木等株式会社）。连锁超市、便利店的配送中心也使用电子标签拣货系统，电子标签拣货系统自动引导拣货员进行拣选作业。

只要把客户的订单输入操作台上的计算机后，存放各种商品的货架上的货位指示灯和品种显示器会立刻显示出拣选商品在货架上的具体位置（即货格）及所需数量，作业人员便可从货架上取出商品，放入输送带上的周转箱，然后按动电钮，货位指示灯和品种显示器熄灭，配齐订单商品的周转箱由输送带送入自动分拣系统，如图 1-34 所示。

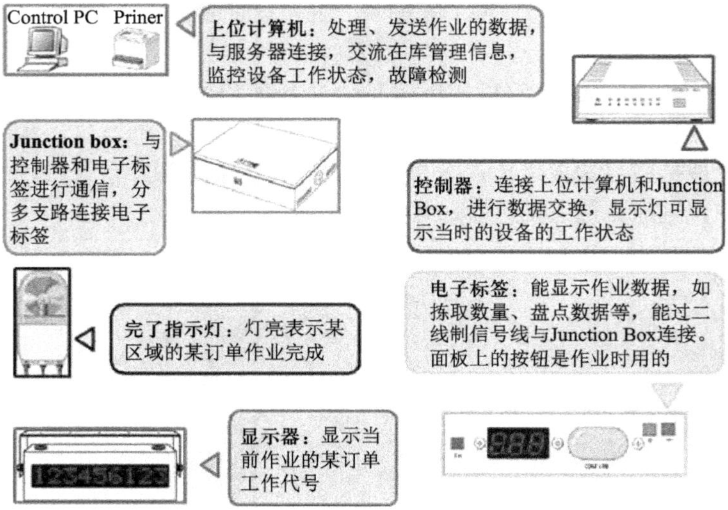

图 1-34　自动拣货显示系统

（5）储存系统

1）越库管理

储存系统可以根据需要，将在途库存与现有的存货合并起来完成配送任务，在无须拥有存货的情况下，制定和安排各种配送任务。

2）退货管理

储存系统使退货准则、工作程序得以迅速建立，帮助配送中心管理退回货品。

3）增值服务

储存系统提供配送中心的增值服务管理，如拆箱、拼箱、贴标签及对客户促销等活动提供支持。

储存系统如图 1-35、图 1-36、图 1-37 所示。

a）图示 1　　b）图示 2

图 1-35　轻型货架

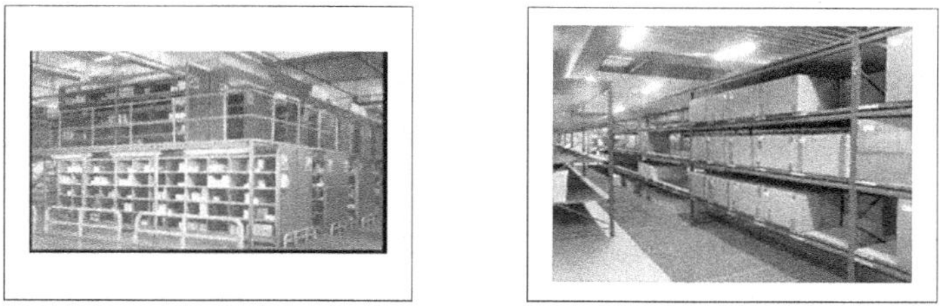

a）图示 1　　　　b）图示 2

图 1-36　重型货架

图 1-37　托盘式自动仓库

（6）运输/输送系统

1）地理信息系统

地理信息系统（Geographic Information System，GIS）基本功能是将表格型数据转换为地理图形显示，显示范围大至洲际地图，小至详细的街区地图，显示的内容包括人口、销售情况、运输路线等。运用 GIS 技术可进行物流分析，特别是配送线路的优化分析与选择。GIS 应用如图 1-38 所示。

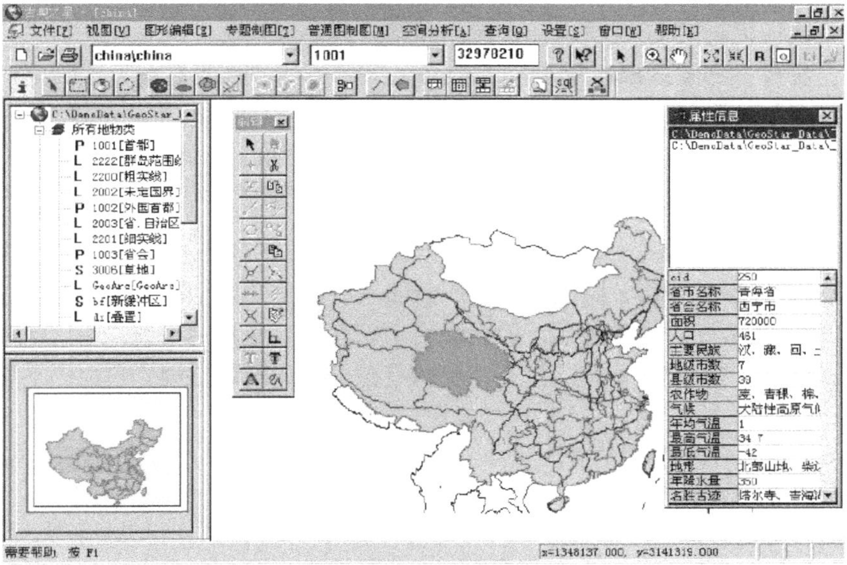

图 1-38　某公司 GIS 数据信息

2）全球定位系统

全球定位系统（Global Positioning System，GPS）能在海、陆、空运输中进行全方位实时三维导航与定位。在物流配送领域中利用 GPS 技术可对在公路上运输货物的货车进行定位和跟踪调度，使空放或迂回运输的情况减少到最低限度。对于在铁路上运输的货物或集装箱，只要知道运载货车的车种、车型、车号就可利用 GPS 技术得知所要寻找的货车，现在何路段运行或停留在何处，以达到对货物追踪管理的目的。常见的 GPS 如图 1-39 所示。

a）图示 1　　b）图示 2

图 1-39　手持式 GPS

资料：全线通

全线通是利用 GPS 技术开发的“移动信息管理系统”（Omin TRACS）的俗称。实际上它是装配在货车（或船舶）上的一种“机载电脑”。该电脑（也称全线通）是由装在车顶上一个直径约 35cm 的形似圆状灯罩的无线卫星通信器、驾驶室内一台电子显示器和一个智能化的手动键盘组成。

（7）配送信息管理系统

管理信息系统是一个由人和计算机组成的以提供信息支持一个组织机构内部的作业、管理、分析、监控和决策职能的系统。配送信息管理系统是管理信息系统在企业物流配送中的应用，即企业用于管理物流配送的系统。配送信息管理系统是信息化物流配送系统的核心，控制着整个物流配送过程。它由以下几部分组成：

① 信息引导系统。

② 作业系统和控制系统。

③ 网络货架。

④ 智能仓库。

⑤ 配送数据库。

（8）财务管理系统

财务管理系统主要包括财务系统与人事工资管理系统。财务管理系统可将销售管理系统、采购入库管理系统的数据转入此系统，并制作成会计总账、分类账、各种财务报表等。此系统尚需着重于现金管理、支票管理及与银行转账联网功能的开发。人事工资管理系统包括人事数据的建库维护、工资统计报表打印、工资单打印及与银行计算机联网的工资数据转换。

（9）运营系统

1）销售时点信息系统

销售时点信息系统简称 POS 系统，是指通过自动读取设备（收银机）在销售商品时直接读取商品销售信息（如商品名称、数量、单价、销售时间、销售店址、购买顾客），并通过通信网络和计算机系统传送至有关部门进行分析加工，以提高经营效率的系统。它最早用于零售业，后来逐渐扩展到金融、旅馆等服务行业，利用 POS 系统的范围也从企业内部扩展到整个供应链。

2）物料需求计划（MRP）

3）配送需求计划（DRP）

4）有效客户反应（ECR）

5）自动补货计划（ARP）

6）绩效管理系统

7）预警系统

预警系统可自定义报警类型、物品保质期、保鲜期、最低库存、最高库存等。

关键术语

配送	配送功能
配送流程	配送模式
配送系统	

思 考 题

1. 什么是配送？
2. 配送的功能包括哪些？
3. 配送与运输、仓储有何区别？
4. 配送流程有哪些？
5. 配送模式包含哪些？
6. 简述系统与配送系统的定义及特点。

案例分析：

通用汽车零部件物流配送

通用汽车服务零部件运作公司（General Motor’s Service Parts Operation，SPO）是通用汽车公司的子公司，负责为通用汽车的经销商或维修站提供售后零部件的配送服务。每天 SPO 负责运作 435 000 条配送路线，将零部件送至几千家经销商手中。超过 400 家运输商为其提供运输服务，运输方式涵盖水运、陆运、空运三种。

施耐德是一家盛名卓著的直达运输物流服务商。SPO 将入厂、售后物流两份业务一同外包给了施耐德。

（1）实施方案

施耐德的实施步骤是分阶段进行的，首先是运输的实际操作，其次是货运管理，再接着是支付系统管理以及客户应诉。

在美国本土，施耐德首先需要将零部件从 3 000 多个零部件供应商处运送至 4 个全国性零部件处理中心，其中 3 个在密歇根州，1 个在西弗吉尼亚州。经过简单的拆装、处理、包装，再将零部件从这 4 个处理中心配送至全国的 18 个地区配送中心，最终再从这 18 个地区配送中心配送至全国各地的近 8 000 家最终经销商和维修网点。

绝大多数的零部件都得先运送至 18 个地区配送中心。地区配送中心的零部件发出去后，马上会在处理中心产生相应的补货信息，同时这些信息也会在零部件供应商处产生。

（2）效果评析

施耐德物流的服务使 SPO 获得不菲的益处。

① 在业务运作的前 2 年中，每年 SPO 支出的运输费用减少了 10%。配送频率也从 2 次/周提高到 1 次/天。配送频率的增加直接导致配送里程数每年净增加了 1 400 万英里，但是由于施耐德先进的管理技术应用，对 SPO 而言并没有产生额外的运费支出。

② 使得为 SPO 服务的运输商数目从以前的 1 200 家减少到目前的 400 多家。施耐德的最终计划是将 85%的配送业务集中在 50 家核心运输商手中。

施耐德物流 1994 年获得 SPO 的入厂、售后物流合同，1997 年施耐德又将其业务在加拿大进行推广。两家企业已经持续合作了 6 年，促使两者走到一起的原因可以归结为两点：全球化贸易发展、互联网技术的发展。

资料来源：www.soolw.com

问题：

1．通用汽车公司的零配件是采用何种配送形式进行配送的？

2．试分析 SPO 的配送流程与功能。

3．施耐德物流运作的配送业务给通用汽车公司带来了哪些效益？SPO 将配送外包的原因是什么？

项目 2
配送中心认知

知识目标

1. 掌握配送中心的定义
2. 了解配送中心的功能
3. 了解配送中心的类别
4. 了解配送中心设计的要素
5. 了解配送中心设计的内容

能力目标

1. 学会设计配送中心流程
2. 学会设计配送中心

任务 1　配送中心的定义和分类

案例：

佳美零售商业有限责任公司在规划筹建公司配送中心时，面临两种方案。

一种方案认为，公司规模扩张比较快，几乎每月新开一家门店，门店数量较多，门店分布也较为广泛，为了较好地支持门店销售和公司发展，配送中心的建设应该作为战略性规划，在 L 市建一个规模较大、功能较强、配送辐射范围较大、技术水平较高的综合配送中心，采购中心集中采购后，由配送中心统一配送。同时，在毗邻 S、X、C 省的 D 市建立一个地区配送中心（RDC），实现对上述省份的门店及 D 市周边的相邻地区门店的配送。这个方案需要投资 5 亿元。

另一种方案认为，公司由于不断扩张，门店运营占用了公司相当多的资金，目前，融资成本较高，而且物流配送、配送中心运营管理对公司来说都是新业务，考虑到财务风险和运营风险，建议投资 2 亿元人民币在 L 市的物流园区规划建造一个专业配送中心。而对市外和省外的门店，则考虑在这些地区租用仓储设施，开展配送。

经过公司总裁会议讨论，最终选择第二个方案，在 L 市建立公司的 M 配送中心。

问题：

1．何谓配送中心？

2．配送中心的功能是什么？

3．配送中心的类别包括哪些？

4．配送中心有什么特点？

通过任务 1 的学习，你将能够解决以上问题。

1．配送中心的定义

关于配送中心的定义，国内外有不同的解释。

（1）国外的定义

1）日本《市场用语词典》的定义

配送中心是一种物流据点，它不以储藏仓库的这种单一形式出现，而是发挥配送职能的流通仓库，也称作基地、据点或流通中心。配送中心的目的是降低运输成本、减少销售机会的损失，为此建立设施、设备并开展经营、管理工作。

2）日本日通综合研究所编写的《物流手册》的定义

配送中心是从供应者手中接受多种大量的货物，进行倒装、分类、保管、流通加工和情报处理等作业，然后按照众多需要者的订货要求备齐货物，以令人满意的服务水平进行配送的设施。

（2）国内的定义

1）李京文等在《物流学及其应用》一书中给出的定义

配送中心是从事货物配备（集货、加工、分货、拣选、配货）和组织对客户的送货，以高水平实现销售或供应的现代流通设施。

2）2001 年 8 月 1 日颁布实施、2006 年修订的《中华人民共和国国家标准物流术语》（GB / T 18354—2006）的定义

配送中心是从事配送业务的场所或组织。它应基本符合以下要求：

① 主要为特定的用户服务。

② 配送功能健全。

③ 有完善的信息网络。

④ 辐射范围小。

⑤ 多品种、小批量、多批次。

⑥ 以配送为主，以储存为辅。

资料：仓库与配送中心的区别

仓库被看成是社会物资的“蓄水池”，是储存和保管货物的设施的总称，是专门保管货物的场所，功能比较单一。配送中心则被称作“现代化的物流据点”或“流通设施”，功能很多，包括采购、进货、储存、流通加工、装卸搬运、订单处理、分拣配货、发货、送货等。配送中心是一种全新的物流据点，在物流系统中发挥越来越重要的作用。

配送中心如图 2-1 所示。

图 2-1　配送中心外景

2．配送中心的功能和种类

（1）配送中心的功能

1）备货

备货是配送的基础性工作，包括筹集货源、订货、进货、集货及与之有关的货物交接、验收、装卸和结算等。配送的优势之一，就是可以集中客户的需求进行一定规模的备货。备货成本的高低，会影响配送的经济效益。

2）储存

配送中心的储存有储备和短时储存两种形态。储备是在一定期间内按经营的要求，形成的对配送的资源保证。而短时储存是具体执行配送时，按分拣配货要求，在理货场所的少量储存准备；或者在分拣、配货之后，形成的发送货物的暂存。

3）分拣及配货

分拣及配货是配送不同于其他物流形式的有特点的功能要素，是完善送货、支持送货准备性工作。分拣及配货能够大大提高送货服务水平和配送系统水平。配送中心以适当的方式、技术和设备对配送中心的备货按客户需求进行分拣作业，分货以后实现向不同的客户的送货。

4）配装

某一客户配送数量不能达到送货车辆的有效载运负荷时，需要集中不同客户的订货，进行搭配装载，以充分利用运能、运力，这就是配装。配装可以提高送货水平，降低配送成本，也是配送与一般送货的重要区别。

5）配送运输

配送运输是运输中的末端运输、支线运输，区别于一般运输。由于配送客户多且分散，市内交通复杂，配送运输如何选择最优路线，使配装和配送路线选择有机结合，是难度比较大的工作。

6）送达服务

货物送达之后，应选择卸货地点、卸货方式，把货物移交给客户并进行结算。送达服务是配送的延伸功能。

7）配送加工

配送加工是指配送中心根据客户需要进行的分装、分选、分类、粘贴标签等业务活动。配送中心所进行的加工作业主要有：

① 初级加工活动，如按照客户的要求下料、套裁等。

② 辅助性加工活动，如给商品加贴条形码、拴标签、简单包装等。

③ 深加工活动，如把蔬菜、水果等食品进行冲洗、切割、过秤、分级和装袋；把不同品种的煤炭混合在一起，加工成“配煤”等。

配送加工是一种增值物流服务，完善了配送中心的服务功能，提高了客户满意度。

8）信息处理

配送中心集商流、物流、信息流于一体，具有对商流、物流的信息进行收集、分类、加工、整理、传输、储存的功能。

配送中心是集诸多功能于一体的现代化流通设施，强调功能的协调和一体化。其基本功能不仅仅是储存和运输，也包括采购、装卸、流通加工、配送、信息处理及信息反馈等服务功能。当前，我国配送中心在功能上主要存在两大缺陷：

① 流通加工功能。这项功能在许多配送中心尚未开展起来，缺乏对商品的深加工能力，限制了配送商品的品种。

② 信息处理及反馈功能。物流信息没有得到充分利用，没有起到对流通加工的导向作用。由于不能利用计算机技术，物流信息系统薄弱，制约了高效率地进行信息的收集、传递和处理。

（2）配送中心的种类

1）按运营主体分类

① 制造型配送中心

制造型配送中心是生产企业为将自身产品销售给客户所建的配送中心，配送的商品是由生产企业生产的。这类配送中心的物料供应、生产流程、成品的包装和条形码粘贴等活动较容易控制，大多设计为现代化、自动化的配送中心，但不具备社会化的要求。

② 批发型配送中心

批发是商品从生产企业到消费者之间的流通环节之一。批发型配送中心一般按行业或商品类别的不同，把相关制造商的商品集中起来，然后以单一品种或搭配品种向下游的配送中心、零售商或连锁店进行配送。该种配送中心社会化程度较高。

③ 零售型配送中心

零售商发展到一定规模后，就可以考虑建立自己的配送中心，面向终端客户或连锁门店开展配送。目前，连锁经营模式在零售业获得成功，每一个连锁商业体系的经营规模都在扩大，门店数量增加，更需要精细的统一采购、统一配送。与此同时，具备条件的连锁零售业都在建立自己的配送中心。促进了零售型配送中心的发展。

④ 仓储运输型配送中心

仓储运输企业是物流节点，拥有土地、库房、站点和装卸搬运设备，功能的扩展使它很容易演变成配送中心。仓储运输企业设立配送中心，是因为它需要物流据点以整理、分货、包装、加工、配载货物，达到扩大功能、节约成本的目的。

⑤ 公共型配送中心

这种配送中心往往为中小工商企业或物流公司服务。配送中心一般由政府出资，或由多个企业集资建成。拥有公共使用的装卸货平台、设备、设施，拥有可以分割产权或分割成单元的库房。

2）按配送服务范围分类

① 城市配送中心。城市配送中心是向城市范围内的众多用户提供配送服务的物流组织。在城市范围内，货物的运距比较短，这种配送中心可直接配送到最终用户，一般都使用载货汽车。配送中心往往和零售经营相结合，由于运距短，反应能力强，因而从事多品种、少批量、多用户的配送较有优势，也可以开展“门到门”式的送货业务。如日本的仙台批发商共同配送中心、我国已建的北京食品配送中心便属于这种类型。

② 区域配送中心。区域配送中心是以较强的辐射能力和库存准备，向省（州）际、全国乃至国际范围的用户配送的配送中心。这种配送中心配送规模较大，一般而言，用户较多，配送批量也较大，而且往往是既配送给下一级的城市配送中心，也配送给营业所、商店、批发商和企业用户。虽然也从事零星的配送，但不

是其主体形式。这种类型的配送中心在国外十分普遍，如日本的阪神配送中心，美国马特公司的配送中心、蒙克斯帕配送中心等就属于这种类型。

3）按配送货物的种类分类

① 供应型配送中心。供应型配送中心也称生产资料配送中心。它的任务是向生产企业配送能源、原材料、零部件等物品，是专门为生产企业组织供应的配送中心。这类配送中心多设在铁路沿线和沿海地区，并多以集装箱的方式配送货物。我国的煤炭配送中心即属于这种类型，上海地区六家造船厂的配送钢板中心也属于供应型配送中心。供应型配送中心按所有权不同可分为自有型配送中心、社会化配送中心和共有型配送中心。

② 销售型配送中心。销售型配送中心也称生活资料配送中心。这种配送中心以销售为根本目的，以配送为手段。它大体有三种类型：

a. 生产企业为本身产品的直接销售而建立的配送中心，其目的是扩大市场销售能力。这种配送中心在国外很多。

b. 流通企业作为本身经营的一种方式，为扩大销售而建立的配送中心。我国目前拟建的配送中心多属于这种类型。

c. 流通企业和生产企业联合的协作性配送中心。

③ 特殊商品配送中心

特殊商品配送中心是一种专门配送特殊商品（如有毒物品，易燃、易爆物品，危险品或其他特殊物品等）的配送中心。这种配送中心多设在远离人群的地区，并且对所存放的物品进行特殊的保护，配送费用也较高。

4）按配送中心的功能分类

① 储存型配送中心。储存型配送中心具有很强的储存能力，一般来讲，在买方市场下，企业产品销售需要有较大库存支持；在卖方市场下，企业原材料、零部件供应也需要有较大库存支持。大范围配送的配送中心需要有较大库存，也可能是储存型配送中心。

我国目前拟建的配送中心都采用集中库存形式，库存量较大，多为储存型配送中心。瑞士CIBA—GEIGY公司的配送中心拥有世界上规模居于前列的储存库，可储存4万个托盘；美国赫马克配送中心拥有一个有163000个货位的储存区，可见存储能力之大。

② 流通型配送中心。流通型配送中心是指基本上没有长期储存功能，仅以暂存或随进随出方式进行配货、送货的配送中心，具体包括通过型配送中心和转运型配送中心。这种配送中心的典型方式是，大量货物整进并按一定批量零出，采用大型分货机，进货时直接进入分货机传送带，分送到各用户货位或直接分送到配送汽车上，货物在配送中心里仅做少许停滞。例如，日本的阪神配送中心，中心内只有暂存，大量储存则依靠一个大型补给仓库。

③ 加工型配送中心。加工型配送中心是以配送和加工为主要业务的配送中心。我国上海市和其他城市已开展的配煤配送，其配送点也是配煤加工点。

5）按配送中心的性质分类

① 专业配送中心。专业配送中心大体上有两个含义：

a．配送对象、配送技术属于某一专业范畴，在某一专业范畴具有一定的综合性，综合这一专业的多种物资进行配送。例如，我国目前在石家庄、上海等地建的制造业配送中心大多采用这一形式。

b．以配送为专业化职能，基本不从事经营的服务型配送中心。

② 柔性配送中心。柔性配送中心是在某种程度上和专业配送中心对立的配送中心。这种配送中心不向固定化、专业化方向发展，而是服务方向能随时变化，对用户要求有很强的适应性，不固定供需关系，向不断发展配送用户和改变配送用户的方向发展。

不同种类、不同行业形态的配送中心，其作业内容、设备类型、营运范围可能完全不同，但是就系统规划分析的方法与步骤来说有其共同之处。配送中心的发展已逐渐向信息化、自动化、专业化方向发展。配送中心的类别汇总见表 2-1。

表 2-1　配送中心的类别

分类方法	配送中心类别
按经营主体分类	制造商型配送中心
	批发型配送中心
	零售型配送中心
	仓储运输型配送中心
	公共型配送中心
按配送服务范围分类	城市配送中心
	区域配送中心
按配送货物的种类分类	供应型配送中心
	销售型配送中心
	特殊商品配送中心
按配送中心的功能分类	储存型配送中心
	流通型配送中心
	加工型配送中心
按配送中心的性质分类	专业配送中心
	柔性配送中心

任务 2　配送中心设计

案例：

M 配送中心在规划设计时，充分考虑了以下因素：

① 配送物品大约有 10 个大类、100 个中类、上千个小类、近 10 万个品项。

② 配送物品每年物流量大约为 50 万箱。

③ 拣货单位有托盘、箱、单品，还包含其他特殊品的拣货，以箱为主，其次是托盘和单品。

④ 每年订单量约为 5 万个，订单的分布不均衡。

⑤ 进货以公司采购中心采购为主，以供应商送货为辅，进货采用多批次、少批量方式。

⑥ 所有货物周转率为每月 15 次。

⑦ 员工数量为 500 人左右，一律要求专业院校毕业，每天早晚班，严禁加班。

⑧ 针对保鲜、冷冻和部分蔬菜、水果，需要加工。

⑨ 车辆以 1.5t、2t 和 4t 箱式车为主。

⑩ 配备必要的员工食堂、员工公寓等。

1．配送中心设计的要素有哪些？

2．配送中心的定位如何？

3．配送中心的规模如何确定？

4．配送中心的功能如何设计？

5．配送中心作业流程如何设计？

6．配送中心的作业区如何布局？

7．配送中心的设施设备如何选择？

8．配送中心如何选址？

9．配送中心信息技术与信息系统如何设计？

10．如何进行配送中心运营标准化设计？

通过任务 2 的学习，你将能够有效解决上述问题。

1．配送中心设计的目标和原则

（1）配送中心设计的目标

配送中心设计目标是配送中心设计要达到的目的。具体可描述为：

① 降低库存水平。

② 降低物流成本。

③ 缩短物流作业周期。

④ 降低物流作业差错率。

⑤ 提高客户服务水平。

⑥ 提升物流服务竞争力。

（2）配送中心设计的原则

配送中心设计应遵循以下基本原则：

1）系统原则

配送中心的物流量分析与预测、配送中心选址及配送网络、配送中心作业与作业流程等内容，是相互联系、相互作用的，因此，在设计配送中心时应采用系统的原理和方法。

2）价值原则

客户对配送的及时性、一致性、可靠性、低缺货率、低差损率的要求越来越高，但是由于配送中心设计、建设、运作和管理需要许多投入，形成巨大的配送成本，包括固定成本和流动成本。因此，在强调提高客户服务水平时，应考虑投资的回收、现金流量的改善、效益的提高。

3）发展原则

业务的增长、物流量的增加、经营范围的拓展，都要求配送中心的建筑物、设施设备、信息系统有较强的应变能力。

4）科学化原则

配送中心应合理地选择、组织、使用设备，并与配送中心作业流程、计算机管理信息系统相结合，以充分发挥配送中心多功能、高效益的特点，加速货品流转，提高经济效益和管理水平。

2．配送中心设计要素

（1）产品

产品指待布置工厂将生产的商品、原材料、零件或成品等。这些资料由生产文件和产品设计提供，包括项目、品种类型、材料、产品特征等。产品要素影响着生产系统的组成及其各作业单位间的相互关系、生产设备类型、物料搬运方式等。

（2）产量

产量是指生产的产品数量，由生产纲领和产品设计方案决定，可以用件数、重量、体积等来表示。产量要素影响着生产系统的规模、设备的数量、运输量、建筑物面积大小等方面。

（3）生产路线

为了完成产品的加工，必须制定加工工艺流程，形成生产路线。生产路线可以用工艺过程表（卡）、工艺过程图、设备表等表示。它影响着各作业单位之间的联系、物料搬运路线、仓库及堆放场地的位置等方面。

（4）辅助服务部门

生产系统包括生产车间、职能管理部门、辅助生产部门、生活服务部门和仓储部门等，除生产车间外的所有作业单位统称为辅助服务部门，包括工具、维修、动力、收货、发运、铁路专用线、办公室、食堂等，可能与生产车间面积等同，在设计时应该给予足够重视。

（5）时间

时间要素是指在什么时候、用多少时间生产出产品，包括各工序的操作时间、更换批量的次数。根据时间因素，确定生产所需各类设备的数量、占地面积的大小和操作人员的数量，来平衡各工序的生产时间。

3．配送中心的定位

（1）配送中心功能定位

1）流通型配送中心

这类配送中心以快速转运为核心，大批量进货，快速分拣、配货与配装，及时配送到客户指定的地点。在设计时应配备适应货物快速流转的设施。

2）储存型配送中心

这类配送中心主要功能是储存，为降低客户库存，需具有较强的库存管理与控制能力。在设计时应规划较大规模的仓储空间和设施。

3）加工型配送中心

这类配送中心主要对进入流通领域的商品进行拆包、分解、整理、再包装等流通加工活动。设计时为满足加工的需要，配备必要的加工设施、场地及加工技术。

（2）配送商品定位

配送中心处理的商品种类是有限的。因为不同的商品配送所需的场地、设施设备是不一样的，作业流程也有较大区别。试图建立适合所有商品物流需要的配送中心是不实际的。在实践中，有许多专业的配送中心只专注于某种或某类商品，如服装配送中心、食品配送中心、生鲜配送中心、干货配送中心、图书配送中心、药品配送中心、家用电器配送中心、饮料及水配送中心。

在进行配送中心设计时，应根据企业目标、市场需求进行配送商品定位，结合作业批量与物流费用规划设施设备。

（3）配送区域定位

配送区域是指配送中心辐射的范围。配送的距离和区域关系到配送中心的投资规模和运作方式。

在进行配送中心设计时，须综合分析配送商品的种类、数量、交通运输条件和用地条件等因素，合理进行配送区域定位。

4．配送中心物流分析

在进行配送中心设计时，应进行如下物流分析：

（1）物流需求分析

在进行配送中心规划设计的时候，最重要的一项分析就是对物流需求进行分析。对物流需求进行分析的时候，通常采用的分析方法就是 EIQ 分析。其中，E 代表 Order Entry，即订单件数、订购次数；I 代表 Item，即货品的种类、品项、单品；Q 代表 Quantity，即配送货物的数量或库存量。日本的铃木震先生积极倡导以订单品项数量分析方法来进行配送中心的系统规划，即从客户订单的品项、数量与订购次数等出发，进行出货特性的分析，研究配送中心的特性，以进行配送中心的基本规划。分析的内容包括：

1）订单量分析

订单量分析即单张订单出货数量的分析，主要分析单张订单订购量的分布情形，可用于决定订单处理的原则、拣货系统的规划，并将影响出货方式及出货区的规划。

2）品种数量分析

品种数量分析即每张订单出货品项数的分析，主要分析各类货物出货量的分布状况，分析货物的重要程度与运量规模。可用于仓储系统的规划选用、储位空间的估算，并将影响拣货方式及拣货区的规划。

3）订货品项数分析

订货品项数分析即单张订单出货品项数的分析，主要分析订单订购品项数的分布，对于订单处理的原则及拣货系统的规划有很大的影响，并将影响出货方式及出货区的规划。通常需配合总出货品项数、订单出货品项累计数及总品项数三项指标综合考虑。

4）品项受订次数分析

品项受订次数分析即每单一品项出货次数的分析，主要分析各类货物出货次数的分布，对于了解货物的出货频率有很大的帮助，可配合品种数量分析决定仓储与拣货系统的选择。

EIQ 的分析项及其含义以及 EIQ 的资料分解格式见表 2-2、表 2-3。

表 2-2　EIQ 的分析项目及含义

主要分析项目	含义
EQ（订单量）分析	每张订单的订货/出货数量的分析
IQ（品项数量）分析	每个品项种类的受订/出货数量的分析
EN（订货品项数）分析	每张订单的订货/出货品项数的分析
IK（品项受订次数）分析	每个品项种类的受订/出货次数的分析

注：① EQ 是订单 E 和数量 Q 的组合。

② IQ 若从生产关系的角度看，采用制成品 Product 的第 1 个字母 P 可命名为 PQ 分析，在物流系统中，由于物品种类和数量是重要的因素，因此一般称为 IQ 分析。

③ EN 是由订单 E 和什么种类货物的 Nani（日文）中的 N 组合而成。

④ IK 是某类货物 I 和被几个用户的订单所重复 Kasanatsute（日文）订购中的 K 组合而成。

表 2-3 EIQ 资料分解格式

		出货品项						订单出货量	订单出货品项
		I1	I2	I3	I4	I5	…	EQ	EN
出货订单	E1	4	6	0	5	3	2	20	5
	E2	3	0	7	8	7	0	25	4
	E3	5	0	1	0	0	6	12	3
	E4	3	5	0	7	4	0	19	4
单品出货量	IQ	15	11	8	20	14	8	GEQ/GIQ76	GEN16
单品出货次数	IK	4	2	2	3	3	2		GIK16

经过 EIQ 分析以后，明确订单内容、订货特性、接单特性、配送中心特性和 EIQ 特性，明确配送中心各子系统如自动仓库、高速自动分拣机、拣货系统、流利式货架、输送机、搬运车、叉车等要素设计的条件，据此，得出所需的物流设备。

（2）物品特性与储运单位分析

进行订单品项与数量分析时，仅针对订单出货资料进行分析，如能配合相关物性、包装规格与特性、储运单位等因素，进行关联及交叉分析，更易于对仓储及拣货区域进行规划。PCB 分析就是考察配送中心各个主要作业（进货、拣货、出货）环节的基本储运单位，其中，P 代表托盘，C 代表箱子，B 代表单品。

常见的案例是企业的订单资料中同时含有各类出货形态，包括订单中整箱与零散两种类型同时出货，以及订单中仅有整箱出货或仅有零星出货。为使仓储与拣货区得到合理规划，必须将订单资料依出货单位类型加以分割，以正确计算各区的实际需求。配送中心物流系统的储运单位组合形式见表 2-4。

表 2-4 配送中心包装单位分析表

入库单位	储存单位	拣货单位
P	P	P
P	P、C	P、C
P	P、C、B	P、C、B
P、C	P、C	C
P、C	P、C、B	C、B
C、B	C、B	B

（3）物流与信息流分析

物流与信息流分析是指对配送中心作业流程中，伴随着商流、物流、资金流产生的信息的输入、整理、分类、加工处理和输出的方式、内容和效果进行的分析。

（4）配送中心作业分析

配送中心涉及的作业包括以下几项：

① 订单作业，包括订单获取、订单确认、订单登录。

② 进货作业，包括进货、卸载、理货、验货。

③ 包装作业，包括包装材料选择、包装方式与种类。

④ 堆码作业，包括托盘堆码、堆码方式。

⑤ 拣货作业，包括拣货方式、拣货策略。

⑥ 配货作业，包括配货方法、配货量、作业表。

⑦ 储存保管作业，包括入库、保管、盘点。

⑧ 送货作业，包括车辆调度、配送线路、运送、交付。

⑨ 退货作业，包括退货业务、退货品处理、退货责任认定。

（5）配送中心进出货量分析

配送中心进出货量分析的内容包括供货商、供货方式、单位时间进货数量和品种数、商品形态、收货店铺数、配送车辆、配送量、配送要求等。

（6）配送中心商品保管形态分析

配送中心采用高层货架和自动化立体仓库存取货物时，应确定托盘商品的堆垛尺寸、货架的空间利用率、搬动的次数、运输的手段。

（7）配送中心总物流量流程图分析

根据配送中心的物品类别和物流量，将物流系统中所有流程绘制在一张图上，该图即为配送中心总物流量流程图。

5. 配送中心的规模

（1）配送中心的规模包括三层含义：

① 与店铺规模相适应的总规模，即需要总量为多少平方米的配送中心。

② 建立几个配送中心，即这些配送中心的布局。

③ 每个配送中心的规模。

从“成本—收益”角度分析，配送中心规模、服务功能、投资成本三者的关系是：在一定配送规模范围内，随着投资规模的不断扩大，单位配送成本随之不断降低，而当规模扩大到一定程度时，单位配送成本则会开始随规模的扩大而上升，规模不经济性开始发生作用。随着配送规模的扩大，配送中心的服务能力不断增强，但当规模扩大到一定程度时，其服务能力受规模的影响不断减小。也就是说，配送中心的建设和经营规模并不是越大越好。从理论上来说，其规模最好在“服务能力曲线”与“单位配送成本曲线”的两个交点内决策，这样才能在最佳规模范围内获得较低的配送成本和较高的服务能力及服务水平。

（2）配送中心规模设计

配送中心规模设计是指根据业务量、业务种类和业务要求确定其总体规模，主要内容包括以下 3 方面：

① 预测物流量。用近三年统计数据结合企业目标和规划进行预测。

② 确定单位面积的作业量定额。表 2-5 给出了实际经营中，配送中心各作业区的单位面积作业量定额。

表 2-5　配送中心各类作业区作业量定额分布

作业区名称	单位面积作业量（t/m^2）
收货验货作业区	0.2～0.3
分拣作业区	0.2～0.3
储存保管作业区	0.7～0.9
配送理货作业区	0.2～0.3

③ 确定配送中心占地面积。在实践中，辅助生产建筑的面积约占配送中心建筑面积的 5%～8%，管理、生活用建筑面积为配送中心建筑面积的 5%左右。根据规划的建筑覆盖率和建筑容积率，即可估算出配送中心的占地面积。

6. 配送中心结构设计

（1）影响配送中心布局设计的因素

① 固定货位与变动货位。

② 平面布局与立体布局。

③ 分拣货物与补充库存作业。

④ 站台的平面布局。

⑤ 通道占用空间与货架占用空间。

⑥ 劳动密集与高度机械化。

⑦ 自用仓库与租用仓库。

（2）配送中心的空间布局

① 车辆为等待装货或卸货的停车场和员工休息室。

② 配送中心利用各种运输方式所须接收和装货设备的场地。

③ 入库和出库货物的暂时存放场地。

④ 办公室（包括计算机设备等在内）所需场地。

⑤ 托盘的存放和修理场所。

⑥ 保管损坏货物场地，等待承运商检查确认。

⑦ 修旧利废或修理损坏货物场地以及收集和打包收回的废料、切屑等的工作间。

⑧ 进行重新包装、贴标签、标价等业务所需场地。

⑨ 设备的保管和维护场地。

⑩ 危险品、贵重物品、仓库用品以及其他需要冷冻、冷藏的货物进行特殊保管的专用储存区。

（3）配送中心内部结构

① 进货区：收货、验货、卸货、搬运及货物暂停的场所。

② 理货区：进货简单处理的场所。在理货区，物品分为直接分拣配送、待加工、入库暂存和不合格须清退几种，分别送往不同的功能区。

③ 储存区：作为安全储存或暂不配送的货物的保管场所，配有多层货架和集装单元的托盘。

④ 分拣配货区：拣选、配货的场所。

⑤ 发货区：检验、配装、发货、待运的场所。

⑥ 加工区：根据客户需求或经营需要进行流通加工的场所。

⑦ 退货处理区：存放进货残损、不合格、需重新确认等待处理货物的场所。

⑧ 废弃物处理区：对废弃包装物（纸袋、纸箱、塑料袋）、破碎货物、变质货物、加工废料进行清理、回收利用的场所。

⑨ 管理区：行政管理、信息处理、业务洽谈、订单处理及指令发布的场所。

7. 配送中心选址

（1）配送中心选址的内容

配送中心的选址包括两方面的含义：地理区域的选择和具体地址的选择。配送中心选址首先要选择合适的地理区域，如东北地区、西南地区等，按照物品特性、目标市场和企业经营策略来确定。然后，确定具体的建造地点。一般来讲，有三个公共地区可以考虑作为配送中心的地点：商业区、边缘地区以及中心区或闹市区。

（2）配送中心选址主要影响因素

① 交通运输。选址地点不合理具体表现为出入不便、交通不畅、与生产企业或客户之间距离过远，这些不合理都会增加运输成本。运输成本是选址最为重要的因素。

在考虑选址时，分析人员应提供由资源供给地至选址设施所在地以及由设施所在地至产品销售市场或客户之间的运输距离与运输费用的数据。运输费用包括支付给运输公司的运费以及与产品运输有关的设备投资费用。

② 土地条件。地价及增值、土地开发成本、扩展空间、公共设施、给排水系统等条件，是配送中心选址的核心要素。

③ 周边环境。自然资源是一种生存环境，环境污染会导致环境指数下降，从而不利于配送业务的开展。应结合考察周边的社会、自然环境条件进行配送中心的选址。

④ 劳动力市场。要考虑当地的劳动力资源是否充分，劳动力成本是否过高等可使用的劳动力情况。企业经营的好坏与可使用的劳动力数量、劳动力质量、劳动者技能及现行的工资水平有关。所以，这个因素在选址时不可忽略。

⑤ 能源。所有生产和配送设施都要使用能源，且对能源的依赖性很大。在选址时，要考虑能源的费用和能源短缺的可能性。

⑥ 客户分布。对消费者来说，企业一般在购买力集中的地区设置配送设施，以实现企业的营销目标。在为消费者提供配送服务之前，应仔细研究人口的转移、人口数

量的变化，而且要注意人口特征的变化，尤其是受购买力影响的人口特征的变化。

工业产品销售配送中心也常靠近它们的客户设置，以客户为导向，采用“鸠尾合式”（Dovetailing）的方式将企业工厂与其最大的客户紧密联系配合设置。例如，机械厂为当地的纺织厂和家具厂制造纺织机和木工机，它们互相配合设置在一起。

（3）地址的选定

1）单一配送中心的选址

① 应用模型说明。下面介绍单设施选址的一个常用模型，可用来为工厂、车站、仓库或零售/服务设施选址，又称为精确重心法和网格法。

该模型比较简单，因为考虑的选址因素只包括运输费率和各点的货物运输量。数学上该模型属于静态连续选址模型。

设有一系列点分别代表生产地和需求地，各自有一定量货物 V_i 需要以一定的运输费率 R_i 运向位置待定的配送中心（X_0，Y_0），或从配送中心运出，它们各自的坐标是（X_i，Y_i）（$i=1$，2，…，n），其网络图如图 2-2 所示。那么配送中心该位于何处呢？

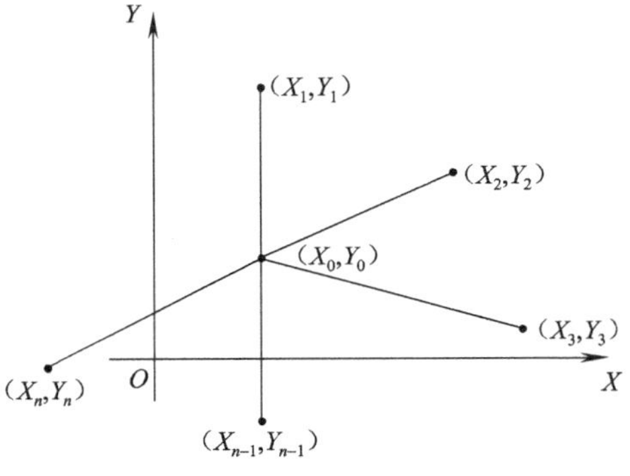

图 2-2　配送中心与生产地和需求地坐标网络

在此以该点的运量乘以位置待定的配送中心到该点的运输费率，再乘以位置待定的配送中心到该点的距离，求出上述乘积之和（总运输成本）最小的点，即为配送中心应该设置的位置。即

$$\min \mathrm{TC} = \sum_i V_i R_i d_i \tag{2-1}$$

式中　TC—— 总运输成本；

V_i——i 点的运输量；

R_i——i 点到配送中心的运输费率；

d_i——i 点到配送中心的距离。

分别求 TC 关于配送中心坐标 X_0、Y_0 的一阶偏导数，并令其为零，这样可以得到两个方程式。解这两个方程，可以得到配送中心位置的坐标值。其精确重心的坐标为

$$X_0 = \frac{\sum_i V_i R_i X_i / d_i}{\sum_i V_i R_i / d_i} \tag{2-2}$$

和

$$Y_0 = \frac{\sum_i V_i R_i Y_i / d_i}{\sum_i V_i R_i / d_i} \tag{2-3}$$

式中　X_0，Y_0——位置待定的配送中心的坐标；

X_i，Y_i——产地和需求地的坐标。

距离 d_i 可以由下式估计得到

$$d_i = K\sqrt{(X_i - X_0)^2 + (Y_i - Y_0)^2} \tag{2-4}$$

式（2-4）中 K 代表一个度量因子，是将坐标轴上的一单位指标转换为更通用的距离度量单位（如英里或公里）时的转换系数。

因为式（2-2）和式（2-3）等号右边还含有 d_i，即还含有要求的未知数 X_0、Y_0，而要从两式的等号右边完全消去 X_0 和 Y_0，计算起来很复杂，故采用迭代法来进行计算。解的过程包括下列几个步骤：

a 确定各产地和需求地点的坐标值 X_i、Y_i，同时确定各点货物运输量和直线运输费率。

b 不考虑距离因素 d_i，用重心公式估算初始选址点

$$X_0 = \frac{\sum_i V_i R_i X_i}{\sum_i V_i R_i} \tag{2-5}$$

和

$$Y_0 = \frac{\sum_i V_i R_i Y_i}{\sum_i V_i R_i} \tag{2-6}$$

c 根据式（2-4）和式（2-1），用步骤②得到的 X_0、Y_0 计算 d_i 及与 X_0、Y_0 相应的总运输成本 TC^0。

d 将 d_i 代入式（2-2）和式（2-3），解出修正的 X_0^1、Y_0^1 的坐标值。

e 根据修正的 X_0^1、Y_0^1 坐标值，再重新计算 d_i 及与修正的 X_0^1、Y_0^1 相应的总

运输成本 TC^1。

f 比较 TC^1 和 TC^0，如果 $TC^1 \geqslant TC^0$，则说明 (X_0, Y_0) 就是最优解。如果 $TC^1 < TC^0$，则说明计算结果得到改善，并且有待更进一步优化，返回步骤④，计算配送中心的再改善地点（X_0^2，Y_0^2）。

这样反复计算下去，直到 $TC^{k+1} \geqslant TC^k$，求出最优解（X_0^k，Y_0^k）为止。

可以看出，用迭代方法进行配送中心选址的关键是给出配送中心的初始位置（X_0，Y_0）。

上述确定配送中心初始位置时考虑了各点的运输量、运输费率和坐标。在实际应用中，也可以以各点的位置重心作为配送中心的初始位置，还可以以任意地点作为配送中心的初始位置。初始地点的选取方法可以不同，没有一般的确定初始地点的统一规则，但根据地理中心来确定初始地点的方法还是比较可取的，它可以减少计算量，降低盲目性。

② 选址模型案例。

【例 2-1】某公司有两个工厂 P_1 和 P_2 向配送中心供货，由配送中心供应三个需求地 M_1、M_2 和 M_3。产品 A 由 P_1 负责供应，产品 B 由 P_2 负责供应，这些产品随后再被运到三个需求地。工厂和需求地的坐标、货物运输量和运输费率见表 2-6，要求寻找使总运输成本最小的单一配送中心的位置。

表 2-6　工厂和需求地的坐标、货物运输量和运输费率

地点	i	产品	总运输量 V_i/担	运输费率/美元/（担·公里）	坐标	
					X_i	Y_i
P_1	1	A	2 000	0.050	3	8
P_2	2	B	3 000	0.050	8	2
M_1	3	A、B	2 500	0.075	2	5
M_2	4	A、B	1 000	0.075	6	4
M_3	5	A、B	1 500	0.075	8	8

由上述步骤②，利用式（2-5）和式（2-6），可以确定配送中心的初始位置，通过表 2-7 的形式进行求解。

表 2-7　配送中心初始位置计算表

i	X_i	Y_i	V_i	R_i	V_iR_i	$V_iR_iX_i$	$V_iR_iY_i$
1	3	8	2 000	0.050	100.00	300.00	800.00
2	8	2	3 000	0.050	150.00	1 200.00	300.00
3	2	5	2 500	0.075	187.50	375.00	937.50
4	6	4	1 000	0.075	75.00	450.00	300.00
5	8	8	1 500	0.075	112.50	900.00	900.00
Σ					625.00	3 225.00	3 237.50

配送中心的初始位置为：$X_0 = 3225.00/625.00 = 5.16$，$Y_0 = 3237.50/625.00 = 5.18$。

由上述步骤③，利用式（2-1）和式（2-4）可求得与该位置相关的总运输成本，计算过程见表 2-8。

表 2-8　与配送中心初始位置相关的总运输成本的计算

i	X_i	Y_i	V_i	R_i	d_i /公里	$V_iR_id_i$ /美元
1	3	8	2 000	0.050	35.52	3 552
2	8	2	3 000	0.050	42.63	6 395
3	2	5	2 500	0.075	31.65	5 935
4	6	4	1 000	0.075	14.48	1 086
5	8	8	1 500	0.075	40.02	4 503
Σ						21 471

注：① 距离精确到 1/100 公里。

② 由式（2-4）得到 $d_1=10\sqrt{(3-5.16)^2+(8-5.18)^2}$=35.52（公里）。

按照步骤④，求出第一次迭代修正的配送中心的位置坐标（X_0^1、Y_0^1），计算过程见表 2-9。

表 2-9　配送中心修正位置计算表

i	（2）V_iR_i	（3）$V_iR_iX_i$	（4）$V_iR_iY_i$	（5）d_i	（6）=（2）/（5）V_iR_i/d_i	（7）=（3）/（5）$V_iR_iX_i/d_i$	（8）=（4）/（5）$V_iR_iY_i/d_i$
1	100.00	300.00	800.00	35.52	2.815	8.446	22.523
2	150.00	1 200.00	300.00	42.63	3.519	28.149	7.037
3	187.50	375.00	937.50	31.65	5.924	11.848	29.621
4	75.00	450.00	300.00	14.48	5.180	31.077	20.718
5	112.50	900.00	900.00	40.02	2.811	22.489	22.489
Σ					20.249	102.009	102.388

配送中心的修正坐标为 $X_0^1=102.009/20.249=5.038$， $Y_0^1=102.388/20.249=5.057$。

与配送中心修正位置相关的总运输成本为 TC^1=21 431（美元）。因为 $TC^1<TC^0$，说明计算结果得到改善，返回步骤④，计算配送中心的再改善地点（X_0^2，Y_0^2）。

使用 LOGWARE 中的 COG 计算机软件模组，可以完成 100 次上述的迭代过程。计算结果见表 2-10。

表 2-10　COG 软件 100 次迭代得出的配送中心位置坐标和总运输成本

迭代轮次	X_0	Y_0	总运输成本/美元
0	5.160	5.180	21 471.00
1	5.038	5.057	21 431.22
2	4.990	5.031	21 427.11
3	4.966	5.032	21 426.14
4	4.951	5.037	21 425.69
5	4.940	5.042	21 425.44
6	4.932	5.046	21 425.30
7	4.927	5.049	21 425.23
8	4.922	5.051	21 425.19
9	4.919	5.503	21 425.16
10	4.917	5.054	21 425.15
11	4.915	5.055	21 425.14
·	·	·	·
100	4.910	5.058	21 425.14

值得注意的是，在该问题中，总成本在第 11 次迭代以后就不再下降，选址

位置的坐标变化也很小。这是这一具体问题的特点，在其他问题中可能会出现截然不同的特点。

在实践中，为了减少计算量，可以在迭代过程中确定两个中止准则：①根据经验和以前的试验结果，直接设置一个确定的迭代次数 N（如本例）；②将每一次的迭代结果 TC^{i} 与前一次的迭代结果 $TC^{(i\text{-}1)}$ 相比较，当两次迭代得到的结果变化小于某一阈值 ΔTC 时，迭代过程结束。针对本例而言，当确定阈值为 0.5 美元时，迭代到第 6 次时结束。

2）多个配送中心的选址

对大多数企业而言，其面临的问题往往是必须同时决定两个或多个设施的选址，虽然问题更加复杂，却更加接近实际情况。多设施选址问题一般可以归为以下几个基本的规划问题：

① 物流网络中应该有多少个仓库？这些仓库应该有多大规模？应位于什么地点？

② 各个客户指定由哪个仓库负责供应？各个工厂、供应商或港口应指定由哪些仓库负责？

③ 各个仓库中应该存放哪些产品？哪些产品应从工厂、供应商或港口直接运送到客户手中？

目前，已经研究出了很多方法解决上述部分或全部问题，如精确法（Exact Methods）、多重心法（Multiple Center of Gravity Approach）、混合—整数线性规划（Mixed-Integer Linear Programming）、模拟法（Simulation Methods）、启发法（Heuristic Methods）。

8．配送中心的设施与技术

（1）配送中心设备选用应考虑的因素

① 设备的形状、尺寸、重量。

② 设备功能。

③ 设备操作方法。

④ 设备作业能力。

⑤ 设备占地面积。

⑥ 价格及设备选用费用。

（2）配送中心物流作业主要设备分类

1）运输设备

运输设备包括送货车辆（普通、箱式）、集装箱（通用、专用）、冷冻冷藏集装箱等。常见集装箱如图 2-3 所示。

a）图示 1

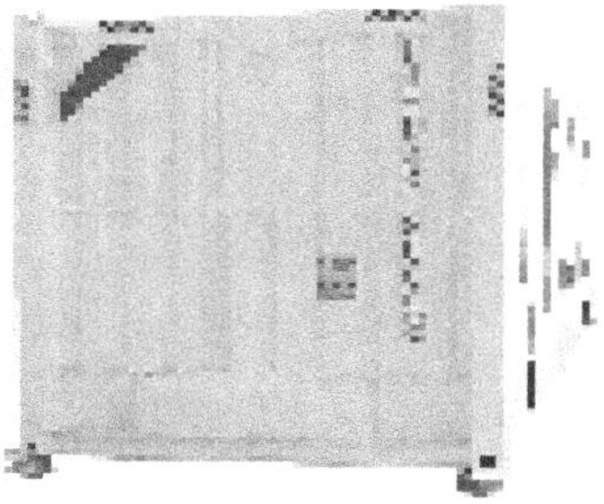

b）图示 2

图 2-3　集装箱

2）装卸设备

装卸设备包括叉车、托盘、（平托盘、箱式）、无人搬运车、自动卸货设备、物流车辆用蓄电池等，如图 2-4、图 2-5、图 2-6 所示。

a）图示 1

b）图示 2

图 2-4　叉车（一）

a）图示 1

b）图示 2

图 2-5　叉车（二）

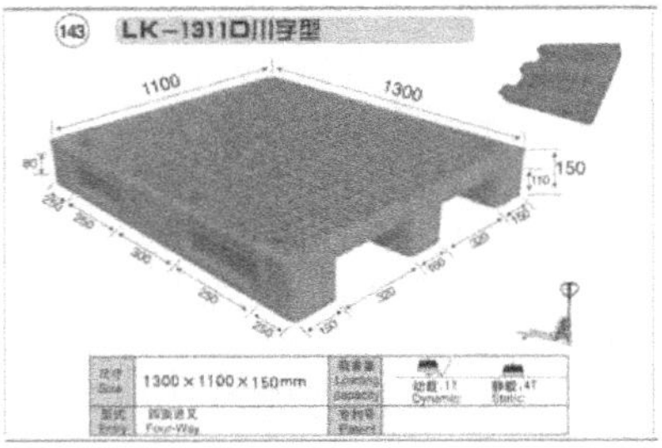

a）图示 1

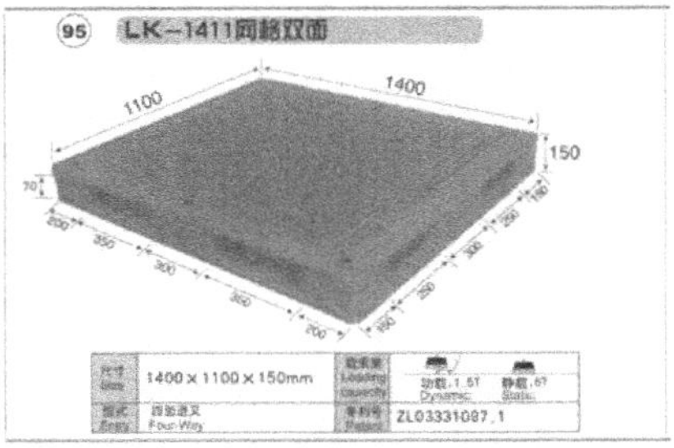

b）图示 2

图 2-6　托盘

3）保管设备

保管设备包括货架（层格式、托盘式、重力式）、立体自动仓库（托盘单位式、包装箱式）。常见货架如图 2-7 所示。

a）图示 1

b）图示 2

图 2-7　流利式货架

4）分拣、拣货设备

分拣、拣货设备包括分拣设备（辊式、皮带式、保管分拣一体式）、拣货设备（摘取式系统、播种式系统、台车式系统、自动拣货系统）、检验设备等。如图 2-8、图 2-9 所示。

图 2-8　自动分拣设备

图 2-9　自动分拣系统

5）包装机械设备

包装机械设备包括包装机、捆包机、计量机、包装材料等。

6）流通加工设备

流通加工设备包括自动粘贴价签机、自动粘贴符号机、自动简易包装机、自动封口机等。

7）信息设备及软件系统

信息设备及软件系统包括条形码设备、识别设备、显示设备、打印机、POS 系统、EDI 系统、订货系统、运行管理系统、控制设备等。条形码扫描器如图 2-10 所示。

a）图示 1　　b）图示 2

图 2-10　条形码扫描器

8）其他关联设备。

其他关联设备如计算机、打印机等。

（3）配送中心的技术

计算机技术在物流中的应用超越了日常数据处理、事务管理的范围，进入智能化管理的领域。配送中心的配车计划和车辆调度软件已被广泛使用。配送中心的自动分拣系统、自动化立体仓库、自动拣货系统的计算机控制和无线移动计算机在配送中心入库、出库、拣货、盘点、储位管理等方面的应用，实现了配送作业的无纸化。由于各种现代信息技术、物流技术和计算机技术的广泛应用，配送中心已把商流、物流、信息流、资金流、技术流融合为一体。

9．配送中心标准规范体系

配送中心标准规范体系由配送中心统一性标准、配送中心技术标准规范、配送中心工作标准规范、配送中心质量管理标准规范、配送中心绩效评价标准规范和配送中心软件标准规范构成，由于篇幅有限，此处不展开论述。

关键术语：

配送中心	配送中心作业流程
配送中心选址	配送中心作业区
配送中心规模	配送中心定位
配送中心功能	配送中心信息系统
配送中心标准化	EIQ 分析
配送中心设计要素	

思 考 题

1．何谓配送中心？
2．如何进行配送中心的作业流程设计？
3．如何进行配送中心的功能定位？
4．配送中心的选址方法包括哪些？
5．如何进行配送中心作业区布局？
6．如何进行 EIQ 分析？
7．如何理解配送中心各设计要素？

案例分析：

Wal-Mart 的配送中心

Wal-Mart 创立之初，由于地处偏僻小镇，几乎没有哪个分销商愿意为它送货，于是不得不自己向制造商订货，然后再联系货车送货，效率非常低。于是沃尔顿决定建立自己的配送组织。1970 年，Wal-Mart 的第一家配送中心在阿肯色州的一个小城市本顿维尔建立起来，这个配送中心供货给 4 个州的 32 个商场，集中处理公司所销商品的 40%。

Wal-Mart 配送中心的运作流程是：供应商将商品的价格标签和 UPC 条形码贴好，运到 Wal-Mart 的配送中心；配送中心根据每个商店的需要，对商品就地分选，重新打包，从“配区”运到“送区”。

由于 Wal-Mart 的商店众多，每个商店的需求各不相同，这个商店也许需要这样一些种类的商品，那个商店则有可能又需要另外一些种类的商品，Wal-Mart

的配送中心根据商店的需要，把产品分类放入不同的箱子当中。这样，员工就可以在传送带上取到自己所负责的商店所需的商品。那么在传送的时候，他们怎么知道应该取哪个箱子呢？传送带上有一些信号灯，有红的、绿的，还有黄的，员工可以根据信号灯的提示来确定箱子应被送往的商店，进而拿取这些箱子。这样，所有的商店都可以在各自所属的箱子中拿到需要的商品。

在配送中心内，货物成箱地被送上激光制导的传送带上，在传送过程中，激光扫描货箱上的条形码，全速运行时，只见纸箱、木箱在传送带上飞驰，红色的激光四处闪射，将货物送到正确的货车上，传送带每天能处理 20 万箱货物，配送的准确率超过 99%。

20 世纪 80 年代初，Wal-Mart 配送中心的电子数据交换系统已经逐渐成熟。到了 20 世纪 90 年代初，Wal-Mart 购买了一颗专用卫星，用来传送公司的数据及信息。这种采用以卫星技术为基础的数据交换系统的配送中心，将自己与供应商及各个店面实现了有效连接，Wal-Mart 总部及配送中心任何时间都可以知道每一个商店现在有多少存货，有多少货物正在运输过程当中，有多少货物存放在配送中心等；同时还可以了解某种货品上周卖了多少，去年卖了多少，并能够预测将来能卖多少。Wal-Mart 的供应商也可以利用这个系统直接了解自己昨天、今天、上周、上个月和去年的销售情况，并根据这些信息来安排组织生产，保证产品的市场供应，同时使库存降低到最低限度。

由于 Wal-Mart 采用了这项先进技术，配送成本只占其销售额的 3%，其竞争对手的配送成本则占到销售额的 5%，仅此一项，Wal-Mart 每年就可以比竞争对手节省下近 8 亿美元的商品配送成本。20 世纪 80 年代后期，Wal-Mart 从下订单到货物到达各个店面需要 30 天，现在由于采用了这项先进技术，这个时间只需要 2～3 天，大大提高了物流的速度和效益。

从配送中心的设计上看，Wal-Mart 的每个配送中心都非常大，平均占地面积大约为 11 万 m^2，相当于 23 个足球场。一个配送中心负责一定区域内多家商场的送货，从配送中心到各家商场的路程一般不会超过一天行程，以保证送货的及时性。配送中心一般不设在城市里，而是设在郊区，这样有利于降低用地成本。

Wal-Mart 的配送中心虽然面积很大，但只有一层，之所以这样设计，主要是考虑到货物流通的顺畅性。有了这样的设计，Wal-Mart 就能让产品从一个门进，从另一个门出。如果产品不在同一层就会出现许多障碍，如电梯或其他物体的阻碍，产品流通就无法顺利进行。

Wal-Mart 配送中心的一端是装货月台，可供 30 辆货车同时装货，另一端是卸货月台，可同时停放 135 辆大货车。每个配送中心有 600～800 名员工，24h 连续作业；每天有 160 辆货车开来卸货，150 辆车装好货物开出。

在 Wal-Mart 的配送中心，大多数商品停留的时间不会超过 48h，但某些产品也有一定数量的库存，这些产品包括化妆品、软饮料、尿布等各种日用品，配送中心根据这些商品库存量的多少进行自动补货。到现在，Wal-Mart 在美国已有 30 多家配送中心，分别供货给美国 18 个州的 3 000 多家商场。

Wal-Mart 的供应商可以把产品直接送到众多的商店中，也可以把产品集中送到配送中心，两相比较，显然集中送到配送中心可以使供应商节省很多成本。所以在 Wal-Mart 销售的商品中，有 87%左右是经过配送中心来配送的，而 Wal-Mart 的竞争对手在这方面仅能达到 50%的水平。由于配送中心能降低物流成本 50%左右，使得 Wal-Mart 能比其他零售商向顾客提供更廉价的商品，这正是 Wal-Mart 迅速成长的关键所在。

问题：

1．综合说明配送中心及配送对 Wal-Mart 的意义。

2．试画出 Wal-Mart 配送中心的平面图。

3．试说明信息技术对 Wal-Mart 配送中心的意义。

4．说明 Wal-Mart 配送的运作流程有何需要改进的地方。

项目 3 配送中心订单处理作业

知识目标

1. 了解订单处理的定义
2. 理解订单处理的含义
3. 掌握订单处理的流程

能力目标

1. 能够画出订单处理作业流程图
2. 能够按订单处理作业程序进行操作
3. 针对不同情况应用不同的订单处理方式

任务 1　订单处理作业

案例：

2014 年 3 月 4 日上午 8 点半，M 配送中心调度接到位于 L 市的甲、乙、丙、丁、戊五家门店发来的订单，订单内容见表 3-1 至表 3-5。

表 3-1　甲门店订单内容

订单编号：201403060001			发货日期：2014 年 3 月 6 日 16:00			
订货日期：2014 年 3 月 6 日			联系人：陈宏宇		联系电话：66279001	
序号	商品名称	包装规格/mm	单位	数量	单价/元	金额总计/元
1	康师傅方便面	390×263×220	箱	6	22	132
2	飘柔洗发水	340×250×255	箱	10	140	1 400
3	云南山泉（小瓶）	345×253×300	箱	4	20	80
4	冰红茶	310×182×210	箱	2	40	80
合计		—	—	22	—	1 692

经办人：　　　　　　　　部门主管：

表 3-2　乙门店订单内容

订单编号：201403060002			发货日期：2014 年 3 月 8 日 12:00			
订货日期：2014 年 3 月 6 日			联系人：田军		联系电话：66279002	
序号	商品名称	包装规格/mm	单位	数量	单价/元	金额总计/元
1	营养快线	340×215×200	箱	8	58	464
2	飘柔洗发水	340×250×255	箱	10	140	1 400
3	康师傅方便面	390×263×220	箱	10	22	220
	合计	—	—	28	—	2 084

经办人：　　　　　　　　　　　　　　　　　　部门主管：

表 3-3　丙门店订单内容

订单编号：201403060003			发货日期：2014 年 3 月 6 日 16:30			
订货日期：2014 年 3 月 6 日			联系人：朱倩		联系电话：66279003	
序号	商品名称	包装规格/mm	单位	数量	单价/元	金额总计/元
1	飘柔洗发水	340×250×255	箱	18	140	2 520
2	云南山泉（小瓶）	345×253×300	箱	10	20	200
3	冰红茶	310×182×210	箱	5	40	200
4	营养快线	340×215×200	箱	10	58	580
5	康师傅方便面	390×263×220	箱	8	20	160
	合计	—	—	51	—	3 480

经办人：　　　　　　　　　　　　　　　　　　部门主管：

表 3-4　丁门店订单内容

订单编号：201403060004			发货日期：2014 年 3 月 6 日 12:30			
订货日期：2014 年 3 月 6 日			联系人：李林		联系电话：66279004	
序号	商品名称	包装规格/mm	单位	数量	单价/元	金额总计/元
1	雪碧	340×250×255	箱	2	50	100
2	金龙鱼调和油	340×250×255	箱	4	162	648
3	飘柔洗发水	340×250×255	箱	12	140	1 680
4	康师傅方便面	390×263×220	箱	10	22	220
5	冰红茶	310×182×210	箱	3	40	120
6	绿茶	318×190×220	箱	4	40	160
	合计	—	—	35	—	2 928

经办人：　　　　　　　　　　　　　　　　　　部门主管：

表 3-5　戊门店订单内容

订单编号：201403060005			发货日期：2014 年 3 月 8 日 11:00			
订货日期：2014 年 3 月 6 日			联系人：丁洋洋		联系电话：66279004	
序号	商品名称	包装规格/mm	单位	数量	单价/元	金额总计/元
1	飘柔洗发水	340×250×255	箱	10	140	140
2	云南山泉（小瓶）	345×253×300	箱	10	20	200
3	冰红茶	310×182×210	箱	3	40	120
4	营养快线	340×215×200	箱	5	58	290
5	康师傅方便面	390×263×220	箱	5	20	100
	合计	—	—	33	—	850

经办人：　　　　　　　　　　　　　　　　　　部门主管：

问题：

1. 如何判断订单的真实性？
2. 如果订单均为有效，则应如何处理？
3. 处理这些订单的流程是什么？

4．订单处理过程中要注意什么？

5．订单处理的结果是什么？

通过任务 1 的学习，你将能够解决以上问题。

1．订单处理的含义

从接到客户订单开始到着手准备拣货之间的作业阶段，称为订单处理，通常包括订单确认、存货查询、单据处理等内容，订单处理是与客户直接沟通的作业阶段，对后续的拣选作业、调度和配送产生直接的影响。

2．订单处理方式

订单处理分为人工处理和计算机处理两种方式。人工处理具有较大的弹性，但只适合较少量的订单处理工作，一旦订单数量较多，处理将变得缓慢且容易出错。计算机处理则速度快、效率高，适合大量的订单处理。目前主要采用计算机处理方式。

3．订单处理程序

（1）订单接收

接单作业为订单处理的第一步，随着社会、经济、信息技术、通信技术的发展，接受客户订货的方式逐步由传统的人工下单、接单，演变为计算机间直接接收订货资料的电子订货方式。

传统的订单接收方式所需的人工成本及其效率、正确性，随着订单的大量化、多元化及订货提前期的缩短而受到挑战，当配送中心每天订单数量及订货品项非常大时，其效率低、错误高、时间和费用耗费较大的缺点就比较明显。

电子订货方式则可较为理想地解决这些问题。电子订货方式是一种依靠计算机网络，借助计算机信息处理功能，代替传统人工书写、输入、传输的订货接收方式。它是将订货信息转为计算机网络能识别的电子信息，并由通信网络传送，故称为电子订货系统。采用电子订货方式，能极大地提高服务水平，及时、准确地反映当前库存情况，达到准确订货的目的。

电子订货主要有三种方式：

① 用订货簿或货架标签配合手持终端机及扫描器实现订货。订货人员携带订货簿及手持终端机巡视货架，若发现商品缺货就用扫描器扫描订货簿或货架上的商品条形码标签，再输入订货数量，当所有订货资料都输入完毕后，利用数据机将订货信息传给供应商或总公司。

② 用 POS 系统实现自动订货。POS 系统可在商品库存档内设定安全存量。每当销售一笔商品时，计算机自动扣除该商品相应的库存。当库存低于安全存量时，便自动生成订单，经确认后通过通信网络传给总公司或供应商。很显然，该种方式便捷快速。

③ 订货应用系统。客户利用编制好的计算机信息系统的订单处理系统，将订

货信息通过与供应商约定的共同格式，在约定的时间里将订货信息传送到供应商处订货。这种方式还可以根据相关的数据预测商品的下一时间段内的销售数量，以便及时、准确地反映顾客的需求。

（2）订单内容的确认

1）确认货物品种、数量、日期

接收订单后就需对货物数量及日期进行确认。货物数量及日期的确认是对订货资料项目的基本检查，即检查品名、数量、送货日期等是否有遗漏、笔误或不符合公司要求的情形。尤其当送货时间有问题或出货时间已延迟时，更需与客户再次确认订单内容或更正运送时间。同样，采用电子订货方式接单，也应对接收的订货资料进行确认。

2）确认客户信用

无论是何种订单，接收订单后都要查核客户的财务状况，以确定其是否有能力支付该订单的账款。其做法多是检查客户的应收账款是否已超过其信用额度。具体可采取以下两种途径来核查客户信用的状况。

① 输入客户代码或客户名称。输入客户代号名称资料后，系统即加以检核客户的信用状况，若客户应收账款已超过其信用额度，系统加以警示，以便输入人员决定是继续输入其订货资料还是拒绝其订单。

② 输入订购项目资料。当输入客户订购项目资料后，客户此次的订购金额加上以前累计的应收账款超过信用额度，系统应将此订单资料锁定，以便主管审核。审核通过后，此订单资料才能进入下一个处理步骤。

3）确认订单形态

在接受订货业务上，表现为具有多种订单的交易形态，配送中心应对不同的订单形态采取不同的交易及处理方式。

① 一般交易订单。一般的交易订单就是接单后按正常的作业程序进行拣货、出货、发送、收款的订单。接到一般交易订单后，将资料输入订单处理系统，按正常的订单处理程序处理，资料处理完后进行拣货、出货、发送、收款等作业。

② 现销式交易订单。现销式交易订单就是与客户当场交易，直接给货的交易订单。这种订单在输入资料前就已把货物交给了客户，故订单资料不再参与拣货、出货、发送等作业，只需记录交易资料即可。

③ 间接交易订单。间接交易订单就是客户向配送中心订货，直接由供应商配送给客户的交易订单。接到间接交易订单后，可将客户的出货资料传给供应商由其代配。此方式需注意的是，客户的送货单是自行制作或委托供应商制作的，应对出货资料加以核对确认。

④ 合约式交易订单。合约式交易订单就是与客户签订配送合约的交易订单。处理合约式交易订单，应在约定的送货期间，将配送资料输入系统处理以便出货

配送；或一开始便输入合约内容的订货资料并设定各批次送货时间，以便在约定日期系统自动产生所需的订单资料。

⑤ 寄库式交易订单。寄库式交易订单是客户因促销、降价等市场因素先行订购一定数量的商品，往后视需要再要求出货的交易订单。处理寄库式交易订单时，系统应检核客户是否确实有此项寄库商品。若有，则出此项商品，否则，应加以拒绝。

4）确认订货价格

不同的客户、不同的订购量，可能有不同的价格，输入价格时系统应加以检核。若输入的价格不符（输入错误或因业务员降价强接单等），系统应加以锁定，以便主管审核。

5）确认加工包装形式

客户对于订购的商品，是否有特殊的包装、分装或贴标等要求，或是有关赠品的包装等资料都要详细确认记录。

（3）设定订单号码

每一订单都要有其单独的订单号码，此号码由控制单位或成本单位指定，除了便于计算成本外，还可用于制造、配送等一切有关工作，且所有工作说明单及进度报告均应附此号码。

（4）建立客户档案

客户档案应包括如下内容：

① 客户名称、代码、等级形态。

② 客户信用额度。

③ 客户销售付款及折扣率的条件。

④ 开发或负责此客户的业务员。

⑤ 客户配送区域。

⑥ 客户收账地址。

⑦ 客户点配送路径顺序。

⑧ 客户点适合的送货车辆形态。

⑨ 客户点卸货特性。

⑩ 客户配送要求。

⑪ 延迟订单的处理方式或办法。

（5）存货查询及依订单分配存货

输入客户订货商品名称、代码时，系统应查对存货档的相关资料，看此商品是否缺货，如果缺货则提供商品资料或是此缺货商品已采购但未入库信息，这些便于接单人员与客户协调是否改订替代品或允许采取推迟出货等权宜办法，以提高人员的接单率及接单处理效率。

订单资料输入系统确认无误后，最主要的处理作业在于如何将大量的订货资料做最有效的汇总分类、调拨库存，以便后续的物流作业能有效地进行。存货的分配模式可分为单一订单分配和批次分配两种。

① 单一订单分配。此种情形多在线即时分配，也就是在输入订单资料时，就将存货分配给该订单。

② 批次分配。累积汇总数笔已输入订单资料后，再一次分配库存。配送中心因订单数量多、客户类型等级多，且多为每天固定配送次数，因此通常采用批次分配以确保库存能做最佳的分配。采用批次分配时，需注意订单的分批原则，即批次的划分方法。随着作业的不同，各配送中心的分批原则也可能不同，总的来说有下面几种方法：

a．按接单时序划分。接单时段划分成几个区段。

b．按配送区域路径划分。将同一区域路段的订单汇总处理。

c．按流通加工要求等划分。

d．按车辆需求划分。如果配送商品要用特殊的配送车辆（如低温车、冷冻车、冷藏车）或客户所在地、订货有特殊要求，则可以汇总合并处理。

但是，如果以批次分配选定参与分配的订单后，若这些订单的某商品总出货量大于可分配的库存量，则可依以下四项原则来决定客户订购的优先性：

a．具有特殊优先权者先分配。

b．根据订单交易量或交易金额来取舍，将对公司贡献度大的订单做优先处理。

c．根据客户信用状况，将信用较好的客户订单做优先处理。

d．按客户等级来取舍，即将重要客户的订单做优先处理。

（6）计算拣取的标准时间

订单处理人员要事先掌握每一个订单或每批订单可能花费的拣取时间，以便有计划地安排出货过程，因此，要计算订单拣取的标准时间：

① 计算拣取每一单元（一栈板、一纸箱、一件）货物的标准时间，且将它设定于计算机记录标准时间档，将此个别单元的拣取时间记录下来，可以很容易地推导出整个标准时间。

② 有了单元的拣取标准时间后，便可依每品项订购数量（多少单元）再配合每品项的寻找时间，来计算出每品项拣取的标准时间。

③ 根据每一订单或每批订单的订货品项及考虑一些纸上作业的时间，将整张或整批订单的拣取标准时间算出。

（7）依订单排定出货时间及拣货顺序

由存货状况进行了存货的分配，但对于已分配存货的订单，应如何安排出货时间及拣货先后顺序，通常会再依客户需求、拣取标准时间及内部工作负荷来拟定。

（8）分配后存货不足的处理

若现有存货数量无法满足客户需求，客户又不愿以替代品替代，则应按照客户意愿与公司政策来决定应对方式。其处理方式大致有如下几种：

① 重新调拨。若客户不允许过期交货，而公司也不愿失去此客户订单，则有必要重新调拨分配订单。

② 补送。若客户允许不足额的订货等待有货时再予以补送，且公司政策也允许，则采用补送方式。若客户允许不足额的订货或整张订单留待下一次订单一起配送，则也采用补送处理。

③ 删除不足额订单。若客户允许不足额订单可等待有货时再予以补送，但公司政策并不希望分批出货，则只好删除不足额的订单。若客户不允许过期交货，且公司也无法重新调拨，则可考虑删除不足额订单。

④ 延迟交货。延迟交货又分为有时限延迟交货和无时限延迟交货。

a．有时限延迟交货，即客户允许一段时间的过期交货，且希望所有订单一起配送。

b．无时限延迟交货，即无论需要等多久，客户都允许过期交货，且希望所有订货一起送达，则等待所有订货到达再出货。对于这种将整张订单延后配送的，也应将这些顺延的订单记录成档。

⑤ 取消订单。若客户希望所有订单一起配送，且不允许过期交货，而公司也无法重新调拨，则只有将整张订单取消。

（9）订单资料处理输出

订单资料经由上述处理后，即可开始打印一些出货单据，以展开后续的物流作业。

① 拣货单（出库单）。拣货单据的产生，在于提供商品出库指示资料，作为拣货的依据。拣货资料的形式应配合配送中心的拣货策略及拣货作业方式加以设计，以提供详细且有效率的拣货信息，便于拣货的进行。

拣货单的打印应考虑商品货位，依据货位前后相关顺序打印，以减少人员重复往返取货，同时拣货数量、单位也要详细确认、标识。

② 送货单。物品交货配送时，通常需附上送货单据给客户清点签收。因为送货单主要是给客户签收、确认出货资料，其正确性及明确性很重要。要确保送货单上的资料与实际送货相符，除了出货前的清点外，出货单据的打印时间及修改也需注意。

③ 缺货资料。库存分配后，对于缺货的商品或缺货的订单资料，系统应提供查询或报表打印功能，以便工作人员处理。

a．库存缺货商品。提供依商品别或供应商别查询的缺货商品资料，以提醒采购人员紧急采购。

b．缺货订单。提供依客户别或业务员别查询的缺货订单资料，以便业务人员处理。

资料：新的订单传递方式

2000年美国某商店开发了一套消费者在家订货的系统。使用一台接到电视机上的 Nielsen 公司的量测器，可测量消费者收看消费频道的次数；还有一台放置在家中的 Nielsen 公司的产品扫描器，客户直接由电视机荧屏扫描需采购的商品项目，再电传至公司。

4．订单处理作业流程图

订单处理流程如图 3-1 所示。

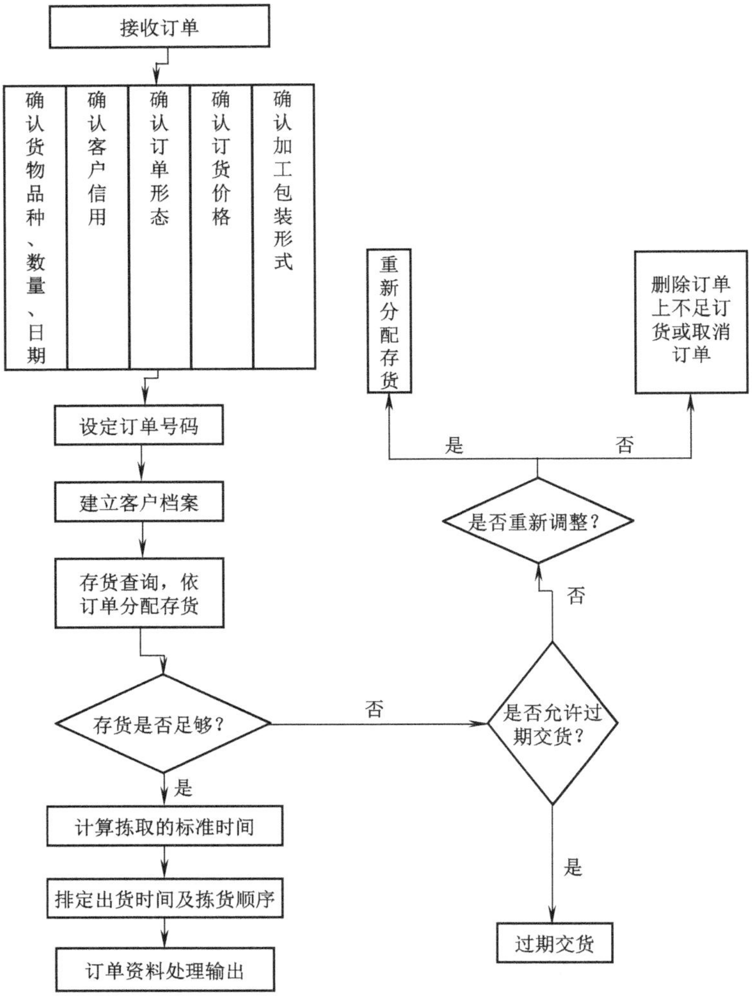

图 3-1　订单处理作业流程

任务2　客户订单处理实训案例

案例：

2015年5月8日，某公司收到客户的订货信息，要求配送中心主管根据订单信息进行配货作业。其中，客户资料和客户订单信息分别见表3-6至表3-9和表3-10至表3-13。

1．客户资料

表3-6　客户1的资料

客户编号	2008020112						
公司名称	1号店			助记码	YH		
法人代表	张红	家庭地址	昆明市北开区佳和家园5-2-502	联系方式	36357796		
证件类型	营业执照	证件编号	12010675478921	营销区域	昆明市北开区		
公司地址	昆明市北开区	邮编	830000	联系人	吴国福		
办公电话	28653212	家庭电话	45338506	传真号码	28654897		
电子邮箱	YiHao@126.com	QQ账号	3753885316	MSN账号	YiHao@msn.com		
开户银行	新华商业银行	银行账号	86439896420421				
公司性质	民营	所属行业	零售业	注册资金	800万	经营范围	食品、办公用品
信用额度	150万元	忠诚度	高	满意度	较高	应收账款	143万元
客户类型	重点型	客户级别	A				

表3-7　客户2的资料

客户编号	2009012311						
公司名称	2号店			助记码	EH		
法人代表	李文和	家庭地址	昆明市西开区枫林别墅12号	联系方式	23212018		
证件类型	营业执照	证件编号	120103789341238	营销区域	昆明市西开区		
公司地址	昆明市西开区	邮编	830000	联系人	李凯		
办公电话	82641893	家庭电话	37827463	传真号码	24264180		
电子邮箱	erhao@126.com	QQ账号	738496216	MSN账号	erhao@msn.com		
开户银行	工商银行	银行账号	1566331510296580				
公司性质	民营	所属行业	零售业	注册资金	300万	经营范围	食品、日用百货
信用额度	9万元	忠诚度	一般	满意度	高	应收账款	8.3万元
客户类型	普通型	客户级别	B				

表 3-8 客户 3 的资料

客户编号	2003020106						
公司名称	3号店				助记码	SH	
法人代表	陈小明	家庭地址	昆明市海河区滨海街渔光家园 5-505			联系方式	68560698
证件类型	营业执照	证件编号	120213432567876			营销区域	昆明市海河区
公司地址	昆明市海河区			邮编	830000	联系人	王林
办公电话	38293647		家庭电话	53468679		传真号码	38293600
电子邮箱	sanhao@126.com		QQ 账号	575967882		MSN 账号	sanhao@hotmail.com
开户银行	招商银行			银行账号	93725289031384		
公司性质	民营	所属行业	零售	注册资金	300 万	经营范围	日用品、食品
信用额度	10 万元	忠诚度	一般	满意度	低	应收账款	9.8 万元
客户类型	普通型			客户级别	C		

表 3-9 客户 4 的资料

客户编号	2003041201						
公司名称	4号店				助记码	SH	
法人代表	董华	家庭地址	昆明市红星区红旗家园 2-3-302			联系方式	68669123
证件类型	营业执照	证件编号	120109278369890			营销区域	昆明市红星区
公司地址	昆明市红星区			邮编	830000	联系人	王大
办公电话	67530877		家庭电话	63520555		传真号码	67530445
电子邮箱	sihao@163.com		QQ 账号	263820344		MSN 账号	sihao@163.com
开户银行	农业银行			银行账号	62839047352		
公司性质	中外合资	所属行业	商业	注册资金	1000 万	经营范围	食品、办公用品
信用额度	200 万元	忠诚度	高	满意度	高	应收账款	198 万元
客户类型	伙伴型			客户级别	A		

2. 客户订单信息

表 3-10 客户 1 的采购订单

订单编号：D201505080101　　　　发货时间：2015.5.8

序号	商品名称	单位	单价/元	订购数量	金额/元	备注
1	红薯	箱	90	12	1 080	
2	马铃薯	箱	120	3	360	
3	茄子	箱	75	12	900	
4	黄瓜	箱	30	5	150	
5	大白菜	箱	45	2	90	
合计		—	—	—	2 580	

表 3-11 客户 2 的采购订单

订单编号：D201505080102　　　　发货时间：2015.5.8

序号	商品名称	单位	单价/元	订购数量	金额/元	备注
1	红薯	箱	90	14	1 260	
2	马铃薯	箱	120	5	600	
3	茄子	箱	75	5	375	
4	黄瓜	箱	30	8	240	
5	大白菜	箱	45	9	405	
合计		—	—	—	2 880	

表 3-12 客户 3 的采购订单

订单编号：D201505080103　　　　发货时间：2015.5.8

序号	商品名称	单位	单价/元	订购数量	金额/元	备注
1	马铃薯	箱	120	4	480	
2	茄子	箱	75	13	975	
	黄瓜	箱	30	10	300	
3	大白菜	箱	45	12	540	
合计		—	—	—	2295	

表 3-13 客户 4 的采购订单

订单编号：D201505080104　　　　发货时间：2015.5.18

序号	商品名称	单位	单价/元	订购数量	金额/元	备注
1	红薯	箱	90	2	180	
2	茄子	箱	75	8	600	
3	黄瓜	箱	30	19	570	
4	大白菜	箱	45	2	90	
合计		—	—	—	1440	

3. 入库信息

该公司向昆明市蔬菜农户联营公司订购商品一批，供应商送货上门，具体入库任务单见表 3-14。

表 3-14 入库任务单

入库任务单编号：R20150508　　　　计划入库时间：到货当日

序号	商品名称	包装规格/mm（长×宽×高）	单价/（元/箱）	重量/kg	入库/箱
1	红薯	460×260×230	90	18	26
2	马铃薯	595×325×330	120	20	12
3	茄子	330×235×240	75	15	38
4	黄瓜	295×245×240	30	10	42
5	大白菜	495×395×320	45	15	10
合计	—	—	—		

4. 库存信息

（1）货架规格

重型货架（托盘货架），1 排 2 列 3 层，双货位，单货位承重≤480kg。货位参考尺寸：第一层：L1200mm×W950mm×H1100mm，第二层：L1200mm×W950mm×H1100mm。

（2）货位存储信息

将新上架货物用浅灰色填涂，并标明该货位货物数量，如图 3-2 所示。

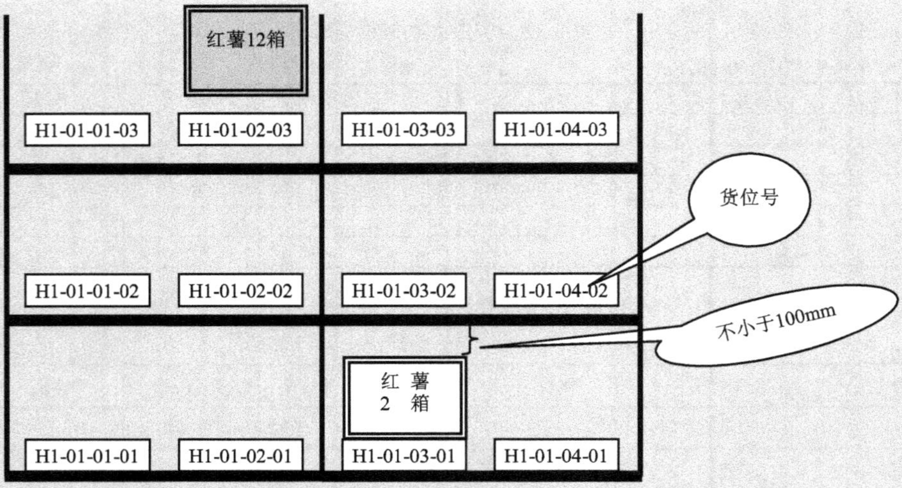

图 3-2 货位存储信息

5. 操作规程

订单处理及配送的操作规程要求见表 3-15。

表 3-15 储配作业优化设计和实施操作项目指标体系

一级指标	二级指标	三级指标	三级指标说明
配送总体规划	配送作业计划	1. 订单有效性分析	同学们收到客户订单后，应对订单的有效性进行判断，对确定的无效订单予以锁定，陈述理由，主管签字并标注日期
		2. 客户优先权分析	当多个客户针对某一货物的要货量大于该货物库存量时，应对客户进行优先等级划分，以确定各自的分配量，并阐明理由
		3. 库存分配计划表	依据客户订单和划分后的客户优先等级顺序制定库存分配计划表，将相关库存依次在不同的客户间进行分配并显示库存余额
		4. 拣选作业计划	拣选作业计划设计要规范，项目齐全，拣选作业流畅；拣选单的设计应能减少拣选次数、优化拣选路径、缩短拣选时间，注重效率
		5. 月台分配示意图	将月台在客户间进行分配，便于月台集货
		6. 车辆调度与路线优化	根据所给数据，利用节约法，完成车辆调度方案和路线优化设计
	编制计划	7. 作业进度计划	按照时间先后顺序将每位同学在方案执行过程中的工作内容编制成作业进度计划（甘特图）
		8. 预算表	预算表应包括作业过程可能发生的各种费用项目及相应的预算金额，以便与实际发生的费用相比较，满足预算编制信息的内容
	拣选作业计划	9. 启动 WMS	完成货物信息录入
		10. 拣选作业	根据客户订单及拣选作业计划进行拣选作业及拆零货的再包装
		11. 出库	完成各客户所要货物的出货复核、月台点检、理货

6. 相关数据

（1）搬运工具费用标准

地牛：按时间计费，计费标准为 20 元/（台·分钟）。

液压堆高车：按时间计费，计费标准为 30 元/（台·分钟）。

（2）托盘费用标准

托盘参考尺寸：L1200mm×W1000mm×H165mm，托盘计费标准为 20 元/个，托盘重量为 20kg/个。

（3）工时费用标准

工时费用计费标准为：30 元/（人·时）。

（4）重型货架货位费用标准

重型货架货位费用标准为：30 元/货位。

7. 订单有效性评判标准

累计应收账款超过信用额度，其订单为无效订单。

8. 评分标准

评分标准涉及两个表格：方案设计考核评分表（表 3-16）和实操考核评分表（表 3-17）。

表 3-16　方案设计考核评分表

项目	细则一览	说明	应得分数	实得分数
1. 封面与目录	题目：现代物流作业方案设计与实施		3	
2. 队员分工	储配作业方案执行时的分工		3	
3. 订单有效性分析	每队收到客户订单后，应对订单的有效性进行判断，对确定的无效订单予以锁定，陈述理由，主管签字并标注日期	错一个客户扣 3 分	10	
4. 客户优先权分析	当多个客户针对某一货物的要货量大于该货物库存量时，应对客户进行优先等级划分以确定各自的分配量，并阐明理由	优先等级 2 分，理由 1 分	3	
5. 库存分配计划表	依据客户订单和划分后的客户优先等级顺序制定库存分配计划表，将相关库存依次在不同的客户间进行分配并显示库存余额		3	
6. 拣选作业计划	拣选作业计划设计要规范、项目齐全；拣选作业流畅；优化拣选路径、缩短拣选时间，注重效率		5	
7. 月台分配示意图	将月台在客户间进行分配，便于月台集货	错一个月台扣 2 分	5	
8. 作业进度计划	按照时间先后顺序将每队在方案执行过程中的工作内容编制成作业进度计划，包括设备租赁情况及可能出现的问题预案		5	
9. 预算表	包括作业过程可能发生的各种费用项目及相应的预算金额		5	
10. 方案完整性、科学性及美观程度			5	

表 3-17 实操考核评分表

序号	评分标准		标准成本	裁判记录	实际成本/元
一、设备					
1	设备租赁	地牛	10 元/（台・分）		
		堆高车	20 元/（台・分）		
		托盘	20 元/个		
		货位使用数	30 元/货位		
二、重型（托盘）货架库区作业					
2	拣选	直接淘货	扣罚 20 元/托		
		将非清零货位托盘拖入月台	扣罚 100 元/托		
3	出库验收	按照出库单进行检查有货差	扣罚 100 元/箱		
4	货损	货物跌落	扣罚 50 元/箱		
		货物倒置	扣罚 10 元/箱		
5	安全隐患	货叉上、下站人及其他非安全操作	扣罚 100 元/次		
		未锁地牛、堆高车	扣罚 50 元/次		
		不规范操作及违反正常操作行为	扣罚 50 元/次		
6	未完成出库任务		扣罚 3500 元		
三、月台理货及装车作业					
1	月台理货	货物在月台未体现客户订单优先性	扣罚 1000 元		
		订单错误	扣罚 500 元		
		月台未点检货物	扣罚 200 元		
四、信息系统作业					
1	入库单据	入库作业单	扣罚 500 元/单		
2	出库单据	出库作业单	扣罚 500 元/单		
五、人工费用					
1	人工费用	人工费用（工用时计算）	40 元/（组・分钟）		
六、5S 管理					
1	5S	未进行 5S 管理（托盘堆叠、工具归位、工作场所整洁等）	扣罚 200 元/次		
合计					

关键术语：

客户订单　　订单真实性

订单处理　　订单处理流程

思　考　题

1. 何谓客户订单？
2. 客户订单处理的意义是什么？
3. 客户订单处理的流程如何？

4. 如何进行订单真实性的判断？

5. 如何进行客户优先权划分？

案例分析：

康达公司的订单处理

康达公司是滨海市一家专业从事医药产品批发、零售的大型医药公司。其服务对象为滨海市及周边地区近千家医院、药品零售店。同时，公司拥有注册会员10余万人。

公司经营范围覆盖全国600家医药厂商、近6 000种医药产品。

公司大胆创新，采用国际先进的配送方式进行产品销售，并为此建立了统一的客户订单处理和仓储配送系统，以达到快速准确处理客户订单、快速配送的服务目标。

对于各类订单，公司采用统一的订单处理流程，将来自各地的购买订单集中到订单中心进行处理，并由公司配送中心统一进行发货。公司建有一个大型药品配送中心，是一个4层的建筑物，每层面积为2 000m^2。配送中心第一层设有收货平台和发货平台，以及订单处理中心、管理部等。第二层以上为药品存储区。配送中心在第一层设有发货组，在存储区分别有仓库保管员及拣货员。配送中心使用一部货运电梯完成各楼层间的货物的转运、传递工作。

公司目前的订单处理流程是：客户订单生成以后，由订单中心统一进行处理，在订单系统中生成发货单。配送中心接收到系统中的客户发货单后，在仓储系统中生成拣货单。拣货员按照拣货单在各楼层进行拣货，拣货完成后，将拣货单及拣货后的药品送到第一层的发货组，进行包装发货。拣货员穿梭在各个楼层库位，平均每张订单的拣货时间为10～20min，工作量十分大。

由于公司销售规模的快速扩大，这种订单处理方式也暴露出越来越多的缺点。拣货人员面对大量的客户订单，要一次次穿梭于各层的存储区；由于工作量大，出错的订单增加不少，电梯这时也成为一个制约拣货效率的瓶颈，拣货员和发货组不得不靠加班来满足日益增长的订单需求。

面对困境，公司的物流管理部门在经过多次考察分析以后，决定采取适应的改进措施，提高拣货效率，减少差错和工作量。

问题：

1. 请说明按订单拣货法和批量拣货法两种拣货方式的具体操作方法。

2. 请比较上述两种拣货法的优缺点。

3. 请结合案例背景，描述并分析案例中配送中心所面临的问题，并运用有关仓储管理的知识，针对问题提出解决方案。

项目 4 配送中心进货作业、存储作业与补货作业

知识目标

1. 了解进货作业的定义
2. 了解存储作业的定义
3. 了解补货作业的定义
4. 掌握进货作业流程
5. 掌握存储作业流程
6. 掌握补货作业流程
7. 了解进货、存储、补货作业的指标

能力目标

1. 学会进货作业操作
2. 学会储位的设计与安排
3. 学会应用存储策略
4. 学会补货策略的应用
5. 学会进货、存储、补货作业指标的应用

任务1 进 货 作 业

案例：

2014 年 3 月 5 日上午 10 点，M 配送中心负责库存管理的宋主管接到公司采购中心的电话，通知有一批新采购回来的物品需要入库，请及时办理进货并入库，同时发过来一个入库通知单，见表 4-1。

表 4-1 入库通知单

入库任务单编号：R10062301　　计划入库时间：到货当日

序号	商品名称	包装规格/mm（长×宽×高）	单价/（元/箱）	重量/kg	入库数量/箱
1	冰红茶	308×188×230mm	15		24
2	绿茶	318×188×240mm	16		10
3	云南山泉（小瓶）	383×255×220mm	24		12
4	营养快线	349×212×211mm	22		16
5	康师傅方便面（大）	390×260×220mm	25		20
6	飘柔洗发水	340×250×255mm	402		36

供应商：K 商贸有限公司。

问题：

1．你作为收货部负责人，应该如何组织这次收货作业？

2．应该做好哪些准备？

3．需要验收吗？如何验收？

4．具体的流程是什么？

5．相应的信息处理包括哪些工作？

通过任务 1 的学习，你将能够有效解决上述问题。

进货作业是指对物品做实体上的接收，从货车上将货物卸下，并核对物品的数量及状态（数量检验、品质检查、技术检查、开箱检查等），然后将必要信息书面化等。它是配送的基础环节，又是决定配送成败与否、规模大小的最基础环节。同时，也是决定配送效益高低的关键环节。

1．进货作业流程

（1）制订进货作业计划

1）货位安排

货位安排是根据预计到货商品特性、体积、质量、数量和到货时间等信息，结合商品分区、分类和货位管理的要求，预计货位，预先确定商品的理货场所和储存位置。

2）设施、设备、器具的安排

设施、设备、器具的安排是指根据到货商品的理化性能及包装、单位重量、单位体积、到货数量等信息，确定检验、计量、卸货与搬运方法，准备好相应的检验设施、度量衡、卸货及堆货工具与设备，并安排好卸货站台空间。

（2）商品送达

商品送达后，需要配送中心从相应站港接运商品，对于直接送达配送中心的商品，必须及时组织卸货入库。

（3）卸货

配送中心卸货一般在收货站台上进行。送达货物放到指定地点卸货，并将抽样商品、送货凭证、增值税发票交验。卸货方式通常有人工卸货、输送机卸货和码托盘叉车卸货。

（4）收货

收货作业的目的在于确保所送货物的数量、质量、时间等与本次订货订单相吻合。

（5）货品的编号

所谓编号，就是将货品按其分类内容进行有序的编排，用简明的文字、符号或数字代替物品的名称、类别及其他有关信息的一种方式。

（6）货物分类

按照物品的名称、规格、型号、批号、性质、流向等进行分类。

（7）核对有关单据和信息

进货商品通常都有采购订单、采购进货通知（入库通知单），供应方开具的发货单、商业发票、增值发票、磅码单、发货明细表等单据，许多商品还有随货同行的商品质量保证书、材质证明书、合格证、装箱单等。进货时应该核对货物与单据反映的信息是否相符。

（8）货品检验

货品的验收工作，实际上包括“品质的检验”和“数量的点收”双重任务。验收工作的进行，有两种不同的情形：①先行点收数量，再通知负责检验单位办理检验工作；②先由检验部门检验品质，认为完全合格后，再通知仓储部门，办理收货手续，填写收货单。

1）货品验收的标准

物品要符合要求才准许入库，因而验收要符合预定的标准。验收货品时可根据以下各项标准进行：

① 采购合约或订购单所规定的条件。

② 以询价或议价时的合格样品为依据。

③ 采购合约中的规格或图解。

④ 各种产品的国家质量标准。

2）货品验收的内容

在对商品进行验收和核对时主要是核对商品条形码（或物流条形码）、核对商品的件数、核对商品包装上品名、规格、细数。只有这样，才能达到品类相符、件数准确。有的商品即使进行了验收核对，也可能仍会产生一些规格或等级上的差错，如品种繁多的小商品，对这类商品则要采取全核对的方法，要以单对货，核对所有项目，即品名、规格、颜色、等级、标准等，以确保单货相符，准确无误。

（9）处理进货信息

1）录入货物信息

商品经验收确认后，必须填写验收单（见表 4-2），并将有关入库信息及时准确地录入库存商品信息管理系统，以便及时更新库存商品的有关数据。

表 4-2　验收单

验收单									
供应商			采购订单号				验收员		
运单号							验收日期		
运货日期			到货日期				复核员（日期）		
序号	储位号码	商品名称	商品规格型号	商品编号	包装单位	应收数量	实收数量	备注	

入库货物信息通常需要录入以下内容：

① 商品的一般特征，通常包括商品名称、规格、型号、商品的包装单位、包装尺寸、包装容器及单位重量等。

② 商品条形码、内部编码、进货入库单据号码，以及商品的货位。

③ 商品的入库数量、入库时间、进货批次、生产日期、质量状况、商品单价等。

④ 供应商信息，包括供应商名称、编号、合同号等。

2）收集和处理辅助信息

进货作业中，有许多因素会对进货产生直接影响，以下信息是影响进货系统设计的主要因素：

① 进货商品的一般特征和数量分布。

② 进货商品的包装尺寸、容器、单位重量的分布状况。

③ 每一时段内进货批次的分类。

④ 卸货方法及所需的时间

⑤ 进货入库的场所。

2．进货作业流程图

进货作业流程如图 4-1 所示。

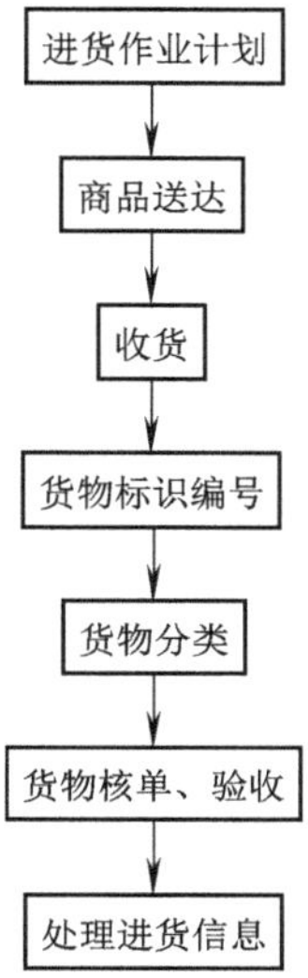

图 4-1　进货作业流程

任务 2　存 储 作 业

案例：

2014 年 3 月 5 日上午 12 点，编号为 R10062301 的入库单记载的 K 商贸有限公司发过来的货物经过宋主管的安排和组织，已经全部验收合格，卸货并放置在收货区等待入库。由于地板堆放区已经没有多余的储位，所以，决定储存在 M 配送中心的重型货架仓库。这批货物共 6 种、118 箱，那么应如何储存呢？储存用托盘尺寸为 1 200mm×1 000mm，货位尺寸 L2300mm×W1000mm×H1100mm，货位条码编制规则为库区、排、列、层 4 号定位法，如 H1-01-01-01，代表的信息是 1 号库区第 1 排第 1 列第 1 层。这一单物品就存放在 1 号库区。这一单物品近三周的出库作业周报见表 4-3，表 4-4 是物动量分析表/ABC 分类与货位优化单，用于根据物动量分析对库存物品进行 ABC 分类。

表 4-3　出库作业周报

制表人：　　　　　　　　　　　　制表时间周期：2014 年 2 月 10—3 月 2 日

货品编码/条码	货品名称	出库量/箱
6901521103123	飘柔洗发水	60
6917878007441	云南山泉（小瓶）	900

（续）

货品编码/条码	货品名称	出库量/箱
6918010061360	脆香饼干	146
6918163010887	康师傅方便面（小）	0
6920855784129	大溪谷纯净水	975
6920907800173	冰红茶	37
6931528109163	玫瑰红酒	0
6932010061808	营养快线	80
6932010061815	康师傅方便面（大）	400
6932010061839	绿茶	342
6932010061891	啤酒	60

表 4-4　ABC 分类与货位优化报告单

目标货品：

货品名称	周转量合计	编号	周转量排序	比重（%）	比重累计（%）	类别
合计						
目标货物物动量	（A：高物动量 70%，B：一般物动量 20%，C：低物动量 10%）					
备注	计算结果保留小数点后四位					

问题：

1．如何安排储位？

2．需要多少个储位？

3．如何在托盘上堆码？应堆成什么形状？

4．需要多少个托盘？

5．如何标识？

6．绘出储存图。

通过任务 2 的学习，你将能够有效解决上述问题。

储存作业的主要任务在于把将来要使用或者要出货的货物做保存，且经常要做库存物品的检核控制，不仅需善用空间，还要注意存货的管理。尤其是配送中心的储存与传统仓库的储存因营运形态不同，更要注意空间运用的弹性及存量的有效控制。

1．储存作业的策略与方法

（1）储存保管的目标

① 空间的最大化使用。

② 人员及设备的有效使用。

③ 所有物品都能随时准备存取。因为储存增加商品的时间价值，因此若能做到一旦有需求，物品立即能存储或拣货，则此系统才算是有计划的储位系统及良好的厂房布置。

④ 物品的有效移动。在储区内进行的大部分活动是物品的搬运，要多数的人力及设备来进行物品的搬进与搬出，因此人力与机械设备操作应达到经济、安全。

⑤ 物品良好的保护。因为储存的目的是保存物品直到被要求出货的时刻，所以在储存时必须保持在良好条件下。

⑥ 良好的管理。清晰的通道、干净的地板、适当且有次序的储存及安全的运行，将使工作变得有效率并使工作士气（生产力）得到提高。

（2）选择储区位的建议

① 依照物品特性来储存。

② 大批量使用大储区，小批量使用小储区。

③ 能安全有效地储于高位的物品使用高储区。

④ 笨重、体积大的物品储存于较坚固的层架并接近出货区。

⑤ 轻量物品储存于有限的载荷层架。

⑥ 将相同或相似的物品尽可能接近储存。

⑦ 流动性小的物品或小、轻及容易处理的物品使用较远储区。

⑧ 周转率低的物品尽量远离进货、出货及仓库较高的区域。

⑨ 周转率高的物品尽量放于接近出货区及较低的区域。

⑩ 服务设施应选在低层楼区。

（3）储存策略

良好的储存策略可以减少出入库移动的距离、缩短作业时间，甚至能够充分利用储存空间。一般常见储存策略如下：

1）定位储存

定位储存（Dedicated Location）是指每一项储存物品都有固定储位，物品不能互用储位，因此须规划每一项物品的储位容量，不得小于其可能的最大在库量。选用定位储存的原因在于：

① 储区安排要考虑物品尺寸及重量（不适于随机储存）。

② 储存条件对物品储存非常重要时。例如，有些物品必须控制温度。

③ 易燃物必须限制储存在一定高度以满足保险标准及防火法规（Fire Codes）。

④ 由管理或其他政策指出某些物品必须分开储存，如饼干和肥皂，化学原料和药品。

⑤ 保护重要物品。

⑥ 储区能被记忆，容易提取。

定位储存的优缺点如下：

优点：

① 每项物品都有固定储存位置，拣货人员容易熟悉物品储位。

② 物品的储位可按周转率大小（畅销程度）安排，以缩短出入库搬运距离。

③ 可针对各种物品的特性做储位的安排调整，将不同物品特性间的相互影响减至最小。

缺点：储位必须按各项物品的最大在库量设计，因此储区空间平时的使用效率较低。

总的来说，定位储存容易管理，所需的总搬运时间较少，但却需较多的储存空间。此策略较适用于两种情况：库房空间大；多种少量商品的储存。

2）随机储存

随机储存（Random Location）是指每一个物品被指派储存的位置都是随机产生的，而且可经常改变，也就是说，任何物品可以被存放在任何可利用的位置。这个随机原则一般是由储存人员按习惯来储存，且通常可与靠近出口法则联用，按物品入库的时间顺序储存于靠近出入口的储位。随机储存的优缺点如下：

优点：由于储位可共用，因此只需按所有库存物品最大在库量设计，储区空间的使用效率较高。

缺点：

① 物品的出入库管理及盘点工作困难度较大。

② 周转率高的物品可能被储存在离出入口较远的位置，增加了出入库的搬运距离。

③ 具有相互影响特性的物品可能相邻储存，造成物品的伤害或发生危险。

一个良好的储位系统中，采用随机储存能使料架空间得到最有效的利用，因此储位数目得以减少。模拟研究显示，随机储存与定位储存相比，可节省35%的移动储存时间及增加30%的储存空间，但不利于物品的拣取作业。因此随机储存比较适用于下列两种情况：库房空间有限，需要尽量利用储存空间；种类少或体积较大的物品。

3）分类储存

分类储存（Class Location）是指所有的储存物品按照一定特性加以分类，每一类物品都有固定存放的位置，而同属一类的不同物品又按一定的法则来指派储位。分类储存通常按产品相关性、流动性、产品尺寸、重量、产品特性来分类。分类储存的优缺点如下：

优点：

① 便于畅销品的存取，具有定位储存的各项优点。

② 各分类的储存区域可根据物品特性再做设计，有助于物品的储存管理。

缺点：储位必须按各项物品最大在库量设计，因此储区空间平均的使用效率低。

分类储存较定位储存有弹性，但也有与定位储存同样的缺点。因而较适用于以下情况：产品相关性大，经常被同时订购；产品周转率差别大；产品尺寸相差大。

4）分类随机储存

分类随机储存（Random Within Class Location）是指每一类物品有固定存放的储区，但在各类的储区内，每个储位的指派是随机的。分类随机储存的优缺点如下：

优点：具有分类储存的部分优点，又可节省储位数量、提高储区利用率。

缺点：物品出入库管理及盘点工作的进行困难度较高。

分类随机储存兼具分类储存及随机储存的特色，需要的储存空间量介于两者之间。

5）共同储存

共同储存（Utility Location）是指在确定各物品的进出仓库时刻的前提下，不同的物品可共用相同储位。共同储存在管理上虽然较复杂，但所需的储存空间及搬运时间却更经济。

2. 储位指派原则

储存策略是储区规划的大原则，因而还必须配合储位指派原则才能决定储存作业实际运作的模式。伴随着储存策略产生的储位指派原则可以归纳出如下几项：

（1）可与随机储存策略、共用储存策略相配合的原则

可与随机储存策略、共用储存策略相配合的储位指派法则有靠近出口法则，即将刚到达的商品指派到离出入口最近的空储位上。

（2）可与定位储存策略、分类随机储存策略相配合的原则

1）以周转率为基础原则

所谓以周转率为基础原则，是指按照商品在仓库的周转率（销售量除以存货量）来排定储位。首先依周转率由大到小排一序列，再将这一序列分为若干段，通常分为三至五段。属于同一段中的物品列为同一级，依照定位或分类储存法的原则，指定储存区域给每一级的物品。周转率越高应离出入口越近。

另外，当进货口与出货口不相邻时，可依进、出仓次数来做存货空间的调整。表 4-5 为 A、B、C、D…H 八种物品进出仓库的情况，当出入口分别在仓库的两端时，可依物品进仓及出仓的次数比率，来指定其储存位置，图 4-2 为这八种物品的配置图。

表 4-5　A～H 八种物品进出仓情况表

物品	进仓次数	出仓次数	进出仓比
A	40	40	1.0
B	67	67	1.0
C	250	125	2.0
D	30	43	0.7
E	10	100	0.1
F	100	250	0.4
G	200	400	0.5
H	250	250	1.0

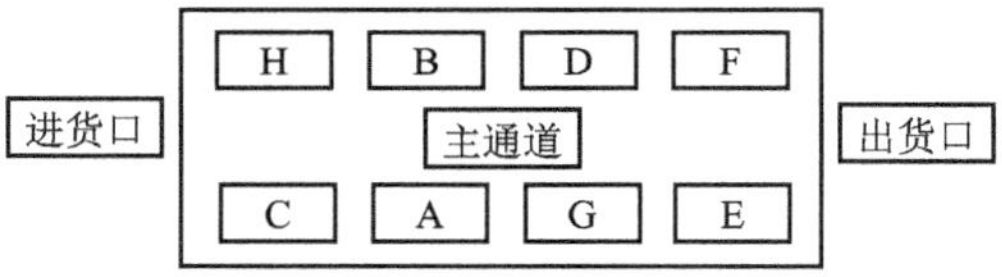

图 4-2　A～H 八种物品的配置图

2）物品相关性原则

所谓物品相关性原则，是指物品相关性大者在订购时经常被同时订购，所以应尽可能地存放在相邻位置。物品相关性储存的优点有：

① 缩短提取路程，减少工作人员的疲劳。

② 简化清点工作。

物品相关性大小可以利用历史订单数据做分析。

3）物品同一性原则

所谓同一性原则，是指把同一物品储存于同一保管位置。这种将同一物品保管于同一场所来加以管理的方式，会取得较好的管理效果。

构建能使操作员简单熟知物品保管位置，且对同一物品的存取花费最少搬运时间的系统是提高配送中心作业生产力的基本原则之一。因而当同一物品散布于仓库内多个位置时，物品在储存、取出等方面的不便可想而知，就是在盘点以及作业员对料架物品掌握程度等方面都可能造成困难。因而同一性原则是任何配送中心都应切实遵守的重点原则。

4）物品类似性原则

所谓类似性原则，是指将类似品比邻保管的原则，此原则是根据与同一性原则同样的观点而得来的。

5）物品互补性原则

互补性高的物品也应存放于邻近位置，以便缺料时可迅速以另一品项替代。

6）物品相容性原则

相容性低的物品绝不可放置在一起，以免损害品质，如烟、香皂、茶不可放在一起。

7）先进先出的原则

所谓先进先出，是指先保管的物品先出库，该原则一般适用于生命周期短的商品，如感光纸、软片、食品等。

作为库存管理的手段来考虑时，先进先出是必需的，但是若在产品型式变更少，产品生命周期长，保管消耗、破损等不易产生等情况下，则需要考虑先进先出的管理费用及采用先进先出所得到的利益，将两者的优劣点进行比较后，再来决定是否要采用先进先出原则。

8）堆高原则

所谓堆高原则，是指像堆积木般将物品堆高。从配送中心整体的有效保管来看，提高保管效率是必然的，而利用栈板等工具来将物品堆高的容积效率要比平置方式来的高。但需注意，当库存管理限制条件很严时，一味地往上堆并非最佳的选择，应考虑使用合适的料架或积层架等保管设备，以使堆高原则不至影响出货效率。

9）面对通道的原则

所谓面对通道原则，是指物品面对通道来保管，将可识别的标号、名称让作业员容易简单地辨识。为了使物品的储存、取出能够简便且有效率地进行，物品就必须要面对通道来保管，这也是使配送中心内的作业顺畅进行及活性化的基本原则。

10）物品尺寸原则

在布置仓库时，须同时考虑物品单位大小及由于相同的一群物品所造成的整批形状，以便能保证适当的空间满足某一特定需要。所以在储存物品时，必须有位置的变化，用以容纳所有物品。

一旦未考虑储存物品单位大小将可能造成储存空间太大而浪费空间或储存空间太小而无法存放；未考虑储存物品整批形状也可能造成整批形状太大无法同处存放（数量太多）或浪费储存空间（数量太少）。一般将体积大的物品存放于进出较方便的位置。

11）重量特性原则

所谓重量特性原则，是指按照物品重量的不同来决定物品储存于保管场所上的位置高低。

一般而言，重物应保管于地面上或料架的下层位置，而重量较轻的物品则保管于料架的上层位置；若是以人手进行搬运作业，则人腰部以下的高度用于保管重物或大型物品，而腰部以上的高度则用来保管重量轻的物品或小型物品。该原则对于采用料架的安全性及人手搬运的作业性有很现实的意义。

12）物品特性原则

物品特性不仅涉及物品本身的危险及易腐性质，同时也可能影响其他的物品，因此在配送中心布置设计时必须予以考虑。现列举五种有关物品特性的基本储存方法：

① 易燃物品须在具有高度防护作用的建筑物内安装适当防火设备。

② 易窃物品须装在有加锁的笼子、箱、柜或房间内。

③ 易腐物品要储存在冷冻、冷藏空间或其他特殊设备内。

④ 易污损物品可用帆布套等覆盖。

⑤ 一般物品需要储存在干燥及管理良好的库房中，以应客户需要随时提取。

该法则的优点在于，不仅能随物品特性而有适当的储存设备保护，且容易管理与维护。

13）位置标示原则

所谓位置标示原则，是指把保管物品的位置给予明确表示。此法则主要目的在于将存取单纯化，并减少其间的错误。尤其对于有较多临时人员、高龄作业人员的配送中心，此法则更为必要。

14）明了性原则

所谓明了性原则，是指利用视觉，使保管场所及保管品能够容易识别。此法则对于前述的位置标示原则、同一性法则及堆高原则等都能顾及。

良好的储存策略与指派原则配合，可大量减少拣取物品所需移动的距离，然而越复杂的储位指派原则需要功能越强的计算机相配合。

3．储存形式

（1）地板堆积储存

地板堆积储存是指使用地板支撑的储存，有将物品放于栈板或直接着地储存两种。堆积的稳定性可借墙的倚靠来提升，即使袋装物也能简易储存，但除非以人工或较传统的机械来作业，否则不易提取。其积存方式可分为行列堆积（Row Stacking）和整区堆积（Block Stacking）两种。

1）行列堆积

行列堆积是指在堆积之间留下足够的空间使得任何一行（列）堆积的栈板提取时都不受阻碍。而当在一长行（列）储区中只剩少数栈板时，即应将这些栈板转移至小批量储区，而让此区域能再储存大批产品。

2）整区堆积

整区堆积是指每一行与行之间的栈板堆积并不留存或浪费任何空间，此方式能节省空间但只能在储存大量产品时使用。采用整区堆积时必须很小心以免栈板堆积互相连接，否则提取时很容易发生危险。

地板堆积储存的优缺点如下：

优点：

① 不规则形状的储存：尺寸及形式不会造成地板堆叠的困难。

② 适合大量可堆叠物品的储存，即能有效储存提供规则形状或容器化的物品。

③ 只需简单的建筑即可。

④ 堆叠尺寸能依储存量适当调整。

⑤ 廊道的需求较小，且能简单改变。

缺点：

① 不可能兼顾先进先出。

② 堆叠边缘无法被保护，容易被搬运设备损坏。

③ 地板堆叠容易不整齐，且特殊单位的拣取需要较多的搬移。

④ 一些物品如易燃物不适于储存，须置于一定高度。

（2）料架、棚架储存

料架及棚架的样式很多，但大体可分为双面开放式和单面开放式两种。

1）双面开放式料架、棚架

双面开放式棚、料架的前后两面都可用于储存与拣取，对于整个系统的设计较具弹性，且较易配合先进先出原则。

2）单面开放式棚、料架

单面开放式棚、料架只有单面可供储存及拣取，因而在系统设计上较无弹性，想达到“先进先出”原则须花较大的工夫。但多采用背对背式排列，所以使用的空间较小。

棚、料架储存的优点有：

① 无论存或取都较便利。

② 品项数量不够多、不适合地板堆叠时适用。

③ 想要做选择性提取时（如先进先出），采用棚、料架储存较有利。

④ 棚、料架储存空间除适于多样规则性物品的储存外，也能用于不规则形状物品的储存，但不能超出储架范围。

现今最常用的棚、料架形式有：单面栈板料架、单面及双面驶入式料架和双面流动棚架。

（3）储物柜

单行的储物柜应背对背排放。若可能，最好靠墙放置，因靠墙放置将能提供良好的位置来储存不规则形状物品及长时间储存的物品。

储物柜如今已改良至具有最大弹性的可卸下、可搬运形式的储物柜，用来储存各尺寸的物品以调整储物空间。使用不同形式的抽屉、盒子或篮子放于储物柜中来保存小物品，是料架等无法取代的功能。使用储物柜储存物品时应注意以下几点：

① 小批量及较主要的物品置于橱柜中央（较活泼）位置，以利拣取。

② 厚重、体积大的物品尽量堆放于棚架或储物柜的最下方（不活泼）的位置。

③ 量轻、体积大的物品尽量堆放于较上方（不活泼）的位置。

（4）自动仓库

由栈板上将箱子拣取出来的作业，若能被由自动仓库将栈板取出，拣取后自动将栈板送回，再进行下一个栈板作业的方式取代，则能增加拣取出货的效率及正确性，因而目前在欧洲、美国、日本采用自动仓库来储存物品的业者越来越多。

目前所使用的自动仓库形式较多，常见的有下列几种：

1）单位负载式自动仓库

单位负载式自动仓库（Unit Load AS/RS）主要有以下几种不同结构：

① 单宽巷道、单深钢架。

② 单宽巷道、双深钢架。

③ 单宽巷道、双深钢架、双叉牙。

④ 双宽巷道、双深钢架。

⑤ 附台车式高架吊车。

2）小料件式自动仓库

小料件式自动仓库（Mini-load AS/RS）有以下几种形式：

① 料盒式自动仓库。

② 塑胶箱式自动仓库。

③ 水平旋转式料架。

④ 垂直旋转式料架。

综上所述，结合储存需求及设备特性可归纳如下：

① 少样、高量物品的储存宜用地板堆积储存、自动仓库。

② 多样、低量物品的储存宜用栈板料架。

③ 多量、不可堆叠物品的储存宜用驶入式料架。

④ 多样、小体积物品的储存宜用棚架、储物柜。

⑤ 小量物品的储存宜用棚架、储物柜。

4. 储区空间规划

前文所提及的储位策略及储存形式多是大方向要掌握的原则，真正在做储区空间规划时，则需要考量所有影响因素及存货变动的情况。

在设计空间布置时，应详细考虑许多项目，如：

① 物品尺寸、数量。

② 栈板尺寸、料架空间。

③ 使用的机械设备（形式、尺寸、产能、回转半径）。

④ 廊道宽度、位置及空间。

⑤ 行列空间（柱与柱的距离）。

⑥ 建筑尺寸与形式。

⑦ 进出货及搬运位置。

⑧ 补货或服务设施的位置（防火墙、灭火器、排水口），而此布置也与存货、补货、拣取政策及发货单位有关。

5. 储存作业管理的影响因素

影响储存作业管理成效的因素如下：

① 缺货。

② 最低与最高订购量的确定。

③ 订购时机与订购量的掌握。

④ 市场预测准确度。

⑤ 新产品滞销回收。

⑥ 淡旺季、气候的不定。

⑦ 新货前置时间不规则。

⑧ 强制配销及配送时效遵循的困难。

⑨ 尚未利用计算机配合做储位管理。

⑩ 周转率不高，库存量太大，以致储位不够。

⑪ 出入库频率无法掌握。

⑫ ABC 分类不确实。

⑬ 储位库存成本压力的反应。

⑭ 库存单位与销售单位混淆。

任务3 补 货 作 业

案例：

2014 年 3 月 10 日 16:00，拣货员李雨菲在拣取飘柔洗发水、绿茶和云南山泉时，发现电子标签货架拣货区这三种物品缺货，拣货单上这种物品的需要量分别为飘柔洗发水 10 瓶、绿茶 15 瓶和云南山泉 15 瓶。而在电子标签货架上这三种物品的存量分别为 5、6、8 瓶。李雨菲不能按时拣货，要求补货员及时补货，然后再另行拣货。为此，配送中心需要完成补货工作。补货单格式见表 4-6。

表 4-6 M 配送中心补货单

单号： 库管： 日期：

物品	从：			移至补货区	数量	补货员
	货架	地板	库房			

问题：

1. 何谓补货？补货对拣货作业的意义如何？
2. 采用的是何种补货方式？
3. 需要选择什么补货时机？

通过任务 3 的学习，你将能够很好地解决上述问题。

1. 补货作业的含义

补货作业的目的是保证拣货区有货可拣，是保证充足货源的基础。补货通常是以托盘为单位，从货物保管区将货品移到拣货区的作业过程。

2. 补货的方式

补货的目的是为拣货提供货源，拣货作业的效率与补货作业密切相关，所以补货是为支持拣货而产生的。可能的补货方式包括以下几种：

（1）整箱补货

整箱补货是指由货架保管区补货至流动货架的拣货区。

保管区为货架存放地，动管拣货区为两面开放的流动式货架。补货方式为作业员至货架保管区取出货物，以手推车或电动堆高机载至拣货区，由流动货架的后方（非拣取面）补货。

该种补货方式适用于体积小且少量多样出货的货品。

（2）由地板堆叠保管区补货至地板堆叠拣货区的整托盘补货

补货方式为作业员用堆高机或叉车将货品由托盘平置堆叠的保管区搬运托盘至同样是托盘平置堆叠的拣货区。

该种补货方式适用于体积大或出货量多的货品。

（3）由地板堆叠保管区补货至托盘货架拣货区的整托盘补货

补货方式为作业员使用堆高机或叉车从地板平置堆叠的保管区搬回托盘，送至动管区托盘货架上储存。

该种补货方式适用于体积中等或中量出货的货品。

（4）货架上层向货架下层的补货

补货方式为利用叉车将上层保管区的货品搬至下层拣货区补货。

该种补货方式适用于体积不大，每品项存货量不高，且出货多属中小量的货品。

3．补货的时机

（1）批次补货

在每一天或每一批次拣取之前，经计算机计算所需的总拣取量，再查看拣货区的货品量，计算差额并在拣货作业开始之前补足货品。这种补货原则适合于一天内作业量变化不大、紧急追加订货不多，或是每一批次拣取量大、需要事先掌握的情况。

（2）定时补货

定时补货是针对分批拣货时间固定且处理紧急追加订货的时间也固定的情况，将每一天划分为若干个时段，补货人员在时段内检查动管拣货区货架上的商品存量，如果发现不足，马上予以补货。

（3）随机补货

随机补货是一种指定专人从事补货作业的方式，这些人员随时巡视动管拣货区的物品存量，发现不足随时补货。这种补货原则较适合于每批次拣取量不大、紧急追加订货较多，以及一天内作业量不易事前掌握的场合。

4．补货的流程

补货的流程如图 4-3 所示。

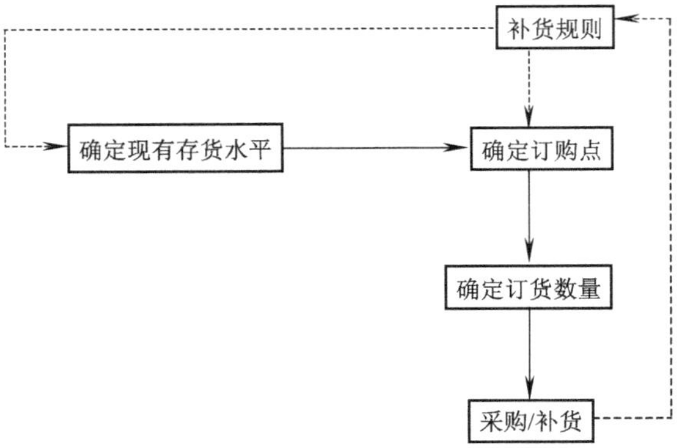

图 4-3　补货作业流程

关键术语：

进货作业	储存作业
储位	物动量
货位编号	补货作业
补货方式	补货时机

思　考　题

1．简述进货作业的流程。
2．如何安排储位？
3．储存方式有哪些？
4．物动量如何计算？
5．补货方式与补货时机有哪些？

案例分析：

CPLM 仓储案例分析与讨论

BD 公司某车辆制造厂生产高级的铁路客车，采用流水线的生产方式。该制造厂分为 3 个主要生产车间，依次为钢结构车间、喷涂车间、总装车间（主要是电器安装，水、气设施安装，内外装饰等）。从钢结构车间的 PM01 工序开始组装，到 PM36 工序的最终检查结束，共有 36 道工序。

生产中所用材料有自制件和采购件，自制件包括部分装饰部件（型材类、板类）；采购件主要包括各类钢板、管材、铝型材、油漆等原材料，电器件，各种模块（洗手间、厕所、茶炉、空调、包厢等），防寒材料，胶类，装饰类材料，座椅，桌子，标准件以及部分无法自制的部件等。

公司某材料仓库负责工序 18～28 的物料配送，由仓库管理员按照工作单所列出的发料清单，对每道工序所列出的零部件集料，然后运往集料区，再由仓库保管员发往各工序。每天的发料数量是 70 个订单（两天装配一辆），所有的订单数量是 140 个。订单由公司的 MRP 系统发出。

该仓库分为两层，全部是货架结构，货架从 1#至 36#，共有 1584 个库位。在一层的 1#～8#货架放置管件，9#～21#货架放置结构件，二层的 1#～15#货架放置标准件。公司决定把生产速度由原来的 2 天一辆车提高到每 1.5 天一辆，这样仓库每天配送的订单增加到 90 个，由于工作量的大幅度增加，仓库产生了大量的加班，并且配送失误率大大增加。仓库考虑增加人员和设备，但公司没有批准。

根据上述案例，请回答下列问题：

1. 一般仓库拣选方式有哪些？BD 公司的仓库采用的拣选方式属于哪一种？

2. 根据案例材料，BD 公司是按照什么原则来设定仓库库位的？

3. 在不增加人员和设备的前提下，可以采取何种措施解决 BD 公司仓库目前“产生大量加班，配送失误率大大增加”的问题？

项目 5 配送中心拣货作业与配货作业

知识目标

1. 了解拣货作业的定义
2. 了解配货作业的定义
3. 掌握拣货流程和配货流程
4. 掌握拣货策略
5. 掌握配货策略

能力目标

1. 学会设计拣货作业流程图
2. 学会应用拣货方式
3. 学会拣货策略的应用
4. 学会设计配送中心配货作业流程图
5. 学会应用配货方式与策略

任务1　拣 货 作 业

案例：

2014 年 3 月 16 日上午 8:30 分，M 配送中心订单处理部刚上班，系统管理员段虹刚进入管理信息系统，屏幕上的光标就在不断闪动，提示有门店要货单/客户订单进入，需要处理。

半小时内，陆续有 L 市内 10 家门店的订单进入，这些要货有一些特点：品项不多但集中，每个品项要货数量平均，送货时间差异不大；随后的

9:00～9:30，省内 8 家门店发出订单，这些要货的特点是品项多，每个品项要货量有大有小，送货时间也有较大差异；之后 10:00～10:45 市内 10 家门店发出要货，同样的特点是每个订单品项种类不一致，每个品项数量也不一致，送货时间也不一致；11:00～11:30 省内 10 家门店要货，8 家省外门店要货，订单的特点是品项较多，每品项要货量不均衡，送货时间、地点差异大。

面对这些订单状况，系统管理员段虹需要考虑不同因素，调度好这些订单，从而采用不同的拣货策略，应用不同的拣货方式，调度不同的拣货人员，完成这些订单的拣货工作。最终满足门店需求。

问题：

1. 拣货策略有哪些？
2. 如何选择合适的拣货方式？
3. 如何提高拣货效率？

通过任务 1 的学习，你将能够有效解决上述问题。

1. 拣货作业概述

（1）拣货作业的意义

拣货作业是依据客户的订货要求或配送中心的送货计划，迅速、准确地将商品从其储位或其他区域拣取出来，并按一定的方式进行分类、集中，等待配装送货的作业过程。在配送作业的各环节中，拣货作业是非常重要的一环，它是整个配送中心作业系统的核心工序。

每份客户订单中都至少包含一项以上的物品，拣货作业的目的就是正确而迅速地集合客户所订购的物品。拣货作业在配送中心作业流程里扮演着重要的角色。

（2）拣货单位

拣货单位分成托盘、箱及单品三种。一般来说，以托盘为拣货单位的体积及重量最大，其次为箱，最小单位为单品。为了能做出明确的判断，进一步划分如下：

① 单品。单品是拣货的最小单位，单品可由箱中取出，由人工单手进行拣货。

② 箱。箱由单品所组成，可由托盘上取出，通常需要双手拣取。

③ 托盘。托盘由箱叠放而成，无法由人手直接搬运，需借助堆垛机、叉车或搬运车等机械设备。

④ 特殊品。特殊品是指体积大、形状特殊，无法按托盘、箱归类，或必须在特殊条件下作业的物品，如大型家具、冷冻货品等。拣货系统的设计将严格受

其限制。

拣货单位根据订单分析出来的结果决定，如果订货的最小单位是箱，则不需要以单品为拣货单位。库存的每一品项都须做以上分析，以判断出拣货的单位，但一些品项可能因为需要而有两种以上的拣货单位，在设计上要针对每一种情况进行分别考虑。

2．拣货作业过程

（1）拣货信息

拣货信息来源于客户的订单或配送中心的送货单，大多数配送中心一般先将订单等原始拣货信息经过处理后，转换成“拣货单”或电子拣货信号，指导拣货人员或自动拣取设备进行拣货作业。有些配送中心直接利用客户的订单或配送中心的送货单作为人工拣货指示，拣货作业人员直接凭订单或送货单拣取货物。

（2）行走和搬运

拣货时，拣货作业人员或机器必须直接接触并拿取货物，因此形成拣货过程中的行走与货物的搬运。缩短行走和货物搬运距离是提高配送中心作业效率的关键。

① 人至物。人至物拣货是指拣货员通过步行或搭乘拣货车辆到达物品储存位置的方式，其特点是物品采取静态储存方式，如托盘货架、轻型货架，移动的是拣货员或拣货机器人。

② 物至人。物至人拣货是指移动的是拣取的物品，拣货员在固定位置作业，无需到商品的储存位置取货。其特点在于物品采用旋转货架等储存方式。

（3）拣取

拣取是指通过人工目视读取信息，或利用无线传输终端机读取货物条形码，确认被拣货物的品名、规格、数量等内容，由人工或机械拣取货物。通常，当小体积、少批量、搬运重量在人力范围内且出货频率不是特别高时，可以采取手工方式拣取；对于体积大、重量大的货物可以利用升降叉车等搬运机械辅助作业；对于出货频率很高的可以采用自动分拣系统。拣取包括拿取与确认两个动作单元。

（4）分类与集中

配送中心在收到多个客户的订单后，形成批量拣取，再根据不同的客户或送货路线分类集中，有些需要进行流通加工的商品还需根据加工方法进行分类，加工完毕再按一定方式分类出货。多品种分货的工艺过程较复杂，难度也大，必须在统筹安排形成规模效应的基础上，提高作业的精确性。在物品体积小、重量轻的情况下，可以采取人力分货，也可以采取机械辅助作业，或利用自动分货机自动将拣取出来的货物进行分类与集中。分类完成后，货物经过查对、包装便可出货、装运、送货。

3．拣货方式

拣货作业可分为订单拣取、批量拣取及复合拣取三种方式。订单拣取是分别按每份订单来拣货；批量拣取是将多张订单累积成一批，汇总数量后形成拣货单，然后根据拣货单一次性拣取商品，再进行分类；复合拣取是充分利用以上两种方式的特点，并将其综合运用于拣货作业中。

（1）订单拣取

订单拣取是针对每一份订单，作业员巡回于仓库内，按照订单所列商品及数量，将客户所订购的商品逐一由仓库储位或其他作业区中取出，然后集中在一起的拣货方式。其拣货流程如图 5-1 所示。

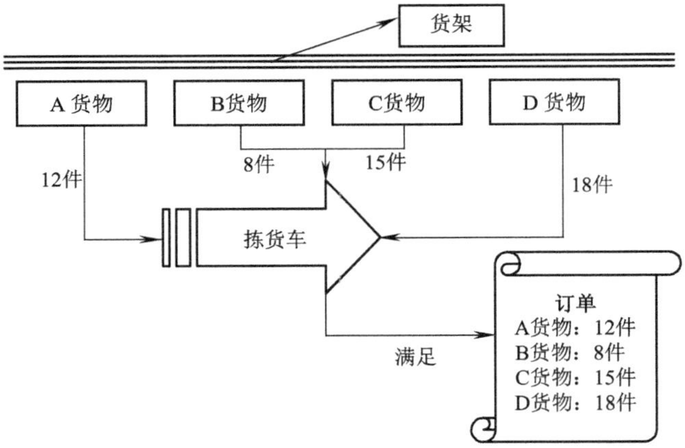

图 5-1　订单拣取流程示意图

订单拣取方式的特点如下：

① 作业方法简单，接到订单可立即拣货、送货。

② 订单处理提前期短。

③ 作业人员责任明确，易于安排人力。

④ 拣货后不用进行分类作业，适用于配送批量大的订单的处理。

⑤ 商品品类多时，拣货行走路径加长，拣取效率较低。

⑥ 拣货区域大时，搬运系统设计困难。

订单拣取的处理弹性比较大，临时性的生产能力调整较为容易，适合订单大小差异较大、订单数量变化频繁、季节性强的商品配送，如化妆品、家具、电器、百货和高级服饰等。

（2）批量拣取

批量拣取是将多张订单集合成一批，按照商品品种类别汇总后再进行拣货，然后依据不同客户或不同订单分类集中的拣货方式。其拣货流程如图 5-2 所示。

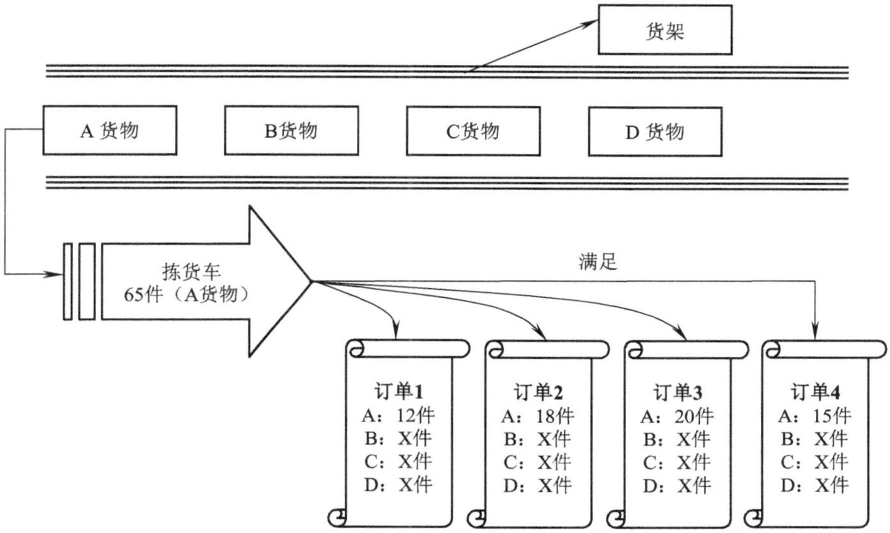

图 5-2　批量拣取流程示意图

批量拣取方式的特点如下：

① 适合配送批量大的订单作业。

② 可以缩短拣取货物时的行走时间，增加单位时间的拣货量。

③ 必须当订单累积到一定数量时，才做一次性的处理，容易产生停滞时间。

批量拣取方式通常在实现了作业系统化、自动化之后，在作业速度提高的情况下采用，适合订单变化较小、订单数量稳定的配送中心和外形较规则、固定的商品拣取，如箱装、扁袋装的商品。此外，需进行流通加工的商品也适合批量拣取，再批量进行加工，然后分类配送。

（3）复合拣取

为克服订单拣取和批量拣取方式的缺点，采取将订单拣取和批量拣取组合起来的复合拣取方式。根据订单的品种、数量及出库频率，确定哪些订单适合订单拣取、哪些适合批量拣取，分别采取不同的拣货方式。

4．拣货作业系统

配送中心的作业自动化建立在信息化的基础上，其核心是机电一体化，目标是提高作业能力、提高劳动生产率、减少作业差错。在经济发达国家，配送中心自动化较为普遍。

（1）自动分拣系统的构成

自动分拣系统一般由控制装置、分类装置、输送装置及分拣道口 4 部分，通过计算机网络连接在一起，配合人工控制及相应的人工处理环节构成。

① 控制装置。控制装置的作用是识别、接收和处理分拣信号，根据分拣信号的要求指示分类装置、输送装置进行相应的作业。一般情况下是按货物的种类、送达地点及货物的类别等要求，通过条形码扫描输入到分拣控制系统中，根据这些分拣信号决定某种货物进入哪一个分拣道口。

② 分类装置。分类装置的作用是根据控制装置发出的分拣指示，当具有同类分拣信号的商品经过该装置时，能够使其改变运行方向，进入其他输送机或分拣道口。分类装置对分拣货物的包装材料、包装形状、包装重量、包装物底面的平滑程度有不同的要求。

③ 输送装置。该装置是自动分拣系统的主体，主要组成部分是输送机，其主要作用是使待分拣的商品通过控制装置、分类装置设计好的路线输送到分拣道口。分拣道口设在输送装置两侧。

④ 分拣道口。滑道一般由钢带、皮带和滚筒等组成，货物脱离主输送机在滑道上滑向集货区域的通道，最后入库或组配装车进行配送。

（2）自动分拣系统的主要特点

1）分拣作业无人操作

2）误差较小

自动分拣系统误差较小，即便采用人工键盘或语言识别方式，其输入误差也仅有 3%左右；如果采用条形码扫描输入，一般不会出差错，除非条形码自身有错误。

3）连续作业

自动分拣系统不受气候、时间、体力等因素的影响，能够连续运行，而且单位时间内分拣的件数多。一般可以连续运行 100h 以上，每小时分拣 7 000 多件包装商品，其效率是人工作业的 40 多倍。

（3）自动分拣系统需具备的条件

1）巨大投资

自动分拣系统需要 40～200m 的机械输送机，还要配以自动控制装置、计算机网络及通信系统，而且必须建造自动化立体仓库，一般需要 2 万 m^3 以上的空间。还要配置自动化搬运设施与设备。这种一次性巨额投资需要 10～20 年才能收回，若效益不好，则投资回收期更长。一般小型企业无力投资。

2）严格的外包装要求

由于自动分拣机只适用于底部平坦且具有刚性的包装货物，超长、超薄、超重、超高、袋装、底部柔软且不平、易变形、易破损、不能倾覆的货物不能使用自动分拣机。另外要求货物包装及分拣设备一定要符合标准化要求。

3）作业量大

自动分拣系统运行成本较高，如果没有足够的业务量来支撑，整个系统就不能满负荷运行，单位成本就高。所以必须有较大的业务量，使整个系统连续满负荷运行，以保证系统的作业效率。

总之，自动分拣系统除了可将邮局的邮包信件和车站的货物分到指定位置外，已发展到食品工业、纤维造纸、化学工业、机械制造、商店市场和出版发行等各行各业，广泛使用自动分拣机分拣从小到大的各式各样的物品。

自动分拣系统的规模和能力已有很大发展，目前大型分拣系统大多包括几十个到几百个分拣机，分拣能力达每小时万件以上。国外分拣系统规模都很大，主要包括进给台、信号盘、分拣机、信息识别、设备控制和计算机管理等几大部分，还要配备外围的各种运输和装卸机械组成一个庞大而复杂的系统，有的还与立体仓库连接起来，配合无人驾驶小车、拖链小车等其他物流设备组成复杂的系统。分拣系统在总体配置上可以说是千变万化。

在多品种、小批量时代，物流技术的 3 大措施是自动分拣机、自动化仓库和自动搬运车。自动化仓库是基本上成熟的产品，自动搬运车是处于发展时期的产品，自动分拣机是接近成熟的产品。这是对于自动分拣系统在物流技术中的地位和现状的一个较好的概括。

5．拣货策略

拣货策略的优劣是影响拣货效率的重要因素，在决定拣货作业方式时，必须熟悉可应用的拣货策略。决定拣货策略的主要因素有分区、订单分割、订单分批及分类，由此 4 个因素可产生多个拣货策略。

（1）分区

分区作业就是将拣取作业场地做区域划分，每一个拣货员负责拣取固定区域内的物品。拣货分区应与储存分区结合考虑。具体分区方式有：

① 商品特性分区。商品特性分区是指按照商品的物理性质、化学性质、机械性质和生物性质等进行分区。

② 储存单位分区。商品特性分区内具有相同储存单位的商品集中，便可形成储存单位分区。

③ 拣货单位分区。拣货单位分区是指按需求的拣货单位（托盘或箱）来分区。例如，自动立体仓库和托盘货架都是以托盘为储存单位的，而自动仓储以托盘作为取出单位，托盘货架以箱为拣货单位。

④ 拣货方式分区。在同一拣货单位分区内，若想采取不同方式及设备进行

拣取，则须做拣货方式的分区考虑。

⑤ 工作分区。工作分区是指在相同拣货方式下，将拣货作业场地细分成各个分区，由一个或一组固定的拣货人员负责拣取区域内的物品。其优点在于使拣货人员所需记忆的存货位置及移动距离减少，以缩短拣货的时间。

工作分区数=总拣货需求产能/单一工作分区预计产能

（2）订单分割

订单分割是指将订单切分成若干子订单，交由不同的拣货人员同时进行拣货作业，以加速拣货的完成。订单分割应与分区策略联合运用才能发挥效用。

（3）订单分批

订单分批是为了提高拣货作业效率而把多张订单集合成一批，进行批次拣取作业，目的在于缩短拣取时平均行走、搬运的距离及时间。具体又包括：

① 总量分批。总量分批是指将进行拣货作业前所有累积订单中的物品按品项合计总量，再根据这一总量进行拣取的方式。该种方式适合固定点间的周期性配送。其优点是一次拣出商品总量，可使平均拣货距离最短；缺点是有较强的分类系统，订单数不可过多。

② 时窗分批。当从订单到达至出货所需时间非常紧迫时，可利用此策略开启短暂时窗，如 5min 或 10min，再将在此一时窗中到达的订单作为一批，进行拣取。该种方式适合密集频繁的订单以及紧急插单。

③ 固定订单量分批。固定订单量分批是指订单分批按先进先出的原则，当累计订单数到达设定的固定量时，再进行拣货作业。其优点是维持稳定的拣货效率，使自动化的拣货、分类设备发挥最大功效；缺点是订单的商品总量变化不宜太大，否则易造成分类作业的不经济。

④ 智能型分批。订单汇集后，必须经过较复杂的计算机处理，将拣取路线相近的订单集中处理，求得最佳的订单分批。该种拣取方式可缩短拣货行走、搬运距离。

（4）分类

① 拣取时分类。在拣取的同时将物品分类到各订单中。

② 拣取后集中分类。即分批按合计总量拣取后，再进行集中分类。包括两种方式，一种以人工作业为主，将货物搬运到空地上进行分类，要求每批次订单量及货物量不宜过大；另一种是利用分类输送系统进行集中分类，是一种自动化的作业方式，适于订单分批批量即货物量较多时使用。

6．拣货作业流程

拣货作业流程如图 5-3 所示。

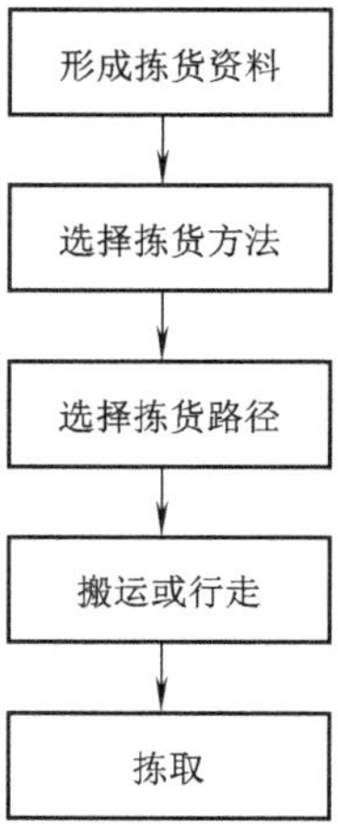

图 5-3　拣货作业流程

任务 2　配 货 作 业

案例：

2014 年 3 月 16 日下午，理货员陈刚、张涛、杨海岸、李天明等完成了上午订单处理员分配的拣货任务，即采用批量拣取方式，对市内 10 家门店的约 10 个品项箱、单品的拣货，接下来要做的就是对拣出的货物在不同门店间进行分类和配货，经过复核后，将货物包装好，送到发货区，等待装车、送货。

问题：

1．如何分类？

2．分类配货方式有哪些？

3．如何复核？

4．怎么包装？

通过任务 2 的学习，你将能够有效解决上述问题。

1．配货作业的含义

配货作业是指把拣取分类完成的货品经过配货检查后，装入容器和做好标识，再运到配货准备区，待装车后发送。

配货作业须按一定步骤进行，其步骤如图 5-4 所示。

图 5-4　配货作业流程

2．配货作业流程

（1）分货

分货就是把拣货完毕的商品按用户或配送路线进行分类。分类方式一般有以下几种：

1）人工分货

人工分货是指所有分货作业过程全部由人工根据订单或其他传递过来的信息进行，而不借助任何计算机或自动化的辅助设备。

2）自动分类机分货

自动分类机分货是指利用计算机和自动分类系统完成分货工作。这种方式不仅快速省力，而且准确，尤其适用于多品种、业务繁忙的配送中心。

利用自动分类机分货的主要过程如下：

① 将有关货物及分类信息通过自动分类机的信息输入装置输入自动控制系统。

② 当货物通过移栽装置移至输送机上时，由输送系统运送至分类系统。

③ 分类系统是自动分类机的主体，这部分的工作过程为先由自动识别装置识别货物，再由分类道口排出装置按预先设置的分类要求将货物推出分类机。分类排出方式有推出式、浮起送出式、倾斜滑下式、皮带送出式等，同时为尽早使各货物脱离自动分类机，避免发生碰撞而设置有缓冲装置。

3）旋转架分类

旋转架分类是将旋转架的每一格位当成客户的出货框，分类时只要在计算机中输入各客户的代码，旋转架即会自动将货架转至作业员面前。

（2）配货检查

配货检查作业是指根据客户信息和车次对拣送物品进行商品号码和数量的核实，以及对产品状态、品质的检查。分类后需要进行配货检查，以保证发运的货物品种、数量、质量无误。

配货检查比较原始的做法是人工检查，即将货品一个个点数并逐一核对出货单，进而查验配货的品质及状态情况。目前，配货检查常用的方法有：

1）商品条形码检查法

商品条形码检查法要导入条形码，条形码是随货物移动的，检查时用条形码扫描器读取条形码内容，计算机再自动把扫描信息与发货单对比，从而检查商品数量和号码是否有误。

2）声音输入检查法

声音输入检查法是当作业员发声读出商品名称、代码和数量后，计算机接受声音并自动辨识，转换成资料信息与发货单进行对比，从而判断是否有误。此方法的优点在于作业员只需用嘴读取资料，手脚可做其他工作，自由度较高。缺点是声音发音要准确，且每次发音字数有限，否则计算机辨识困难，可能产生错误。

3）重量计算检查法

重量计算检查法是把货单上的货品重量自动相加起来，再与货品的总重量对比，以此来检查发货是否正确的方法。

（3）包装、打捆

配货作业的最后一环便是对配送货物进行重新包装、打捆，以保护货物、提高运输效率，便于配送到户时客户识别各自的货物等，如图 5-5 所示。

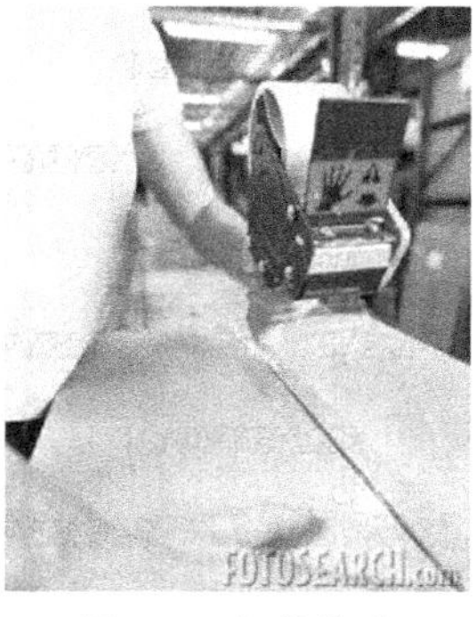

图 5-5　包装作业

配货作业中的包装主要是指物流包装，其主要作用是保护货物并将多个零散包装物品放入大小合适的箱子中，以实现整箱集中装卸、成组化搬运等，同时减少搬运次数，降低货损，提高配送效率。另外，包装也是产品信息的载体，通过在外包装上书写产品名称、原料成分、重量、生产日期、生产厂家、产品条形码、储运说明等，可以便于客户和配送人员识别产品，进行货物的装运。通过扫描包装上的条形码还可以进行货物跟踪，配货人员可以根据包装上的装卸搬运说明对货物进行正确操作。

包装是物流的必要环节。包装的设计不仅要考虑生产终结的要求，而且要考虑流通的要求，尽量做到包装合理化。

1）包装简洁化

由于包装本身只起保护作用，对产品使用价值没有任何意义，因此，在强度、寿命、成本相同的条件下，应采用更轻、更薄、更短、更小的包装，这样可以提高运输、装卸搬运的效率，而且可以减少成本。

2）包装标准化

包装的规格和托盘、集装箱的关系十分密切，因此，包装应考虑到和运输车辆、搬运机械的匹配，从系统的角度制定包装的尺寸标准。只有标准化的包装规格、单纯化的包装形状和种类有助于整体物流效率的优化。

3）包装机械化

为提高作业效率和包装现代化水平，各种包装机械的开发和应用十分重要。在包装过程中，应尽量运用机械操作，减少人力耗费。

4）包装单位大型化

随着交易单位的大量化和物流过程中的装卸机械化，包装的大型化有利于减少包装时间，提高包装效率。

5）资源节约化

在包装过程中，应加大包装物的再利用程度，减少过度包装，开发和推广新型包装方式，以减少对包装材料的使用。

关键术语：

拣货策略	拣货方式
订单拣取	批量拣取
配货方式	分类
复核	包装

思　考　题

1．何谓批量拣取？

2．何谓订单拣取？

3．拣货策略有哪些？
4．拣货方式有哪些？
5．简述配货作业流程。

案例分析：

FedEx 孟菲斯配送中心

FedEx 的物流可谓规模宏大。通过 667 架飞机和 54 000 辆运货货车，每天要处理来自 211 个国家的约 330 万件包裹和函件。而对于 FedEx 来说，最终的目的就是获得更高的客户满意度。FedEx 物流中心业务副总裁 Reggie Owens 称：“我们每天要做的就是准时发放航班，并尽可能安全地把要运的货物送到客户手中。”

“关键在于业务流程的一致性。”Owens 说，“这实际上是一项整体的计划，每个人都设定了希望达到的目标，不管是内部的小目标还是总体计划的大目标。”

FedEx 的成就是许多公司所追求的目标：整合分布于全球范围的 15 个分拣系统并形成统一的业务流程；通过精细复杂的 IT 设施实现不同业务点之间的连接；通过互联网或专用网络为内部用户以及客户提供实时数据资料；以及使产品在供应链中高效传递的计划。

孟菲斯配送中心

FedEx 的工作流程看起来很简单，实际上却有很多的幕后工作要做。而所有工作的核心就是孟菲斯配送中心，它是 FedEx 公司最早成立的也是最大的分拣中心。

孟菲斯配送中心毗邻孟菲斯机场，占地 300acre，周边长 7.5mile。每天夜里 10 点 30 分左右，来自世界各地的 150～160 架飞机降落到孟菲斯机场后，8 000 多名工人就开始对上百万件邮包进行卸货、分拣、审查和装货。

每当此时，供应链的效率和速度就成为超越一切的首要因素。FedEx 的管理员通过彩色显示器追踪飞机到达孟菲斯的时间，而一旦飞机通过孟菲斯机场的空中管制检查，管理员就会将其引导至相应的通道入口处。负责卸货和维修的工人通过手持式计算机寻找到指定通道口，并在飞机发动机关闭的同时就开始行动。

“我们共有 53 个卸货组，每组有 16 人。通常一组卸货人员一晚可为三架飞机卸货。”孟菲斯中心行政经理 Bobby Webb 说，“飞机停稳后 5min，机组人员就通知调度人员并开始计时。”他表示，卸货要花多少时间主要取决于飞机的大小。例如，一架波音 727 飞机需要 18min 来卸完飞机上的 9～12 个集装箱；而对于较大一点的空中客车，则需 33min 去卸完 50 个集装箱。

Webb 指出：“偶尔也会有所耽搁，而只要卸货组卸货超时一分钟，那么高级经理就必须在凌晨 5 点的会议上解释耽搁的原因。”他进一步补充说，装载设备的机械故障、恶劣的天气或是人员缺乏等是导致卸货被耽搁的主要原因。

在卸货的同时，维修人员则忙着进行安全检查和给飞机加油，并为装货和起飞做好准备。当集装箱被从飞机上卸下后，工人们把它们移到所谓的“输入区”（Input Area）。在那里包裹被送上一个由传送带和条形码扫描仪组成的复杂系统。

Webb 称，在工人们引导大量的箱包和文件通过处理中心的同时，有许多的处理程序都由计算机完成了。例如，在第一轮分拣中，包裹被测量大小、称重和扫描，然后由计算机系统根据目的地把包裹分到不同的传送带上。包裹在经过第二道分拣系统后将被运向最终目的地。

自动分拣系统每小时可分拣 16 万个包裹和 32.5 万封信件，在整个传送过程中货物的信息将被扫描和输入到 FedEx 的全球网站上，而客户可以从网上检查货物的传输状况。“货物从提出到交货要经过 14 次扫描，因此客户始终能清楚地了解包裹的位置。”Webb 说道。

分拣工作将在凌晨 2 点左右完成，包裹将被重新装进集装箱后送进飞机。到了凌晨 3 点 30 分，所有飞机都已经在空中了。如果出现耽搁情况，经理们同样需要在凌晨 5 点的会上做出说明。Webb 还解释了一些耽搁的原因，如有些包裹不是经过快速传递分拣系统分类的，而恶劣的天气会使飞机不能正点到达孟菲斯，等等。

遇到耽搁时的备用计划包括让包裹搭乘其他航班，或经 FedEx 全球运行控制中心协调，由其他中心负责汇总递送。Webb 说：“我们的整个系统是建立在能够应付任何意外事故的基础上的。”

FedEx 在其他一些国内、国际和地区性的配送中心也采取类似的操作，只不过规模略小一些。Owens 表示，几年前，FedEx 所有包裹都是通过孟菲斯配送中心处理的，而随着全球各地配送中心的建立，它们能够利用其自身的配送能力更好地为这些地区服务。

“以前，从纽约到纽约的包裹要先离开纽约来到孟菲斯，然后再回到纽约。但是现在，这个包裹就不再走冤枉路了。”Owens 称，“我们的设计工程师需要全面地设计流程，要确保能够避免多余的步骤。如果一个包裹不必通过航空递送，那么设计工程师就必须确保包裹不会上飞机。”

Owens 指出，随着运作基础的逐渐成熟，保持内部系统和流程的统一就成为最重要的任务。这意味着要在信息技术系统、软件和数据库上进行投资，使 FedEx 能够在一个通用平台上为客户提供实时的反馈信息。

惠普借助 FedEx 满足其网上订单物流需求

惠普公司的经理们在 1990 年年底意识到需要借助网络使用户可以直接购买个人计算机。但由于惠普公司以往的产品都是通过复杂的分销渠道批量供应的，公司内尚没有一个专用的物流系统能够在几天内满足个人订单。

因此，惠普在 1997 年开始雇用 FedEx 公司负责其 www.hpshopping.com 网站上的订单管理和运输服务。www.hpshopping.com 的仓储营运经理 James Morales 说：

“FedEx 能够帮助我们很快地提升物流处理能力，却无须我们在基础设施方面做出大的投资。”

惠普公司每隔 15min 从其网站上提取一次订单，然后通过 FedEx 的专用网络将信息传给 Ozburn-Hessey Logistics 公司，而该公司作为第三方物流提供商将负责 www.hpshopping.com 的库存管理。订单被集中起来后递交给 FedEx 公司，并由其负责在晚上装货以供交付。Morales 称：“从接受订单到出货的时间间隔非常的短。”

FedEx 负责退货处理的经理 Jeff Maddock 补充说，除了为 www.hpshopping.com 提供信息跟踪外，FedEx 还帮助协调处理退货。一旦有货物被退回来，www.hpshopping.com 就发布退回货物的识别号码，并将其输入到 FedEx 的 NetReturn（网上退货）系统。而负责投递的人员将把货物带回来，并送到 www.hpshopping.com 的仓库内。

“FedEx 帮助处理退货为客户带来了极大的好处。”Maddock 说，“它减少了供应链环节从而降低了成本，同时这也提高了客户满意程度。许多购物者就是因为不满意低效率的退货程序而放弃了他们想买的东西。”

惠普公司高管 Jim Burns 称，他们已经和 FedEx 紧密合作了两年。惠普将与 FedEx 继续合作，将其在中国台湾生产的手提电脑分送到全球各地的零售商手中。

问题：

1．描述 FedEx 的分拣系统。

2．FedEx 孟菲斯配送中心的主要功能是什么？

3．描述孟菲斯配送中心的配送系统。

4．惠普是如何利用 FedEx 满足其网上订单物流需求的？

项目 6 配送加工与包装组织

知识目标

1. 了解配送加工作业和配送包装的定义
2. 掌握配送加工内容和配送包装作业流程
3. 掌握配送加工和配送包装的功能
4. 掌握配送加工和配送包装的类型

能力目标

1. 学会选择配送加工类型
2. 学会根据不同的出货方式正确选择配送包装方式
3. 学会设计合理的配送包装

任务 1 配送加工作业组织

案例：

2014 年 3 月 15 日，佳美零售商业有限责任公司 M 配送中心建立了自己的生鲜食品加工中心，主要建有生产车间、冷库、配送场地、待发库、仓库、办公楼、生活楼等建筑设施。冷库容量为 9 000t，拥有 50 辆配送车辆（其中 28 辆为制冷保温车）。主要配备的加工设备有包装机、封口机、灌装机、切片丝丁机、称重机、贴标签机、自动分拣打印一体机、包装流水线等，共 60 余台（套）。年生产能力为 25 000t，其中肉制品为 18 000t，生鲜盆菜、调理半成品为 4 200t，西式熟食制品为 2 800t，产品结构分为 15 大类，约有 1 300 种生鲜食品。在生产加工的同时还从事水果、冷冻品及其他货物的配送。由于消费者对生鲜食品的色泽要求很高，因此，生鲜食品具有周转期短、保质期短、大部分需要冷藏的特点。生鲜食品加工配送中心根据生鲜食品所具有的不同特点，将其配送分为：

① 直接配送。主要针对具备常温配送条件的产品进行配送。

② 转配。主要针对保鲜要求较高的生鲜商品和部分半成品进行快速配送，

这类商品在配送中一般不进行储存，在收货之后紧接着就进行分拣和配货等作业。

③ 加工配送。对初级产品进行初级加工、制成品加工和前道工序加工，完成加工后再进行配送，这类配送存在原料、半成品和成品的储存。

④ 果蔬配送。对多个果蔬品项进行系统配送，主要包括检测、分拣、包装、净菜、配菜加工等，以减少果蔬的损耗和减少店铺包装工作量等。

问题：

1．什么是配送加工作业？

2．配送加工作业的目的是什么？

3．配送加工的内容是什么？

4．配送加工方式有哪些？

通过任务 1 的学习，你将能够有效解决上述问题。

配送加工是流通加工中的一种加工方式，它虽然不具有普遍性，加工目的较为单一，但通过配送加工可大大提高客户的满意度，取得多种社会效果。因此，配送加工具有不可小视的重要功能。

1．配送加工作业的概念

配送加工作业是指在物流配送过程中，为了更好地满足客户的要求、保证配送过程中的物品质量、提高配送效率、降低配送成本而设立加工场所，对物品进行简单加工（如分割、分装、套装、套裁、计量、分选、刷标志、拴标签、组装等）作业的总称。

2．配送加工的作用

① 满足客户多样化的需求。

② 提高所配送物品的附加值。

③ 提高加工效率及设备利用率。

④ 提高所配送原材料的利用率。

⑤ 完善配送功能。

⑥ 提高配送效率，降低配送成本。

3．配送加工的内容

配送加工的内容会随所配送的物品种类不同和客户不同而有所不同。配送加工的内容主要包括生活资料的配送加工和生产资料的配送加工。

（1）生活资料的配送加工

生活资料配送加工的内容主要有：

① 食品的配送加工。

② 衣料物品的标志和印记商标、粘贴标签。

③ 家用电器的安装。

④ 家具、自行车的组装。

⑤ 地毯剪切等。

其中，食品的配送加工又可进一步分为：

① 鱼、肉、禽类的冷冻加工，也可用于某些流体商品和药品的配送加工。

② 瓜类、果类、谷物等的分选加工。

③ 农、牧、渔业产品的精加工（如去除无用的部分、洗净、切分等加工）。

④ 生鲜食品的速冻包装、真空包装。

⑤ 粮谷类的自动包装。

⑥ 鲜牛奶的灭菌和摇匀。

⑦ 生鲜食品的分装加工等。

（2）生产资料的配送加工

生产资料配送加工的内容主要有：

① 钢材的配送加工（如热轧钢板、钢带等的平展和剪切，型材、管材等的切割，线材的冷拉等）。

② 木材的配送加工。

③ 平板玻璃的配送加工。

④ 煤炭及其他燃料的配送加工。

⑤ 机电产品的组装加工。

⑥ 成品混凝土的配送加工等。

4．配送加工的类型

按照配送加工的目的和作用不同，可将配送加工分为以下几种类型：

① 为方便运输而进行的配送加工，如分体运输产品在配送过程中的组装，大包装产品在配送过程中的分装等。

② 为保证配送过程中的产品质量而进行的配送加工，如冷冻加工、涂油防锈加工等。

③ 为满足客户需求而进行的配送加工，如型材、管材等的切割，线材的冷拉，衣料物品的标志和印记商标、粘贴标签等。

④ 综合型配送加工，如平板玻璃的套裁，肉、禽类的分割，水果的分选，成品混凝土的配送加工等。

资料：猪肉分割加工

上海松江区砖桥贸易有限公司专业从事猪肉批发配送加工作业，所配送的猪肉加工品有肉丝、肉片、肉酱、大排、小排、五花肉、猪蹄、小刀肉、大刀肉、前腿肉、后腿肉、肋排等，实行免费配送、送货上门、质量保证、量大从优的经营策略。猪肉分割配送加工如图 6-1 所示。

图 6-1　猪肉分割加工

试问：猪肉分割加工属于哪种类型的配送加工？

5．配送加工合理化

（1）配送加工不合理的表现

配送加工虽然会产生效益，但也会产生负面效应。各种不合理的配送加工将会抵消配送加工的正面效应。

① 配送加工地点设置不合理。配送加工地点设置得合理与否直接关系到整个配送加工是否能卓有成效。一般而言，为衔接单品种、大批量的生产与多品种、小批量的配送需要，配送加工地应设置在需求地区，这样才能实现少品种、大批量的干线运输与多品种、小批量的末端配送运输的物流优势。

如果将配送加工地设置在生产地区，对于多品种、小批量的产品的配送运输会出现不合理现象，而且，由于在生产地增加配送加工环节，还会增加运输距离、增加装卸、储存等一系列物流环节。

如果配送加工地点设置得正确，但在小地域范围内的选址不正确，也会出现交通不便、配送加工地距离配送用户较远、配送加工地点投资过高、加工地点周围社会环境条件不良等不合理现象。

② 配送加工方式选择不当。配送加工方式包括配送加工对象、配送加工工艺、配送加工技术、配送加工速度等。配送加工方式选择错误会造成配送加工的不合理性。配送加工是对生产加工的一种补充和完善。一般而言，如果加工工艺复杂，技术装备要求较高，或者加工可以由生产过程来延续或用户较易进行加工，则不宜再设置配送加工，尤其不宜与生产过程争夺技术要求较高、效益较高的最终生产环节，更不宜利用一个时期市场的压迫力使生产者变成初级加工者或前期加工者，而配送企业完成装配或最终形成产品的加工。

③ 加工内容过于简单。如果配送加工的内容过于简单，对生产及配送用户作用不大，甚至存在盲目性，不但不能解决配送用户对品种、规格、质量、包装等方面的要求，反而会增加配送的作业环节，增加配送费用。

④ 加工成本过高。如果配送加工成本过高，则不能达到以较低的投入获得较高回报的目的。这样的配送加工是不合理的。当然，对于一些必需的、依政策要求进行的配送加工是合理的。

（2）流通加工合理化的途径

配送加工合理化的含义是实现配送加工的最优配置，不仅做到避免各种不合理现象，使配送加工有存在的价值，而且做到最优的选择。

配送加工合理化的途径主要有：

① 配送加工与配送相结合。把配送加工与配送相结合，将配送加工地点尽量设置在配送点内，一方面可按配送的需要进行加工，另一方面加工后的产品可直接进入配货作业环节。这样做可大大提高配送服务水平。

② 配送加工与配套相结合。在对配套要求较高的配送活动中，配套的主体来自各个生产单位，如果在配送过程中进行适当的配套加工处理，可以有效促成配套，大大提高配送加工的能力。

③ 配送加工与合理运输相结合。生产企业到配送中心的运输往往属于大批量、少品种的干线运输，为了满足该运输方式，通常采用大包装进行运输；而配送中心到配送用户之间的运输往往是小批量、多品种的支线配送运输，为了满足该运输方式的要求，通常会采用小包装进行运输，在配送加工中将干线运输过来的大包装改装为适应用户需求的小包装，可满足不同运输方式的需求，还可大大提高运输及运输转载的水平。

资料：肉鸡分割、利润增加五倍

山东六和大蔡食品有限公司年宰杀肉食鸡5 000万只，原来卖活鸡每只鸡的利润只有1元多，现在把一只鸡分割成鸡胸、鸡爪、鸡翅等30种产品，配送到大城市的超市，每只鸡的净利润可提高5倍。如图6-2所示为工人正在对肉鸡进行配送加工。

图6-2　肉鸡的分割加工

试问：山东六和大蔡食品有限公司为何要对肉鸡进行分割处理？

任务2 配送包装

案例：

水果在运输过程中，很容易造成损伤，从而影响水果的品质及价值，为此，从采摘水果开始到把水果交到客户手中，需要经过专业的保鲜处理及打包。

水果属于易损坏商品，在配送过程中必须配备专门的服务团队，才能胜任此项工作。

在水果的配送包装上大有学问。过去，水果在配送过程中一般采用箩筐运送，并在箩筐的底部加垫上保护垫，但这样简单的包装处理对于减少水果的损耗无济于事。

佳美零售商业有限责任公司在X果网上自行设计了一种较新的水果礼品配送包装，这种配送包装的专利由X果网独享。该配送包装使用大盒套小盒的形式，把同一尺寸、同一硬度的水果放置在与水果尺寸相匹配的小盒内，以确保水果在配送运输过程中不会因颠簸而受到磨损。而且，这种立方体的小盒可以相互层叠，这将解决水果形状不规则而造成堆放不便的问题，也能使礼盒内的空间得到最大限度的利用，以容纳更多的水果。送礼包装盒的外观也设计得异常精致，颠覆了一般水果礼盒在表面印上花花绿绿水果图案的常规做法，而是统一使用干净深邃的绿色或玫瑰色，给人神秘而清新的观感，以达到水果送礼的最高境界，既确保了内容，又照顾到了形式。

问题：

1. 什么是配送包装？
2. 配送包装有什么功能和要求？
3. 配送包装主要有哪些类型？
4. 配送包装通常会经历哪些作业流程？
5. 如何才能做到配送包装合理化？

通过任务2的学习，你将能够有效解决上述问题。

1. 配送包装的概念

配送包装是在配送过程中为了保护商品、方便储运和装卸搬运，按一定技术方法采用容器、材料及辅助物等对所需配送的物品进行包封，并在包装外标注上相应标志的工作总称。

配送作业的最后一个环节便是要对配送货物进行重新包装、打捆，以保护货物，提高配送运输的效率，便于配送到户时客户识别各自的货物等。

2. 配送包装的功能

（1）保护功能

保护功能是配送包装所具有的最基本功能，通过配送包装可避免货物在配送运输过程中产生货损货差（如破损、变形、散落、溢出、异物流入、污物污染、丢失等），发生化学变化（如受潮、发霉、生锈、腐烂、变质等）。

（2）方便功能

配送包装的方便功能主要表现为方便储运、装卸搬运和空返运输，为配送作业创造方便条件。

（3）信息传递功能

通常，配送包装上会书写产品名称、数量、货主信息、产品条形码、储运说明等，这些信息便于客户和配送人员识别产品，进行货物的装运。通过扫描包装上的条形码还可以进行货物跟踪，配货人员可以根据包装上的装卸搬运说明对货物进行正确操作。

（4）成组化功能

配送包装的成组化功能主要表现为可将多个零散的包装通过采用配送包装将其集合成一定数量的大包装，以实现集中装卸、成组化搬运。

（5）节省功能

采用配送包装可节省配送时间、费用、装卸搬运次数等。

3. 配送包装的要求

① 适应所配送商品的特性。

② 适应不同运送方式的要求（如小货车运送、自行车或电动车运送等）。

③ 符合相关规定。

④ 满足客户需求。

⑤ 便于配送作业人员操作。

⑥ 便于识别不同客户的货物。

⑦ 减少装卸搬运次数，降低货损率。

⑧ 在满足要求的前提下降低包装费用。

4. 配送包装方式

配货作业中的配送包装主要是指物流包装，其主要作用是保护货物并将多个零散包装集合成一定数量的大包装，以实现集中装卸、成组化搬运等，同时可减少装卸搬运次数，降低货损，提高配送效率。

配送包装方式主要有：

（1）箱装

箱装是目前在配送过程中最常用的包装方式。

特点：所用包装材料为刚性或半刚性材料，该包装方式具有强度高、不易变形的特点。

用途：此包装方法主要适用于价值较高，且容易受损的商品在配送过程中使用，如对食品、药品、工艺品、日用百货等进行配送包装。

类型：瓦楞纸箱装、木箱装、塑料周转箱装、钙塑箱装、泡沫塑料箱装等。

瓦楞纸箱和塑料周转箱如图 6-3 所示，木箱如图 6-4 所示，塑料周转箱如图 6-5 所示。

图 6-3　瓦楞纸箱和塑料周转箱

a）图示 1

b）图示 2

c）图示 3

图 6-4　木箱

a）图示 1

b）图示 2

c）图示 3

图 6-5　塑料周转箱

资料：钙塑箱

钙塑箱是指以高密度聚乙烯为主要原材料，以碳酸钙为填充料，加入各种助剂，经压延热粘成钙塑单瓦楞板，再经装订成型，如图 6-6 所示。

图6-6　钙塑箱

钙塑箱最大的特点是防潮、不怕水，质轻、韧性好、不易折断，扭曲度大，抗老化、耐高温，有很好的耐冲击性，无毒、无尘、无污染、耐腐蚀、环保，使用寿命长，色彩丰富，可制成半透明、白色、蓝色、黄色、绿色等多种颜色，以满足用户需求，可折叠以节省空间，规格灵活多变，可多次回收再利用。

钙塑箱主要用于蔬菜、禽蛋、机械配件等的配送包装。

试问：钙塑箱与纸箱相比有哪些优点？

资料：泡沫塑料箱

泡沫塑料箱是指以聚苯乙烯树脂为主要原料，以发泡剂为辅助材料，经过加热发泡处理所生成的泡沫塑料制成的箱子，如图6-7所示。

图6-7　泡沫塑料箱

泡沫塑料箱质地轻盈，容易成形，造型美观，保温隔热性好，耐低温，吸水率低，耐水性强，可重复使用，比较绿色环保。

泡沫塑料箱主要用于须进行保温配送的商品的配送包装，如海鲜、食品的保温配送包装。

试问：采用泡沫塑料箱进行配送包装有什么优势？

（2）集装袋装

特点：此包装方式具有装载量适宜（1t 左右），包装后自重轻，结构简单；空返时可折叠，空返容易，所采用的包装袋具有抗拉强度高、耐冲击性和耐磨性强等特点。

用途：主要用于粉状、粒状、块状、小件单体货物的集合配送包装。

常用的集装袋如图 6-8 所示。

a）图示 1　　　　b）图示 2

图 6-8　集装袋

（3）保温配送包装

类型：用双肩背保温配送包进行配送包装、用鲜奶蛋糕保温配送包进行配送包装，用食品外送保温配送包进行配送包装等。

用途：保温配送包装适用于用摩托车、自行车、电动车、汽车等运送须进行保温配送的食品。

保温配送包如图 6-9 所示。

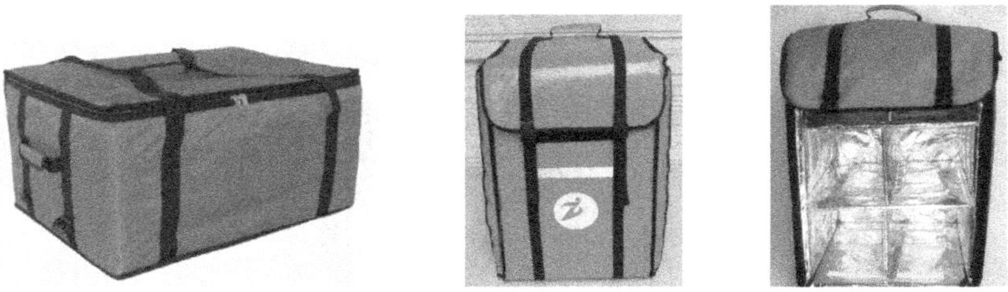

a）图示 1　　　　b）图示 2　　　　c）图示 3

图 6-9　保温配送包

（4）捆包

捆包是指采用机压打包，以便压缩轻泡货物的体积，再用棉布、化学纤维布或麻布裹包，最后在包的外面用铁皮带或塑料带捆扎的配送包装方式，如图 6-10 所示。

a）图示 1　　　　b）图示 2

图 6-10　捆包

用途：捆包配送包装方式适用于质地蓬松而品质不会因紧压受损的商品的配送包装，如服装、布匹、窗帘、床上用品等的配送包装。

除了上述配送包装方式外，有时还会使用到捆盘包装、一般运输包装袋包装等配送包装方式。

5．配送包装作业流程

配送包装的对象不同，所选择的配送包装方式不同，所对应的配送包装作业流程也会有所不同。下面以目前采用最普遍的装箱配送包装作业为例来介绍其配送包装作业流程。

① 将需要进行配送的物品放在干净的操作台上，检查物品是否符合相关要求。

② 将检查通过的同一用户的物品装入同一配送包装容器中（配送量大时可增加配送包装容器的数量），若属于有特殊要求的配送物品，在装入容器前应进行相应的处理（如防震动、防霉腐、防锈蚀、防受潮等处理）。

③ 对包装容器进行封口。

④ 在包装外粘贴相应标志。

⑤ 对包装容器进行捆扎（包装容器较牢固或所包装的物品较轻时，此作业流程可省略）。配送包装作业流程如图 6-11 所示，配送包装作业如图 6-12 所示。

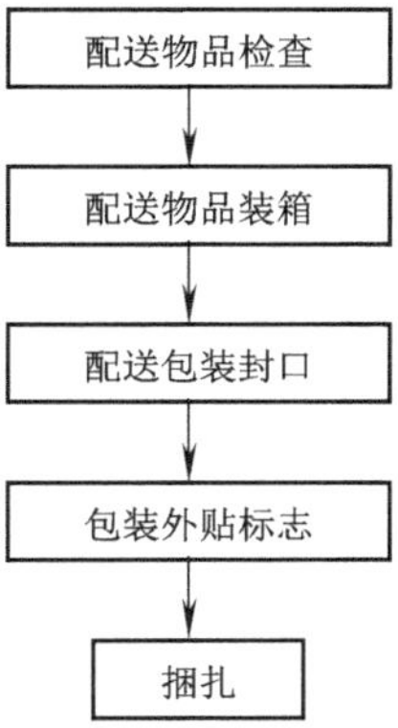

图 6-11　配送包装作业流程

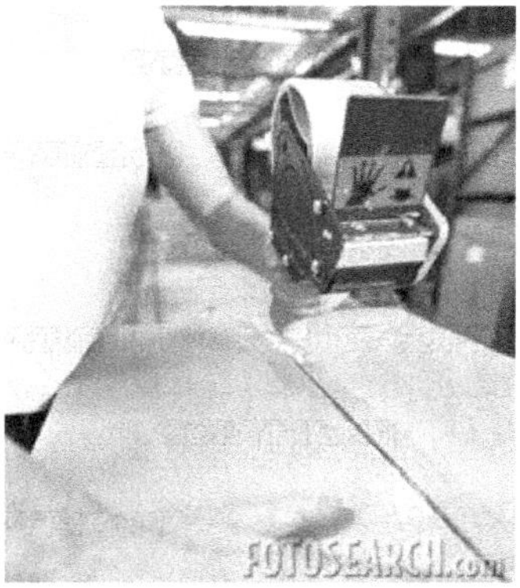

图 6-12　配送包装作业

6．配送包装合理化

配送包装是配送作业的必要环节。在进行配送包装设计时，不仅要考虑生产终结的要求，还要考虑配送的要求，尽量做到配送包装合理化。配送包装合理化主要表现为：

（1）包装简洁化

由于包装本身所起作用是保护商品，而对商品的使用价值没有任何意义，因此，在强度、寿命、成本相同的条件下，应采用更轻、更薄、更短、更小的包装，这样可以提高运输、装卸搬运的效率，还可以降低成本。

（2）包装标准化

包装的规格和托盘、集装箱关系十分密切。因此，包装应考虑到和运输车辆、搬运机械的匹配，从系统的角度制定包装的尺寸标准。只有标准化的包装规格、单纯化的包装形状和种类才有助于整体物流效率的优化。

（3）包装机械化

为提高包装作业效率和包装现代化水平，各种包装机械的开发和应用十分重要。在包装过程中，应尽量运用机械操作，减少人力耗费。

（4）包装单位大型化

随着交易单位的大量化和物流过程中的装卸机械化，包装单位的大型化有利于减少包装时间，提高包装效率。

（5）资源节约化

在包装过程中，应加大包装物的再利用程度，减少过度包装，开发和推广新型包装方式，以减少对包装材料的使用。

关键术语：

流通加工	配送加工
配送加工方式	包装
配送包装	配送包装方式

思 考 题

1. 什么是配送加工作业？
2. 配送加工作业的目的是什么？
3. 配送加工的内容是什么？
4. 配送加工方式有哪些？
5. 什么是配送包装？
6. 配送包装有什么功能和要求？
7. 配送包装主要有哪些类型？
8. 配送包装通常会经历哪些作业流程？
9. 如何才能做到配送包装合理化？

案例分析：

盆栽植物的配送包装

① 先用填充物等将盆中的介质覆盖、包住，以免在配送过程中由于配送包装来回颠倒而使介质漏出，如图 6-13 所示。

② 将上面的植物用无纺布或其他编制物覆盖，隔断植物与箱子的直接接触，如图 6-14 所示。

图 6-13　盆中介质的覆盖

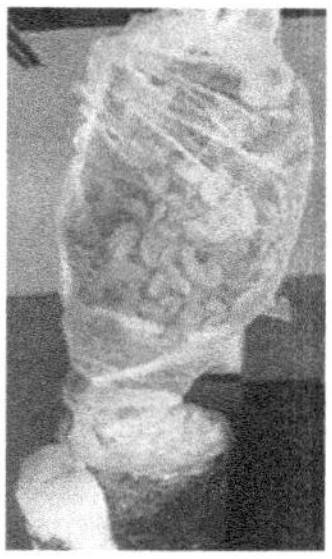

图 6-14　盆栽植物的覆盖

③ 将纸箱的一端封死，把经上述处理后的盆栽植株连盆一起放入纸箱中，并用捆扎绳子将其固定在封死的那端纸箱上，如图 6-15 所示。

若配送路途较远，可打木架将盆栽植物固定后再放入纸箱中，如图 6-16 所示。

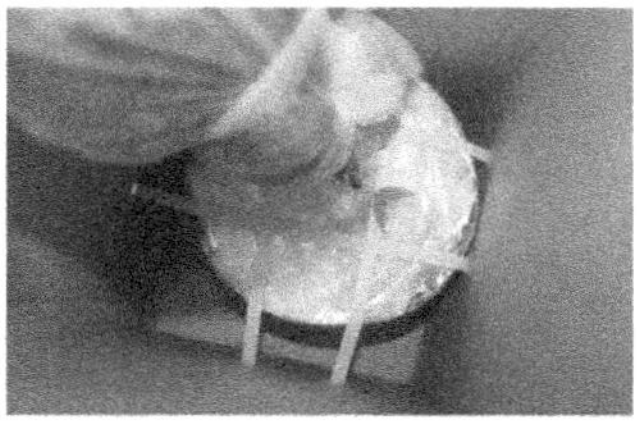

图 6-15　盆栽植物的固定

图 6-16　打木架固定盆栽植物

④ 对纸箱进行封口。

⑤ 在气温允许的条件下（大约在 0℃以上），可在包装箱上打孔透气，但不能打得过多，以免影响包装箱的强度。

⑥ 在包装箱外贴上配送时所需的相应标志，如图 6-17 所示。

图 6-17　包装箱外贴标志

试问：盆栽植物的配送包装流程是什么？试画出其配送包装流程图。

项目 7 配送中心送货、装卸搬运与退货作业

知识目标

1. 理解配送中心送货作业的含义
2. 学会设计送货作业流程图
3. 熟悉装卸搬运作业流程
4. 理解配送中心退货作业的含义
5. 学会设计退货作业流程图
6. 熟悉配送加工作业流程

能力目标

1. 学会商品的配装设计
2. 学会车辆调度
3. 学会配送线路优化设计
4. 学会选择合适的搬运方式
5. 学会处理退货作业

任务 1　配送中心送货作业

案例：

2014 年 3 月 18 日，佳美零售商业有限责任公司的 M 配送中心需要为三家门店配送商品，配送商品的名称、规格、数量及时间要求等情况分别见表 7-1、表 7-2、表 7-3。三家门店到 M 配送中心的距离如图 7-1 所示。请为 M 配送中心制订一份送货计划，既要满足客户的时间要求，又要使配送成本最低。

该公司配送中心建筑面积为 20 000m^2，配送车辆采用 1.5t、2t、4t 厢式车，充分利用车辆的载重量和容积，商品存储以纸箱为主、以托盘为辅。该配送中

心早上8点即可发车，车辆时速为40km/h。

表7-1 A门店配送商品情况一览表

客户名称	需求商品情况				
	品名	规格	数量	毛重	体积（cm×cm×cm）
A	白糖	500g/袋	50箱	11kg/箱	85×60×45
	东北大米	50kg/袋	40袋	50kg/袋	100×45×20
	雪碧	1.25kg/瓶	65箱	8.5kg/箱	60×35×50
	光明牛奶	500g/袋	50箱	8.5kg/箱	70×50×35

需求时间为当日上午11点前，总毛重为3 527.5kg（165箱+40袋）。

表7-2 B门店配送商品情况一览表

客户名称	需求商品情况				
	品名	规格	数量	毛重	体积（cm×cm×cm）
B	立白洗衣粉	1kg/袋	50箱	11kg/箱	75×55×40
	东北大米	50kg/袋	10袋	50kg/袋	100×45×20
	雪碧	1.25kg/瓶	80箱	8.5kg/箱	60×35×50
	舒肤佳香皂	125g/块	40箱	4.25kg/箱	60×30×25

需求时间为当日上午10点前，总毛重为1 900kg（170箱+10袋）。

表7-3 C门店配送商品情况一览表

客户名称	需求商品情况				
	品名	规格	数量	毛重	体积（cm×cm×cm）
C	雪碧	1.25kg/瓶	50箱	11kg/箱	85×60×45
	东北大米	50kg/袋	40袋	50kg/袋	100×45×20
	可乐	1.25kg/瓶	100箱	8.5kg/箱	60×35×50
	光明牛奶	500g/袋	50箱	8.5kg/箱	70×50×35

需求时间为当日上午12点前，总毛重为3 825kg（200箱+40袋）。

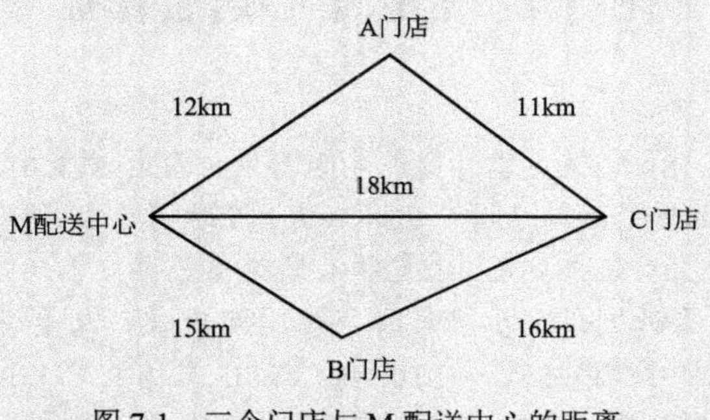

图7-1 三个门店与M配送中心的距离

三个配送点所配送的货物均为普货以及纸箱包装，可混装及无特殊配送要求，根据需求计算出配送点 A 总毛重为 3.5275t，B 为 1.9t，C 为 3.825t。

假设每个配送点装卸时间为 30min，根据对 4t 货车行驶速度的假设（行驶速度为 40km/h），考虑当天的交通、天气等因素来确定出货时间及路线。

问题：

1．如何制订送货计划？

2．根据对运输重量及路线、成本等因素的考虑，如何配装？

3．如何优化送货路线？

4．如何确定出货时间及路线安排？

通过任务 1 的学习，你将能够解决上述问题。

1．送货作业

送货作业是利用配送车辆把客户订购的物品从制造厂、生产基地、批发商、经销商或配送中心，送到客户手中的过程。送货通常是一种短距离、小批量、高频率的运输形式。它以服务为目标，以尽可能满足客户需求为宗旨。

（1）送货作业特点

送货作业是配送中心最终直接面对客户的服务，它具有以下几个特点：

1）时效性

送货是从客户订货至交货过程中的最后一个阶段，也是最容易引起时间延误的一个环节，而客户又非常重视送货的时效性。因此，必须在认真分析各种因素的前提下，用系统化的思想和原则，有效协调，综合管理，选择合理的配送线路、配送车辆和送货人员，使每位客户在预定的时间里收到所订购的货物。

一般影响配送时效性的因素有驾驶人的因素、路况信息、客户卸货与客户支持等。

2）可靠性

可靠性要求将货物完好无损地送到目的地。在配送过程中，货物的装卸作业、运送过程中的机械振动和冲击及其他意外事故、客户地点及作业环境、送货人员的素质等都可能损坏货物。因此，在配送管理过程中必须注意可靠性的原则。

3）便利性

提高客户的满意度是配送作业的宗旨。因此，应尽可能通过用高弹性的送货系统，如采用急送货、顺道送货与退货、辅助资源回收等方式，为客户提供真正意义上的便利服务。

4）经济性

企业运作的基本目标是实现一定的经济利益。所以，送货不仅要满足客户的要求，提供高质量、及时方便的配送服务，还必须提高配送效率，加强成本管理与控制。

（2）送货作业流程

送货作业的一般步骤如图 7-2 所示。

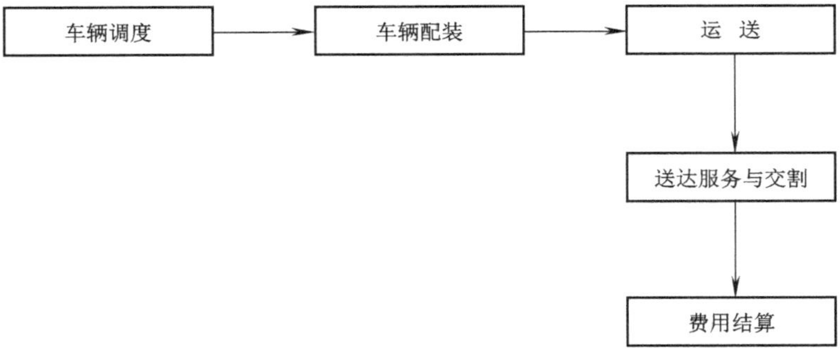

图 7-2 送货作业流程

1）车辆调度

车辆调度是指货物配好以后，就要分配任务进行运输调度与装卸作业，即根据配送计划所确定的配送货物数量、特性、服务客户地址、送货路线、行驶趟次等计划内容，指派车辆与装卸、运送人员，下达运送作业指示和车辆配载方案，安排具体的装车与送货任务，并将发货明细单交给送货人员或驾驶人。送货人员则必须完全根据调度人员的送货指示（出车调派单）来执行送货作业。当送货人员接到出车指示后，将车辆开到指定的装货地点，然后与保管、出货人员清点分拣配组好的货物，由装卸人员将已理货完毕的货物配载上车。

2）车辆配装

车辆配装是指根据不同的配送要求，在选择合适的车辆的基础上对车辆进行配装，以达到提高利用率的目的，是送货的一项主要工作。

由于配送货物品种、特性各异，为提高配送效率，确保货物质量，在货物配装时要注意以下几点：

① 必须对特性差异大的货物进行分类，并分别确定不同的运送方式和运输工具。特别要注意散发臭味的货物不能与具有吸臭性的食品混装，散发粉尘的货物不能与清洁货物混装，渗水货物不能与易受潮货物一同存放。

② 为了减少或避免差错，也应尽量把外观相近、容易混淆的货物分开装载。

③ 由于配送货物有轻重缓急之分，所以必须初步确定哪些货物可配于同一辆车，哪些货物不能配于同一辆车，以做好车辆的初步配装工作。

因此，配送部门既要按订单要求在配送计划中明确运送顺序，又要安排理货人员将各种所需的不能混装的商品进行分类，同时还应按订单标明到达地点、用户名称、运送时间、商品明细等，最后按流向、流量、距离将各类商品进行车辆配载。

在具体装车时，装车顺序或运送批次一般按用户的要求时间先后进行，但对同一车辆共送的货物装车则要将货物依“后送先装”的顺序。但有时在考虑有效利用车辆的空间的同时，可能还要根据货物的性质（怕震、怕压、怕撞、怕湿）、形状、体积及重量等，做出弹性调整，如轻货应放在重货上面，包装强度差的应放在包装强度好的上面，易滚动的卷状、桶状货物要垂直摆放等。另外，应按照货物的性质、形状、重量体积等来具体决定货物的装卸方法。

车辆配装如图 7-3 所示。

图 7-3　配送中心车辆配装

3）运送

做好货物配装工作后，应根据配送计划所确定的最优路线，在规定的时间及时、准确地将货物运送到客户手中，在运送过程中要注意加强运输车辆的考核与管理。

4）送达服务与交割

当货物送达要货地点后，送货人员应协助收货单位将货品卸下车，放到指定位置，并与收货人员一起清点货物，做好送货完成确认工作（送货签收回单）。如果有退货、调货的要求，则应随车带回退调商品，并完成有关单证手续。

5）费用结算

配送部门的车辆按指定的计划到达客户完成配送工作后，即可通知财务部门进行费用结算。

2．配送路线优化

（1）配送路线优化与选择的原则

配送路线是指各送货车辆向各个客户送货时所要经过的路线。配送路线合理与否对配送速度、成本、效益影响很大，采用科学合理的方法来优化配送路线，是配送活动中非常重要的一项工作。

优化配送路线一般采取各种数学方法和在数学方法基础上发展和演变出来的经验方法进行定量分析与定性分析。但对于复杂的配送线路的确定，最好是利用数学模型转换成计算机程序软件来求出最优配送路线方案。

无论采用何种方法，必须明确试图达到的目标以及实现此目标的各种限制因素（即客观约束条件），才能找出最佳合理方案。

1）确定目标

目标是根据配送的具体要求、配送企业的实力及客观条件来确定的。有以下多种目标可以选择：

① 成本目标。

② 距离目标。

③ 吨公里目标。

④ 时间性目标。

⑤ 运力利用目标。

⑥ 消耗性目标。

2）确定配送路线的约束条件

以上目标在实现时都受到许多条件的约束，必须在满足这些约束条件的前提下取得成本最低或吨公里数最低的结果。一般的配送线路的约束条件有以下几项：

① 满足所有收货人对货物品种、规格、数量的要求。

② 满足收货人对货物发到时间范围的要求。

③ 在允许通行的时间内进行配送。

④ 各配送路线的货物量不得超过车辆容积和载重量的限制。

⑤ 在配送中心现有运力允许的范围内。

（2）配送路线优化与选择的方法

1）经验判断法

经验判断法是指利用驾驶人员的经验来选择配送路线的主观判断方法。一般是以驾驶人习惯的行驶路线和道路行驶规定等为基本标准，拟出几个不同方案，通过倾听有经验的驾驶人和送货人员的意见做出判断，或者由配送人员直接凭经验做出判断。这种方法的质量取决于决策者对运输车辆、客户地理位置与交通路线情况的掌握程度和决策者的分析判断能力与经验。该方法尽管缺乏科学性，易受所掌握信息的详尽程度限制，但运作方式简单、快速、方便，通常当在配送路线的影响因素较多，难以用某种确定的关系表达或难以用某种单项依据评定时采用。

2）综合评分法

综合评分法能够拟订出多种配送路线方案，并且评价指标明确，只是部分指标难以量化，或对某一项指标有突出的强调与要求，而采用综合评分的方式来确定配送路线。

综合评分法的步骤如下：

① 拟订配送路线方案。

② 确定评价指标。

③ 对方案进行综合评分。

【例 7-1】荣华配送中心在优化与选择配送路线时，采用综合评分法。该方案的评价指标共 10 项，分别是：①配送全过程的配送距离；②行车时间；③配送准时性；④行车难易；⑤动用车辆台次数；⑥油耗；⑦车辆状况；⑧运送量；⑨配送客户数；⑩配送总费用。每个评分标准分为 5 个档次并赋予不同的分值，即极差（0 分）、差（1 分）、较好（2 分）、良好（3 分）、最优（4 分），满分为 40 分，然后在表上为配送路线方案评分，根据最后的评分情况，在各个方案之间进行比较，最后确定配送路线。

表 7-4 为对某配送路线方案进行评分的情况。表中的路线方案得分为 32 分，为满分（理想方案）的 80%，各项平均得分为 3.2 分。总分为 4+4+2+3+3+3+4+4+3+2=32。

表 7-4　路线方案评分表

序号	评价指标	极差	差	较好	良好	最优
		0 分	1 分	2 分	3 分	4 分
1	配送全过程的配送距离					√
2	行车时间					√
3	配送准时性			√		
4	行车难易				√	
5	动用车辆台次数				√	
6	油耗				√	
7	车辆状况					√
8	运送量					√
9	配送客户数				√	
10	配送总费用			√		

3）数学计算法

① 简单配送路线的确定。在配送线路设计中，当由一个配送中心向一个特定的客户进行专门送货时，从物流角度看，客户的需求量接近或大于可用车辆的定额载重量，需专门派一辆或多辆车一次或多次送货。进行配送线路设计时，追求的是最短配送距离，以节省时间、多装快跑，提高送货的时间效率，这主要是寻求物流网络中的最短路径的问题。对于这种问题，配送路线规划的目标是找出从配送中心到特定客户的最短路径，而不须考虑车辆的载重限制和运行距离等约束，可采用最短路径法确定。

最短路径法可描述为：已知一个网络由节点和线组成，点与点之间由线连接，线代表点与点之间运行的成本（距离、时间或时间和距离加权的组合）。最初，除始发点外，所有节点都是未解的，即均未确定是否在选定的运输路线上。始发点作为已解的点，计算从原点开始。

计算方法是：

a．第 n 次迭代的目标。寻求第 n 个距始发点最近的节点，对 n=1，2，…重复此过程，直到最近的节点是终点为止。

b．第 n 次迭代的输入值。在前面的迭代过程中找出（n-1）个距起点最近的节点，及其距起点最短的路径和距离。这些节点和起点统称为已解的节点，其余的称为未解的节点。

c．第 n 个最近节点的候选节点。每个已解的节点直接和一个或多个未解的节点相连，就可以得出一个候选节点——连接距已解的节点最短的未解点。如果有多个距离相等的最短连接，则有多个候选点。

d．第 n 个最近的节点的计算。将每个已解点与其候选节点之间的距离累加到该已解节点与起点之间最短路径的距离上。所得出的总距离最短的候选点就是第 n 个最近节点，其最短路径就是得出该距离的路径（若多个候选节点都得出相等的最短距离，则都是已解的节点）。

以上过程看起来有些复杂，下面举个例子来具体说明其计算过程。

【例 7-2】如图 7-4 所示，求起点 A 到终点 J 之间行车时间最短的路线。节点之间的每条线路上都标有相应的行车时间，节点代表公路的连接处。

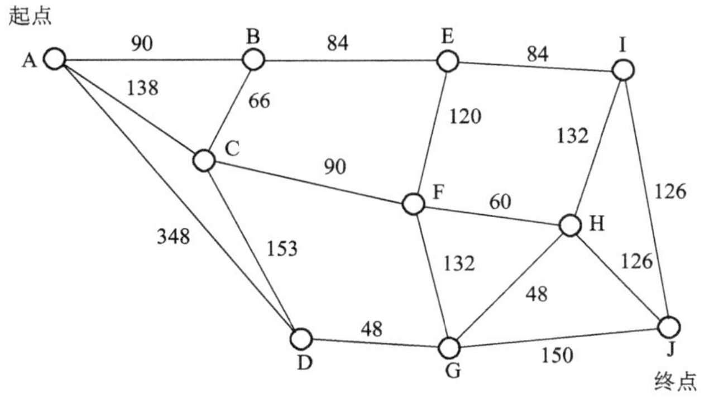

图 7-4　起点 A 与终点 J 之间的高速公路网络示意图

注：所有链上的时间都以分钟计。

解：首先列出一张计算步骤表（见表 7-5）。

第一个已解的节点就是起点 A。与 A 点直接连接的未解的节点有 B、C 和 D 点。第一步，可以看到 B 点是距 A 点最近的节点，记为 AB。由于 B 点是唯一选择，所以它成为已解的节点。

随后，找出距 A 点和 B 点最近的未解的节点。只要列出距各个已解的节点最近的连接点，有 A—C，B—C，记为第二步。注意从起点通过已解的节点到某一节点所需的时间应该等于到达这个已解节点的最短时间加上已解节点与未解节点之间的时间，也就是说，从 A 点经过 B 点到达 C 点的距离为 AB+BC，即（90+66）min=156min，而从 A 点直达 C 点的时间为 138min。现在 C 点也成了已解的节点。

表 7-5　最短路径法的计算步骤表

步骤	直接连接到未解节点的已解节点	与其直接连接的未解节点	相关总成本（时间）	第 n 个最近节点	最小成本	最新连接
1	A	B	90	B	90	AB*
2	A B	C C	138 90+66=156	C	138	AC
3	A B	D E	348 90+84=174	E	174	BE*
4	A C E	D F I	348 138+90=228 174+84=258	F	228	CF
5	A C E F	D D I H	348 138+156=294 174+84=258 228+60=288	I	258	EI*
6	A C F I	D D H J	348 138+156=294 228+60=288 258+126=384	H	288	FH
7	A C F H I	D D G G J	348 138+156=294 288+132=420 288+48=336 258+126=384	D	294	CD
8	H I	J J	288+126=414 258+126=384	J	384	IJ*

注：*表示成本最小路径。

第三次迭代要找到与各已解节点直接连接的最近的未解节点。如表 7-5 所示，有三个候选点，从起点到这三个候选点 D、E、F 所需的时间，分别为 348min、174min、228min，其中连接 BE 的时间最短，为 174min，因此 E 点就是第三次迭代的结果。

重复上述过程直到到达终点 J，即第八步。最小的路线时间是 384min，连接在表 7-5 中以"*"符号标出者，最优路线为 A——B——E——I——J。

在节点很多时用手工计算比较繁杂，如果把网络的节点和连线的有关数据存入数据库中，最短路径方法就可用电子计算机求解。在实际应用中，绝对的最短距离路径并不说明穿越网络的最短时间，因为该方法没有考虑各条路线的运行质量。因此，对运行时间和距离都设定权数就可以得出比较具有实际意义的路线。

② 有装载限制的配送路线的确定。对于有装载限制的配送路线的确定，有时求最优解很困难（受太多条件的约束），此时可以求近似最优解，在这种情况下可以采用节约里程法。

节约里程法的基本思想如图 7-5 所示。由配送中心 P 向两个用户 A、B 送货，P 至 A、B 的最短距离分别为 L_1 和 L_2，A、B 间的最短距离为 L_3。用户对货物的需求量分别为 q_1 和 q_2。

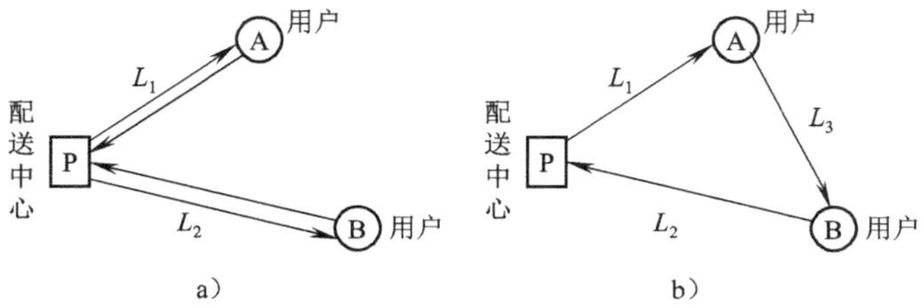

图 7-5　往返发货与巡回发货车辆行走里程

a）往返发货　b）巡回发货

若用两辆汽车分别对 A、B 两个用户往返送货，则汽车直行总里程为

$$L=2(L_1+L_2)$$

如果改为由一辆汽车向 A、B 两个用户巡回送货（设 $q_1+q_2<$汽车载重量），则汽车行走里程为

$$L=L_1+L_2+L_3$$

则在汽车载重量允许的情况下，采用巡回发货比采用往返发货可节约汽车行走里程为

$$\Delta L=L_1+L_2-L_3$$

如果在配送中心 P 的供货范围内还存在着第 3，4，5，…，n 个用户，在汽车载重量允许的情况下，可将它们按节约量的大小依次连入巡回路线，直至汽车满载为止。余下的用户用同样的方法确定巡回路线，另外派车。

在实际中利用节约里程法确定配送路线时，首先要计算出配送中心至各个收货点以及各收货点之间的最短距离，再计算出各收货点相互间的“节约里程”，然后按“节约里程”的大小和各收货点的收货数量或重量，在车辆载重允许的条件下，将各可能入选的收货点衔接起来，形成一条配送路线。如果一辆货车不能满足全部送货要求，可先安排一辆，然后按上述程序继续安排第二、第三或更多辆，直到全部收货点连接在多条配送路线中为止。

为了更好地掌握和运用节约里程法进行配送路线的规划，下面介绍一个节约里程法应用案例。

【例 7-3】某连锁零售店下设有一个配送中心 P 和 10 个连锁分店 A～J，配送中心和各连锁分店及各连锁分店之间的位置关系如图 7-6 所示，两点间连线上的数字为两点间的路线长度（单位：km），括号内的数字为各连锁分店对某种商品的需求量。该商品由配送中心统一采购并进行配送。配送中心备用 2t 和 4t 的货车，限定送货车辆一次巡回距离不超过 30km，设送到时间均符合用户要求，求配送中心的最优送货方案。

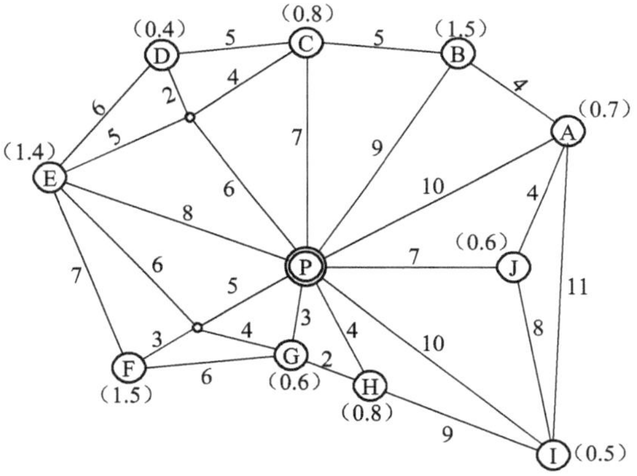

图 7-6　配送网络图

解：用节约里程法进行求解，其步骤如下：

a．从配送网络图中计算出配送中心至各连锁分店及各连锁分店之间的最短距离，并做出最短距离表（见表 7-6）。

表 7-6　最短距离表

	P	A	B	C	D	E	F	G	H	I	J
P		10	9	7	8	8	8	3	4	10	7
A			4	9	14	18	25	22	20	11	4
B				5	10	14	21	24	24	15	8
C					5	9	16	19	21	20	13
D						6	13	16	18	25	18
E							7	10	12	21	24
F								6	8	17	25
G									2	11	19
H										9	17
I											8
J											

b．由最短距离表，利用“节约里程”法计算出各连锁分店之间的节约里程，做出节约里程表（见表 7-7），计算结果有正有负，节约里程为负数时，无实际意义，在表内写 0。

表 7-7　节约里程表

	A	B	C	D	E	F	G	H	I	J
A		15	8	4	0	0	0	0	9	13
B			11	7	3	0	0	0	4	8
C				10	6	0	0	0	0	1
D					10	3	0	0	0	0
E						9	1	0	0	0
F							5	4	1	0
G								5	2	0
H									5	0
I										9
J										

c．将节约里程按由大到小的顺序排列，列出节约里程排序表（见表 7-8），以便尽量使节约里程最多的点组合装车配送。

d．根据节约里程排序表和配送车辆载重及行驶里程等约束条件，渐近绘出如图 7-7 所示的最佳配送路线图。

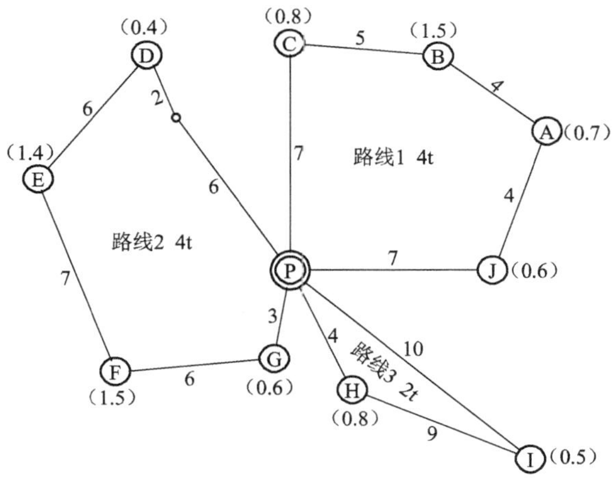

图 7-7　配送中心最佳配送路线图

表 7-8　节约里程排序表

顺序排位	连接线	节约里程/km	顺序排位	连接线	节约里程/km
1	A—B	15	13	F—G	5
2	A—J	13	13	G—H	5
3	B—C	11	13	H—I	5
4	D—E	10	16	B—I	4
4	C—D	10	16	A—D	4
6	A—I	9	16	F—H	4
6	E—F	9	19	B—E	3
6	I—J	9	19	D—F	3
9	A—C	8	21	G—I	2
9	B—J	8	22	C—J	1
11	B—D	7	22	E—G	1
12	C—E	6	22	F—I	1

从图 7-6 中可以看出，依次确定的三条配送路线均符合配送中心的约束条件，需要 4t 货车 2 辆、2t 货车 1 辆，总行走里程为 80km，若简单地给每个连锁分店送货，需要 2t 货车 10 辆，总行走里程为 148km。通过比较可以看出，利用节约里程法制订配送方案、确定送货路径，具有明显的效果。当配送点很多时，可编制程序利用计算机来完成。

任务 2　装卸搬运作业与退货作业

案例：

2014 年 3 月 20 日，M 配送中心接到 A、C 门店的退货要求，原因是 A 门店需要的雪碧错送为可乐，共 35 箱，C 门店需要的可乐错送为雪碧，共 35 箱。另外，A 门店收到的白糖有 5 箱回潮，也需要退货。

配送中心负责退货处理的小余收到这些退货处理单后，打电话给 A、C 两家门店的进货员，说："咱们都是一家公司的，因为数量刚好一致，都是 35 箱，你们两家门店互换一下可乐和雪碧，好吗？改天请你们吃饭！"

问题：

1．退货的原因是什么？

2．退货处理的程序是什么？

3．退货处理的方法是什么？

4．小余的处理方法对吗？

5．装卸搬运作业流程如何？

6．搬运活性指数有什么意义？

通过任务 2 的学习，你将能够解决上述问题。

1．装卸搬运作业

（1）装卸搬运流程

装卸搬运作业和产品加工一样，达到同样目的有多种不同的方法，装卸搬运作业的流程也有所差别，不断地分析、研究、选择最优流程，并使之标准化、通用化，才能保证装卸搬运质量，降低成本，创造最佳效益，装卸搬运作业才能进一步科学化、合理化和规范化。

1）影响装卸搬运作业流程的基本内容

① 作业对象的特点。

② 作业方法、路线。

③ 作业方法的操作要领。

④ 主型机械、配套机械、辅助机械等的性能、参数、操作要领。

⑤ 货场、仓库、泊位、站台、通道、装卸线等装卸搬运设施的性能和技术参数。

⑥ 人员、劳动组织方式、岗位责任制。

⑦ 车船等运载设备装卸作业停时定额。

⑧ 劳动保护、安全防护、抗灾措施和用品。

⑨ 堆码、拆垛操作和货垛、货堆的质量要求。

⑩ 加固器材、加固方法、加固标准。

⑪ 货运组织作业与装卸搬运作业之间的配合。

⑫ 各种辅助作业及其标准。

⑬ 整备、验收、交接手续、作业的标准。

2）确定装卸搬运作业流程的基本原则和依据

① 遵守有关装卸搬运作业的标准、规章、条例、规范、规程、细则等行政和技术法规。

② 根据装卸搬运作业的特点，引进先进的管理方法和装备，使装卸搬运作业技术先进，管理科学，经济合理，作业安全。

③ 以加速周转为中心，合理安排泊位、货场、仓库、通道、装卸线、装卸设备及人员的能力与规模。

④ 以直接装卸车船的机械为龙头，其他设备与设施的能力和效率均应与直接装卸车船的主机配套，使各环节的效率与能力均衡。

⑤ 过程和系统是一个整体，不能忽视辅助作业和保障系统的能力及效率，如计数、取样、计量、清扫、加固及安全等。

⑥ 合理规划，充分利用资源，尽力简化各环节。

（2）搬运活性的概念

装卸搬运作业有悠久的历史，而对装卸搬运作业的管理进行研究还是一门新的学科。在装卸搬运作业中，装货、移动、卸货这三种作业在多数情况下是以一个整体出现的，由此看出，装和卸次数之和与移动次数是 2:1 的关系。往往装卸的强度大，花费的时间也多，因此在改善装卸搬运系统的过程中，应重视次数多、劳动强度大、耗时多的劳动环节。重视装卸是现代装卸管理的基本论点，如使用叉车、机器人就是要减轻装卸的劳动强度。所谓“良好的搬运状态”，首先应是装卸花费时间少的状态，“良好的搬运”就是装卸次数少的搬运。

由于装卸搬运作业对象的多样性和作业形式的复杂性，对装卸搬运进行定量评价是困难的。为此，一些学者提出一种活性理论，可以在一定程度上解决对装卸搬运进行定量评价问题。

物料或货物平时存放的状态各式各样，可以散放在地上，也可以装箱放在地上，或放在托盘上等。存放的状态不同，物料的搬运难易程度也不一样。人们把物料或货物的存放状态对装卸搬运作业的方便（难易）程度称为搬运活性，那些装卸较为方便、费工时少的货物堆放法搬运活性较高。从经济上看，应选择搬运活性高的搬运方法。

（3）搬运活性指数

搬运活性指数是用来表示各种状态下物品搬运活性、确定活性标准的一种方法。搬运活性是指物品易于移动的状态。在整个装卸搬运过程中，往往需要进行几次物品的搬运，下一步比前一步更易于移动，其活性指数提高，因而下一步比前一步更便于作业，这种现象称为活化；装卸搬运的工序、工步设计得使物料或货物的活性指数逐步提高（至少不降低），这种现象称为步步活化。

搬运活性指数的组成关系是：散放（集中）→装箱（搬起）→支垫（升起）→装车（运走）→移动。从这层关系中可以看出，散放在地上的物品要运走，需要经过集中、搬起、升起、运走 4 次作业，作业次数最多，最不方便，也就是说它的活性水平最低；集装在箱中的物品，只要进行后面 3 次作业就可以运走，物料作业较为方便，活性水平提高一个等级；运动着的物品，不需要再进行其他的作业就可以运走，活性水平最高。

运用活性指数的概念来表示搬运活性水平的高低。如散放在地的物品，要经过集中（装箱）→搬起（支垫）→升起（装车）→运走（移动）4 次作业才能运走，其活性指数最低，定为 0；然后，对此状态每增加一次必要的操作后，就会使物料装卸方便一些，其搬运活性指数就加上 1；而处于运行状态的物品，因为不需要再进行其他作业就能运走，其活性指数最高，定为 4。表 7-9 是物品处于不同状态的活性指数关系表。

表 7-9 活性区分和活性指数

物品状态	作业说明	作业种类				还需要作业的数目	已不需要作业的数目	搬运活性指数
		集中	搬起	升起	运走			
散放在地上	集中、搬起、升起、运走	要	要	要	要	4	0	0
集装箱中	搬起、升起、运走（已集中）	否	要	要	要	3	1	1
托盘上	升起、运走（已搬运）	否	否	要	要	2	2	2
车中	运走（不用升起）	否	否	否	要	1	3	3
处于输送机上	不需其他作业	否	否	否	否	0	4	4
运动着的物品	不需其他作业	否	否	否	否	0	4	4

从表 7-9 可以看出，要运走物品，最多需要进行 4 项作业，假如其中有几项作业不需要进行，就可省去这些作业，此时物品的存放状态就有利于搬运，其活性指数就高。由此得出搬运活性指数的定义是：搬运某种状态下的物品所需要进行的 4 项作业中“已经不需要进行的作业数目”。

（4）搬运活性理论的应用

由于装卸搬运是在物流过程中反复进行的活动，装卸搬运的速度可能决定整个物流速度，缩短每次装卸搬运的时间，就会使多次装卸搬运的累计效果十分可观。提高装卸搬运活性对提高物流经济效益很重要。在设计装卸搬运方案时，主要是根据物料的分类、布置和移动的路线，选择合适的搬运设备、设备之间组合方式及使用方法。搬运的活性理论能改善装卸搬运作业，使方案设计、设备选择有定量的依据，还形成了一种检查比较方案的方法。其一般步骤如下：

① 测定平均活性指数，了解整个系统的特点、缺点，根据分析、评价确定整体改进方案。

② 确定需改进的局部区域。

③ 选定用于局部区域的装卸搬运设备。

④ 对设备和搬运方式进行经济性评价。

⑤ 对方案进行细致审查，改进不合理部分，也可以同时提出几个方案进行比较研究。

总之，应用活性理论，可以改善装卸搬运作业，合理选择搬运设备，合理设计工步和工序，以达到作业合理化、节省劳力、降低能耗及提高搬运效率的目的。应该注意，应用活性理论，还要考虑其他条件和影响因素，才能取得好的效果。

2. 退货作业

在物流活动中，应尽可能地避免退货或换货，因为退货或换货的处理，会大幅增加成本，减少利润。

（1）退货的原因

1）瑕疵品回收

由于生产厂商在设计、制造过程中所造成的有质量问题的商品，往往会在已开始销售后，才由消费者或厂商自行发现，必须立即部分或全部回收，这种情形不常发生，但却是不可避免的。从物流企业的角度来说，必须立即将消息传达到所有客户，而且要采取最快速的方法将商品收回，集中处理，在此类事物中，物流中心虽不会有直接的成本损失，但快速地配合可使损害降低，增进与厂商及客户间的关系，也是物流中心处理意外事件能力的体现。

2）搬运中损坏

由于包装不良或搬运中剧烈振动，造成商品破损或包装污损的，必须重新研究包装材料的材质、包装方式和搬运过程中各项上、下货动作，找出真正原因并加以改善。

3）商品送错退回

由于物流中心本身处理不当所产生的问题，如拣货不准确或条形码、出货单等处理错误，使客户收到的商品种类或数量与订单不符，必须要换货或退回，这时必须立即处理，减少客户抱怨。但更重要的是，查核资讯传达过程中所出现的问题，可能的原因有：订单接受时就产生错误，或是拣货错误、出货单贴错、上错车等，找出原因后，配送中心应立即采取有效的措施，如在常出错的地方增加控制点，以提高正确率。

4）商品过期退回

一般的商品都有有效期限，为了保证消费者的利益，要从货架上卸下过期的货品，不可再卖，更不可更改到期日。但过期商品的处理，在环保法令限制下，必须找合格的丢弃物处理商处理，由回收到销毁，均需投入许多成本，所以要事前准确分析商品的需求，或多次、少量配送，以减少过期商品的产生。而认真地分析过期商品产生的原因，提前提醒进货商或零售商，或要求客户分担部分处理费用，才是根本的解决之道。

（2）退货处理的方法

1）无条件重新发货

对于因为发货人按订单发货发生错误的，应由发货人更新、调整发货方案，将错发货物调回，重新按原正确订单发货，其中发生的所有费用应由发货人承担。

2）运输单位赔偿

对于因为运输途中产品受到损坏而发生退货的，根据退货情况，由发货人确定所需的修理费用或赔偿金额，然后由运输单位负责赔偿。

3）收取费用，重新发货

对于因为客户订货有误而发生退货的，退货所有费用由客户承担，退货后，再根据客户新的订货单重新发货。

4）重新发货或替代

对于因为商品有缺陷，客户要求退货的，配送中心接到退货指示后，营业人员应安排车辆收回退货商品，将商品集中到仓库退货处理区进行处理。一旦产品回收运动结束，生产厂家及其销售部门就应立即采取步骤，用没有缺陷的同一种商品或替代品更新、填补零售商店的货架。

（3）退货处理的注意事项

退货处理对生产厂家和流通网络中的各方来说都是一件极其严重的事情。高层管理部门应参加回收产品的一切活动，其他有关人员包括企业的法律人员、会计人员、公关人员、质量管理人员、制造工程人员以及销售人员也都应参加。并且企业应选派专人负责处理产品回收事件，制定一些预防措施。这样不仅能更好地应对紧急情况，而且在产品回收事件处理不成功，结果诉诸法律时，企业可以将已采取的预防措施作为申辩的一部分内容。

（4）退货相关配合处理

无论错误是什么原因造成的，除了立即回收外，配送中心还须做以下的相关配合处理：

① 立即补送新货以减少客户抱怨。

② 会计账目上也应立即修正，以免收款或付款错误，造成进一步的混乱。

③ 若有保险公司理赔，应立即依照保险理赔程序办理，包括保留现场证据或拍照存证，在规定时间内通知保险公司，准备索赔文件和损失计算，并通知本企业法律顾问一起处理。

④ 分析退货原因，作为日后的改进参考。在退货或换货的处理过程中，切记不要立即与客户争吵或追究责任。将有效期限将至的商品，立即以低价方式拍卖，也是降低回收成本的好方法。

关键术语：

送货作业	车辆配装
车辆调度	配送线路优化
搬运活性	活性指数
退货处理	

思 考 题

1．如何组织商品配装？

2．如何调度车辆？

3．如何设计优化配送路线？

4．如何组织送货？

5．如何理解搬运活性？

6．退货原因及流程如何？

7．如何组织退货作业？

案例分析：

电商 A VS 电商 B 的退货处理

1．电商 A 的退货处理

电商 A 建立了庞大和完善的自营现代化物流系统，高效的物流系统大大节省了物流费用，同时提高了服务质量。在电商 A 购买的货物，大部分是货到付款，如果不满意，可以当场拒收。对于某些商品，如果在包退换期限内拨打服务中心电话，其配送中心和站点就会派遣物流人员接收，不会超过 24h。

2．京华时报 2015 年 2 月 2 日 8 时 24 分报道

余小姐反映：2014 年年底，她在电商 B 购买化妆品，但电商 B 把货发错了，就跟客服联系退货。电商 B 承诺，从客户发出退货申请之日起，15 个工作日内完成退货。但是，目前电商 B 大多数城市的配送。都是交给邮政完成，邮政并不送货上门，而是需要顾客自己去取，退货理所当然也要顾客自己到邮局去办理相关手续。

余小姐反映：1 月 2 日，她向客服提出退货申请，但直到现在，还没有退货，不知道为什么？

核实：电商 B 客户服务中心承认，余小姐曾经向客服提出过退货申请，但是截至目前，退货手续仍然未能办理。

回复：电商 B 客户服务中心工作人员解释，由于货物的配送要与快递公司取得联系，目前临近春节，客户剧增，因此工作人员办理业务的时间稍稍有些滞后。目前，余小姐的退货申请已经上交，电商 B 已经联系了快递公司，近日会优先为其办理退货。

问题：

（1）电商 B 退货作业给顾客造成了哪些不便？

（2）退货难的问题有哪些？根源是什么？

（3）对比电商 A 和电商 B 两家企业的退货作业，谈谈如何改进电商 B 的退货作业？

项目 8 配送计划的制订与运行

知识目标

1. 了解配送计划的定义
2. 掌握配送计划的内容
3. 掌握配送计划制订过程
4. 了解配送需求计划的定义
5. 了解配送需求计划的内容

能力目标

1. 学会设计配送中心配送计划
2. 熟悉配送需求计划的运行

任务 1　配送计划的制订

案例：

2014 年 3 月 21 日，M 配送中心在配送方面通过长期的配送实践活动，最终形成了一个新的好的解决方案，针对不同商品在时间和频率方面的不同要求，制订出以下配送方案：

对于有特殊要求的食品如冰淇淋，公司会绕过配送中心，由配送车辆早、中、晚三次直接从厂商送到各个店铺。

对于一般商品，公司实行的是一日三次的配送制度。早上 3 点～7 点配送前一天晚上生产的一般食品；早上 8 点～11 点配送前一天晚上生产的特殊食品，如牛奶、新鲜蔬菜；下午 3 点～6 点配送当天上午生产的食品。

这样一日三次的配送频率，既保证了商店不缺货，同时，也保证了食品的新鲜度。

配送计划的制订对配送中心的运营非常重要。

问题：

1．配送计划的内容是什么？

2．如何制订配送计划？

3．配送计划是否合理对企业有何影响？

通过任务 1 的学习，你将能够解决上述问题。

1．配送计划的定义

在进行具体配送作业期间，应设计合理的物流配送计划。合理化配送计划的制订，包括资源筹措、实施时间、地点方式、要求、状况的规定。合理化配送与订单的处理中，出入库管理、货物交接、采用何种运输工具、通过什么途径、运行何种线路等都应详细周到。

配送计划是从事配送活动的物流配送项目和物流配送运作的总称。

配送计划是针对具体的物流服务需求制订出的，而每个物流活动所需的物流服务都是不同的，因此，每个配送计划也都应该是不同的，但它都是由具体的项目、具体的运作组成的。

配送计划包括两层意思：①某个具体配送活动的计划，如受客户委托，对某个产品的具体配送活动做出规划和实施计划；②解决配送活动中问题的方法和具体运作的描述。

配送中心的配送计划一般包括配送主计划、日配送计划和特殊配送计划。

（1）配送主计划

配送主计划是指针对未来一定时期内，对已知客户需求进行前期的配送规划，便于对车辆、人员、支出等做统筹安排，以满足客户的需要。例如，为迎接家电行业每年 3～7 月份空调销售旺季的到来，配送中心可以提前根据各个客户前一年的销售情况及今年的预测情况，预测今年空调销售旺季的配送需求量，并据此制订空调销售旺季的配送主计划，提前安排车辆、人员等，以保证销售任务完成。

（2）日配送计划

日配送计划是配送中心逐日进行实际配送作业的调度计划。例如，订单增减、取消、配送任务细分、时间安排、车辆调度等。制订每日配送计划的目的是使配送作业有章可循。与配送主计划相比，配送中心的日配送计划更具体、更频繁。

（3）特殊配送计划

特殊配送计划是指配送中心针对突发事件或者不在主计划规划范围内的配送业务，在不影响正常性每日配送业务前提下所做的计划。它是配送主计划和日配送计划的必要补充，如空调在特定商场进行促销活动，可能会导致短期内配送需求量突然增加，这都需要制订特殊的配送计划，增强配送业务的柔性，提高服务水平。

2．配送计划的内容

客户提出的配送物流要求不尽相同，而且客户的产品或商品又千差万别，因此配送计划的形式和内容也不完全一样，为了满足客户的物流配送服务的个性化要求，为客户量身定做的物流配送解决方案必然各有特点。但从宏观上看，各种配送计划都是为提供合理的、低成本、高效率的配送服务而做出的，所以各种配送计划必有共性，即有共同的基本内容。一份完整的、具有可操作性的配送计划由以下几方面内容构成：

（1）资源筹措计划

为了能够按照客户要求配送货物，首先必须集中客户需求规模备货，从生产企业取得种类、数量繁多的货物，即在客户需求计划的协调下，缩短客户的响应时间，实现物流配送的同步化运作，采购与配送同步，从而使物流管理和客户服务一体化。

（2）合作伙伴的选择

通过与合作伙伴建立稳定的关系，降低运行成本，分散单个企业的竞争压力，以合作伙伴的整体来规避市场风险，提高企业抗风险能力。

（3）客户订单方面

客户订单内容包括客户需求的物品品名、规格、数量、交货时间、交货地点等。

（4）配送作业方面

配送作业方面包括以下内容：

① 送货车辆、送货路线与送货人员。尽可能优化车辆行走路线与送货批次，并将送货地点和路线在地图上标明或在表格中列出。配备合适人员全程、全车负责，完成对客户的送货。

② 满足客户时间性需求、结合运输距离而确定的送货提前期。

③ 满足客户需求所选择的送达服务的具体组织方式和规范，包括货物卸下、搬运、放置，设施的安装、调试、维护、修理、更换，废弃物的清理、回收，单据的填写、签章，货款的结算等方式和规范。

（5）配送路线的选择

配送路线是指各送货车辆向各个客户送货时所要经过的路线。配送路线合理与否对配送程度、成本、效益有较大的影响，采用科学的方法来优化配送路线，是配送活动中非常重要的一项工作。选择配送路线的方法有许多种，要根据配送货物的数量、特性、客户的地理位置、距离、交通状况、运送成本、客户对配送服务的时间要求等因素具体确定。

（6）配送预算方面

配送计划应对以下配送成本支出项目做出合理预算：资本成本分摊、支付利息、员工工资福利、行政办公费用、商务交易费用、自有车辆设备运行费、外车费用、保险费或者残损风险、工具以及耗损材料费、分拣装卸搬运作业费、车辆燃油费等。

配送计划确定之后，还应将货物送达时间、品种、规格、数量通知客户，使客户按计划准备接货工作。

3. 配送计划的制订程序

（1）配送计划制订的依据

① 客户订单。客户订单对配送商品的品种、规格、数量、送货时间、送达地点、收货方式等都有要求。因此客户订单是制订配送计划最基本的依据。

② 客户分布、送货路线、送货距离。客户分布是指客户的地理位置分布。客户位置离配送中心的距离长短、配送中心到达客户收货地点的路径选择，直接影响到配送成本。

③ 物品特性。配送货物的体积、形状、重量、性能、运输要求，是决定运输方式、车辆种类、载重、容积、装卸设备的制约因素。

④ 运输、装卸条件。道路交通状况、送达地点及其作业地理环境、装卸货时间、气候等对输送作业的效率也起相当大的约束作用。

⑤ 根据分日、分时的运力配置情况，决定是否要临时增减配送业务。

⑥ 调查各配送地点的物品品种、规格、数量是否适应配送任务的要求。

配送计划表见表 8-1。

表 8-1 配送计划表

配送地点（部门）　　　　　　　　　　　　年　　月　　日

序号	客户名称	物品名称	物品规格	配送数量	配送时间	车辆状况
合计						

（2）制订配送计划应考虑的影响因素

配送计划作为指导配送活动的方案，在配送方案设计中具有重要意义。配送计划的制订受以下因素的影响。

1）配送对象（客户）

客户是分销商、配送中心、个人消费者或连锁店铺、百货公司、便利店、平价商店等业态中的一种或几种。不同的客户订货量不同，出货形态也不尽相同。例如，分销商、配送中心及连锁门店等的订货量较大，它们的出货形态可能大部分是整托盘出货（P>P），小部分为整箱出货（P>C）；而超市的订货量其次，它们的出货形态可能 10%属于整托盘（P>P），60%属于整箱出货（P>C），30%属于拆箱出货（C>B）；而便利店及平价商店的订货量较小，它们的出货形态可能 30%属于整箱出货（P>C），70%属于拆箱出货（C>B）。

出货形态不一致，会影响到理货、拣货、配货、配装、包装、送货、服务与信息的人员、设备、工具、效率、时间和成本等方面，也就是配送计划的内容会有所不同。

2）配送物品种类

配送中心处理的货物品项数多则几千上万种，少则数十种甚至数百种，品项数不同，复杂性与困难性也不同。另外，配送中心所处理的货物种类不同，其特性也不完全相同。目前配送的货品主要集中在食品、日用品、药品、家用电器、服饰、录音带、化妆品、汽车零件及书籍等。它们各有特性，配送中心的厂房硬件及物流设备的选择也不完全相同。

3）配送数量或库存量

配送中心的出货数量、库存量、库存周期，影响到配送中心的作业能力和设备的配置，也影响到配送中心的面积和空间的需求。因此应对库存量和库存周期进行详细的分析。

4）配送物品价值

进行配送计划预算或结算时，配送成本往往会按物品的比例进行计算。如果物品的价值高则其百分比相对会比较低，客户能够负担得起；如果货物的单价低则其百分比相对会比较高，则客户会感觉负担较重。

5）物流渠道

物流渠道大致有以下几种模式：

① 生产企业→配送中心→分销商→零售商→消费者。

② 生产企业→分销商→配送中心→零售商→消费者。

③ 生产企业→配送中心→零售商→消费者。

④ 生产企业→配送中心→消费者。

制订配送计划时，应根据配送中心在物流渠道中的位置和上下游客户的特点进行规划。

6）物流服务水平

衡量物流服务水平的指标主要包括订货交货时间、货品缺货率、增值服务能力等。配送中心应该针对客户的需求，制定一个合理的服务水准，使得配送服务与配送成本平衡，实现客户满意。

7）物流交货期

物流交货期是指从客户下订单开始，经过订单处理、库存查询、集货、流通加工、分拣、配货、装车、送货到达客户手中的一段时间。物流的交货时间依厂商的服务水准不同，可分为 2h、12h、24h、2 天、3 天、1 星期等。

（3）配送计划的制订过程

1）基本配送区域划分

首先对客户所在地的具体位置做系统统计，并将其做区域上的整体划分，再将每一客户包括在不同的基本配送区域之中，以作为配送决策的基本参考。如按行政区域或交通条件划分配送区域，作为下一步决策的参考。

2）决定配送批次

当配送中心的货品性质差异很大，有必要分批配送时，要根据每订单的货品特性做优先的划分，如生鲜食品与一般食品的运送工具不同，须分批配送；还有，化学物品与日常物品的配送条件有差异，也要分开配送。

3）暂定配送先后次序

根据客户订单的交货期要求，将送货的先后次序做大致的预订，为后续车辆积载做准备工作，有效保证送货时间，提高运作效率。

4）车辆配载

由于配送货物的品种、特性有差异，为提高送货效率、确保货物品质，在接到客户订单后，首先对货物分类，决定采取不同的送货方式和运输工具，如根据食品、冷冻食品、服装、图书等进行分类配载。然后，根据货物轻重缓急，做好车辆的初步配装工作。

5）车辆安排

车辆安排要解决的问题是安排什么类型、什么吨位的配送车辆，是使用自用车还是外雇车。首先了解有哪些车辆可供调派且符合要求，也就是这些车辆的容积和额定载重是否满足要求；其次，分析订单物品信息，如重量、数量、体积、装卸要求、包装要求、运输要求等。综合考虑各方面影响因素后，做出合适的车辆安排。

6）决定每辆车负责的客户

做好配送车辆的安排，每辆车所负责的客户点数也就有确定了。

7）路线选择

知道了每辆车须负责的客户点后，就应考虑如何以最快的速度完成这些客户点的配送，根据各客户点的位置关联性及交通状况来做送货路线的选择。除此之外，对于有些客户或所在环境有其送达时间的限制也要加以考虑，如有些客户不愿意中午收货，或是有些道路在高峰时间不准卡车进入等，都必须尽量在选择路线时避开。

8）确定最终送货顺序

做好车辆的调配安排及配送路线的选择后，根据各车辆的配送路线先后即可确定客户的配送顺序。

9）车辆装载方式

确定了客户的配送顺序，接下来就应考虑如何将货品装车，以什么次序装车的问题。原则上，知道了客户的配送顺序，只要将货品依后送达先上车的顺序装车即可，但有时为妥善利用空间，可能还要考虑货物的性质（怕震、怕撞、怕湿）、形状、容积及重量来做弹性置放。此外，对于这些出货品的装卸方式也有必要依货品的性质、形状等来决定。

配送计划制订过程需要考虑的因素及其决策如图 8-1 所示。

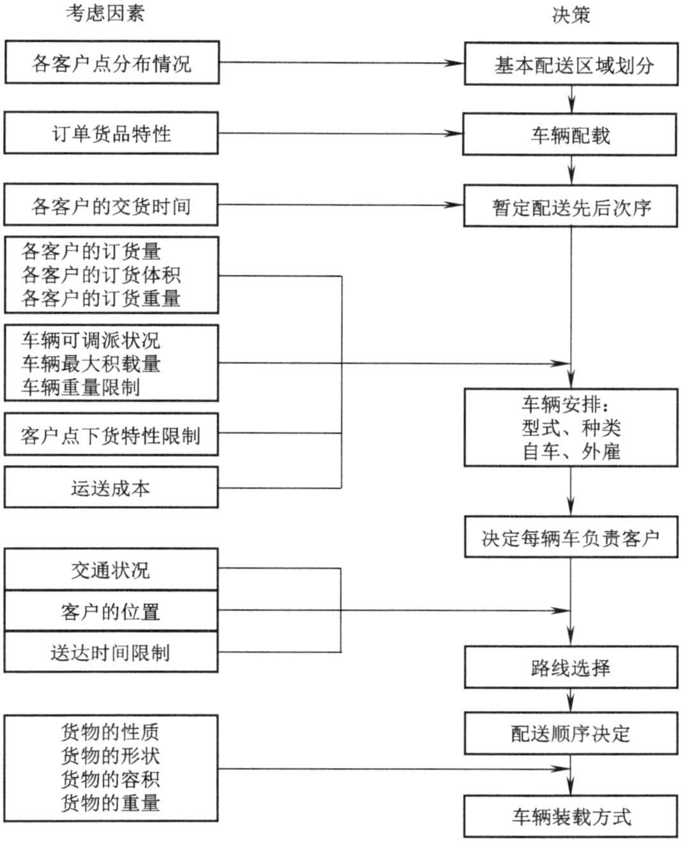

图 8-1　配送计划决策图

任务 2　配送计划的运行

案例：

2014 年 3 月 22 日 M 配送中心在公司的支持下，完成了其包括 100 个类别、10 000 多种商品的在线订单处理及 DRP 系统开发。系统依托于互联网，将制造商与经销商有机地联系在一起，可以自动处理制造商及其遍布各地的经销商之间的仓储管理、销售管理和订购管理，具备了实现信息管理的基础，使制造商和经销商间进行业务整合，从而加快了供应反应速度。

问题

1．什么是配送需求计划？

2．配送需求计划的内容是什么？

3．配送需求计划是如何运行的？给企业带来了什么样的效益？
通过任务 2 的学习，你将能够解决上述问题。

1．配送需求计划概述

（1）配送需求计划定义

配送需求计划（Distribution Requirement Planning，DRP）是一种既保证有效地满足市场需要，又使得物流资源配置费用最少的计划方法，是 MRP 原理与方法在物品配送中的运用。它是流通领域中的一种物流技术，是 MRP 在流通领域应用的直接结果。它主要解决分销物资的供应计划和调度问题，它要考虑多个配送阶段以及各阶段的特点，达到保证有效地满足市场需要又使得配置费用最省的目的。

DRP 主要应用于两类企业。一类是流通企业，如储运公司、配送中心、物流中心、流通中心等。另一类是具有流通部门承担分销业务的企业。这两类企业的共同之处是：以满足社会需求为自己的宗旨；依靠一定的物流能力（储、运、包装、搬运能力等）来满足社会的需求；从制造企业或物资资源市场组织物资资源。这些企业不一定从事销售业务，但一定有存储和运输的业务，它们的目标是在满足用户需要的原则下，追求有效利用资源，达到总费用既用于生产又用于流通，产品全部或一部分自己销售。

DRP 这种新的模式借助互联网的延伸性及便利性，使商务过程不再受时间、地点和人员的限制，企业的工作效率和业务范围都得到了有效的提高。企业也可以在兼容互联网时代现有业务模式和现有基础设施的情况下，迅速构建 B2B（Business to Business）的电子商务平台，扩展现有业务和销售能力，实现零风险库存，降低分销成本，提高周转效率，确保获得领先一步的竞争优势。

（2）配送需求计划的基本原理

DRP 是在一种独立的环境下运作，由不确定的顾客需求来确定存货需求，是由顾客需求引导的，企业无法加以控制。DRP 的基本原理如图 8-2 所示。

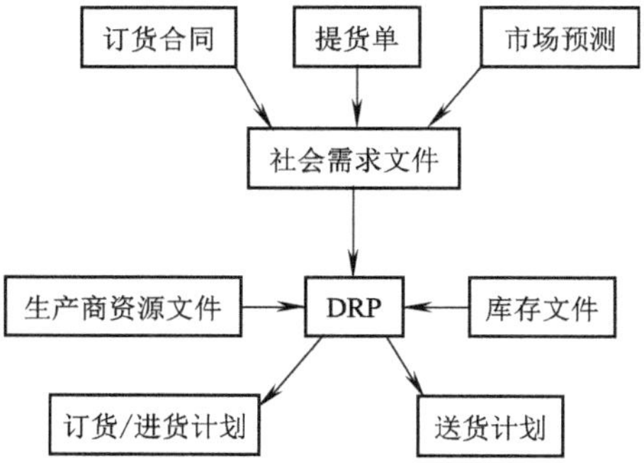

图 8-2　DRP 的基本原理

1）输入文件

① 社会需求文件，包括所有客户的订货单、提货单和供货合同，以及下属子公司、企业的订货单，此外还要进行市场预测，确定一部分需求量。所有需求按品种和需求时间进行统计，整理成社会需求文件。

② 库存文件，包括对自有库存物资进行统计的内容。以便针对社会需求量确定必要的进货量。

③ 生产商资源文件，包括可供应的物资品种和生产商的地理位置、订货提前期等有关内容。

2）输出计划

① 送货计划，指对客户的送货计划，为了保证按时送达，要考虑作业时间和路程远近，提前一定时间开始作业，对于大批量需求可实行直送，而对于数量众多的小批量需求可以进行配送。

② 订货/进货计划，指从供应商处订货的计划，对于需求物资，如果仓库内无货或者库存不足，则需要向供应商订货。当然，也要考虑一定的订货提前期。

2．配送需求计划的内容

配送需求计划在一定程度上已经成为国际先进分销企业的核心竞争力，一个现实的 DRP 系统，一般又有狭义和广义之分，狭义的 DRP 主要是完成对分销业务的管理，包括集中采购、销售终端管理、库存管理等；而广义的 DRP 除了这些管理外，还通过集团财务管理，完成分销企业的全面资源计划和管理。

（1）配送需求计划的内涵

一个完整的 DRP 系统应该包括分销业务管理、财务管理以及人力资源管理三部分，其中分销业务管理应该是 DRP 的重要组成部分，财务管理和人力资源管理则是对分销业务管理强有力的配合。

DRP 系统必须设置不同的功能组，分别适用于集团总部、分公司、物流中心、专卖店等。

1）集团总部系统

集团总部主要负责资金的运作和管理、集中采购、商品的配送，还负责分销业务的规范化和数据的规范化，完成对分支机构的指导。总部需要对整个分销体系的监督和控制，对来自分销体系各个环节的数据进行深入、细致的分析。

2）分公司系统

分公司是集团运作的重要单位，负责对经销商的管理，负责所属专卖店等销售终端的管理，通过一系列的销售活动，完成对一个地区或行业的市场渗透。与分公司有关的 DRP 功能应该包括经销商管理、销售管理、商品调拨、内部采购、库存管理、应收账款管理等。

3）配送中心系统

配送中心是现代分销系统的关键一环。商品在制造商、分销商、零售商之间的高效率低成本流动，是分销企业的核心竞争力之一。DRP 系统应该可以提供强大的库存管理功能、商品调拨功能、运输管理功能等，帮助配送中心实现管理现代化。配送中心 DRP 原理如图 8-3 所示。

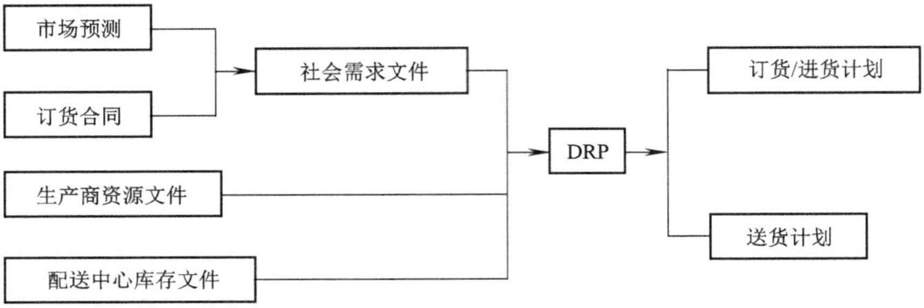

图 8-3　配送中心 DRP 原理

4）销售终端系统

在销售终端系统的管理上，DRP 系统必须具有 POS 管理功能。在专卖店中，POS 系统与上级单位的 DRP 系统有机结合。每天，来自总部的管理数据和商品价格数据将进入专卖店的 POS 系统，实现总部对专卖店的规范管理。每天营业结束时，POS 系统中的销售数据可以进入总部的大系统之中。POS 系统必须可以采用联机与脱机两种工作方式，在 POS 操作时可以与总部系统相连，也可以在专卖店本地进行处理。可以提供会员卡积分管理，可以完成各类促销活动。

在 DRP 系统中，还要充分考虑企业电子商务的需要。分销企业可以通过互联网，有选择地让供应商和客户进入分销企业的系统，完成企业网上采购和网上销售。

（2）配送需求计划的作用

DRP 这样的综合计划管理系统为管理部门提供了很多好处，主要体现在企业的营销管理和物流管理两个方面：

① 在营销方面的好处主要有：改善了服务水平，保证了准时递送和减少了客户报怨；更有效地改善了促销计划和新产品引入计划；提高了预计短缺的能力，使营销努力不花费在低储备的产品上；改善了与其他企业功能的协调；提高了向客户提供协调库存管理的能力。

② 在物流方面的好处主要有：由于协调装运，降低了配送中心的运输费用；因为 DRP 能够准确地确定何时需要何种产品，降低了库存水平；因存货量少，使仓库的空间需求也减少了；由于延交订货现象的减少，降低了客户的运输成本；改善了物流与制造之间的库存可视性和协调性；提高了预算能力，因为 DRP 能

够在多计划远景下有效地模拟库存和运输需求。

3．配送需求计划的运行

（1）配送需求计划成功实施的关键因素

1）高层领导的支持

这里的高层领导一般是销售副总、营销副总或总经理，他是项目的支持者，主要作用体现在三个方面。①他为 DRP 设定明确的目标；②他是一个推动者，向 DRP 项目提供为达到设定目标所需的时间、财力和其他资源；③他确保企业上下认识到这样一个工程对企业的重要性。在项目实施过程中出现重大分歧和阻力时，方向性的决策能力是项目成功的必要条件，实际情况往往是这样：新系统上马，短时间内，各级人员都很难适应，轻者，会有很多抱怨摆在项目组面前，重者，新系统不仅短时间内没有起到提升管理水平的作用，反而由于不适应、不熟悉等原因降低了管理效率，并引发生产指标下降。这时，如果没有高层领导高瞻远瞩，从大局和长久发展出发，如果高层领导没有充分的决心和魄力，系统将会面临搁浅的命运。

2）要专注于流程

成功的项目小组应该把注意力放在流程上，而不是过分关注于技术。技术只是促进因素，本身不是解决方案。因此，好的项目小组开展工作后的第一件事就是花时间去研究现有的营销、销售和服务策略，并找出改进方法。

3）技术的灵活运用

在成功的 DRP 项目中，技术的选择总是与要改善的特定问题紧密相关。如果销售管理部门想减少新销售员熟悉业务所需的时间，这个企业应该选择营销百科全书功能。选择的标准应该是，根据业务流程中存在的问题来选择合适的技术，而不是调整流程来适应技术要求。

4）组织良好的团队

DRP 的实施队伍应具备四个方面的能力：①业务流程重组的能力；②对系统进行客户化和集成化的能力，特别对那些打算支持移动用户的企业更是如此；③对 IT 部门的要求，如网络大小的合理设计、对用户桌面工具的提供和支持、数据同步化策略等；④改变管理方式并提供桌面帮助的能力，这两点对于帮助用户适应和接受新的业务流程是很重要的。

5）极大地重视人的因素

在很多情况下，企业并不是没有认识到人的重要性，而是对如何做不甚明了。可以尝试如下几个简单易行的方法：①请企业的未来的 DRP 用户参观实实在在的分销管理系统，了解这个系统到底能为 DRP 用户带来什么；②在 DRP 项目的各个阶段（需求调查、解决方案的选择、目标流程的设计等），都争取最终用户的参与，使得这个项目成为用户负责的项目；③在实施过程中，尽量地从用户的角度出发，为用户提供方便。

6）分步实现

欲速则不达。通过流程分析，可以识别业务流程重组的一些可以着手的领域，但要确定实施优先级，每次只解决几个最重要的问题，而不是毕其功于一役。

7）系统的整合

系统各个部分的集成对 DRP 的成功很重要。DRP 的效率和有效性的获得有一个过程，它们依次是：终端用户效率的提高、终端用户有效性的提高、团队有效性的提高、企业有效性的提高、企业间有效性的提高。

（2）配送需求计划的运作

对配送中心来说，要决定某种商品的需求量，首先需要查询该商品的预测需求量，然后去检查该商品的库存量并计算出库存能维持多长时间的销售。如果需要维持一个安全库存，就必须将它从计算维持时间的库存中扣除。配送中心 DRP 运作过程如图 8-4 所示。

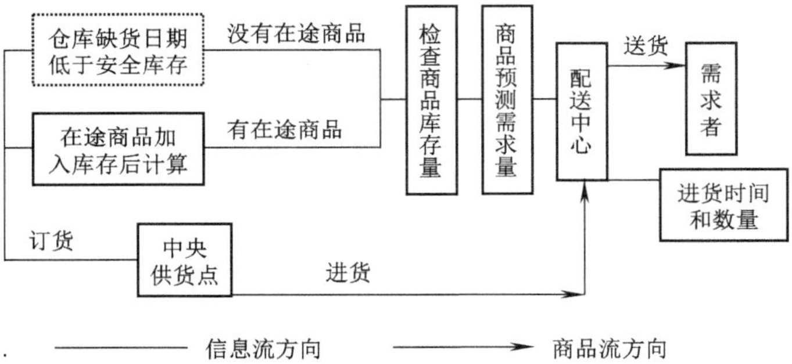

图 8-4　配送中心 DRP 运作过程

假如没有在途商品，这里计算的日期是仓库缺货的日期（如果考虑安全库存则是低于安全库存的日期）。如果考虑在途商品，必须将在途商品加入库存以决定库存能够维持的时间，这样库存商品与购进在途商品所需的日期，就是订货进货到达的最佳日期。商品到达配送中心的日期与中央供应点的装运配送日期可能不一致，这就需要计算供应点的订货/进货提前期。这段时间包括本配送中心将订货信息传输到中央供应点的时间，加上由中央供应点到本配送中心的装运、运输时间以及本物流中心的验货、收货时间等。进货批量应当是规定的订货批量。

对配送中心送货的处理也应该参考送货提前期来确定送货日期。即由用户的需求日期倒推送货提前期，以确定本配送中心向用户的送贷日期。

这样，既确定了配送中心向供货方的订货进货日期和数量，又确定了配送中心向需求方送货的日期和数量，如此配送中心的工作计划就可以确定了。这个过程就是 DRP 配送中心的运作过程。

随着互联网快速发展，供应商与经销商更紧密地联系在一起，DRP 使配送中心合理分销物资、优化资源配置，为配送中心的业务发展及与贸易伙伴的合作提供了广阔前景。

关键术语

配送计划　　配送计划的编制

配送需求计划　　配送需求计划的运作

思 考 题

1．简述配送计划的内容。
2．如何制订配送需求计划？
3．简述配送需求计划的内容。
4．配送需求计划是如何运行的？

案例分析：

配送中心 DRP 应用

1．不考虑在途商品的情况

现有 M 配送中心，该配送中心有商品 A 库存 500 单位，安全库存为 200 单位，每周需求量为 80～120 单位。表 8-2 为 DRP 需求与库存处理逻辑表。

表 8-2　DRP 需求与库存处理逻辑表

时间	期前	第 1 周	第 2 周	第 3 周	第 4 周	第 5 周	第 6 周	第 7 周	第 8 周
需求主计划		100	120	90	110	120	100	80	120
计划库存	500	400	280	190	80	−40	−140	−220	−340
到货计划									
订货计划									
送货计划									

注：商品 A，订货批量 300，送货提前期 1，进货提前期 2，安全库存 200。

从表 8-2 可以看出，计算逻辑是现有库存减去每周的预测需求量（需求主计划），不考虑在途商品时，配送中心可能在第 5 周出现缺货。如果不从中央供货点运送商品到 M 配送中心，则配送中心在第 3 周必须得到更多的补货，否则将出现缺货。在本例中，进货提前期是 2 周，而正常的进货批量是 300 单位。2 周是从中央供应点到配送中心的进货时间。300 单位正好是两个满负荷运输台班。因此，应把批量 300 单位的商品在第 3 周运抵配送中心，这批商品则必须在第 1 周从中央订货点装运出发。

DRP 订货进货与库存处理逻辑处理见表 8-3。

表 8-3　DRP 订货进货与库存处理逻辑表

时间	期前	第 1 周	第 2 周	第 3 周	第 4 周	第 5 周	第 6 周	第 7 周	第 8 周
需求主计划		100	120	90	110	120	100	80	120
计划库存	500	400	280	190	80	−40	−140	−220	−340
到货计划				300			300		
订货计划		300							
送货计划		120	90	110	120	100	80	120	

注：商品 A，订货批量 300，送货提前期 1，进货提前期 2，安全库存 200。

由表 8-3 可知，当第 3 周货物到达后，需重新计算计划库存，发现第 6 周的计划库存 160 又低于安全库存。所以物流中心要求第 6 周必须有一批商品到货，同样这批商品必须在第 4 周从中央订货点装运发出。

另外，可以用同样的方法，求出送货计划，即由用户的需求日期提前一个送货提前期就可以确定送货日期。送货量就等于用户的需求量（这里假设用户需求量要求全部配送。如果不是全部配送，则送货量就不等于需求量，可以进行临时调整）。本中心该产品的送货提前期是1周，所以把每周的需求量提前一周就得到送货日期和送货量。

2. **考虑在途商品的情况**

上面的例子没有考虑在途商品，如果考虑在途商品，则其处理逻辑表见表 8-4。

表 8-4　DRP 在途商品的处理逻辑表

时间	期前	第 1 周	第 2 周	第 3 周	第 4 周	第 5 周	第 6 周	第 7 周	第 8 周
需求主计划		100	120	90	110	120	100	80	120
送货在途到货		50							
计划库存	500	500	680	590	480	360	260	480	480
进货在途到货			300						
到货计划								300	
订货计划						300			
送货计划		120	90	110	120	100	80	120	

假设本中心产品 A 这个计划期的期前送货在途量为 100 单位，预计在计划第 1 周到达用户，而期前订货进货在途量为 300，预计在第 2 周到达配送中心。因为送货在途将冲减用户需求，从而提高本中心该期库存量，而在途商品将增加本中心库存，减少订货进货次数，这样计算就可以得到表 8-4 中的结果。在这个例子中，计划期假设为 8 周，而在实际的 DRP 系统中，计划期可以延长到 1 年或更长。

M 配送中心商品 A 送货计划见表 8-5。

表 8-5 M 配送中心商品 A 送货计划

时间	第 1 周	第 2 周	第 3 周	第 4 周	第 5 周	第 6 周	第 7 周	第 8 周
商品 A 送货计划	120	90	110	120	100	80	120	

以上是 M 配送中心商品 A 的 DRP 计划操作方法。DRP 计算的最终成果有两个，一个是 A 的送货计划，另一个是 A 的订货进货计划，见表 8-5 和表 8-6。注意，送货计划都是跟特定产品和特定用户群相联系的，而订货进货计划都是与特定供货单位、特定产品相联系的。

表 8-6 M 配送中心商品 A 订货进货计划

时间	第 1 周	第 2 周	第 3 周	第 4 周	第 5 周	第 6 周	第 7 周	第 8 周
商品 A 订货进货计划					300			

M 配送中心总送货计划见表 8-7。

表 8-7 M 配送中心总送货计划

时间	第 1 周	第 2 周	第 3 周	第 4 周	第 5 周	第 6 周	第 7 周	第 8 周
A 送货计划	120	90	110	120	100	80	120	
B 送货计划	100	70	110	150	100	70	100	
C 送货计划	20	50	100	100	100	80	120	
D 送货计划	10	90	120	130	100	90	150	
E 送货计划	120	100	110	120	100	80	120	
合计	370	400	550	620	500	400	610	

一个配送中心通常有很多种商品，每种商品都可以通过运行 DRP 得到类似的送货计划和订货进货计划。这样，把各个品种的送货计划汇总起来，就得到了配送中心总的送货计划，把各个品种的订货进货计划汇总起来，就得到了配送中心总的订货进货计划，见表 8-7 和表 8-8。

表 8-8 M 配送中心总订货进货计划

时间	第 1 周	第 2 周	第 3 周	第 4 周	第 5 周	第 6 周	第 7 周	第 8 周
A 订货计划					300			
B 订货计划			500			500		
C 订货计划					300			
D 订货计划		200					200	
E 订货计划					300			
合计		200	500		900	500	200	

配送中心经过运行 DRP、制订 DRP 计划的全过程，最后得到了每种商品送货计划和订货进货计划和配送中心总的送货计划和总的订货进货计划。

问题：

1．配送计划是什么？

2．DRP 运行的原理是什么？

3．DRP 输入与输出的分别是什么？

项目 9
配送费用核算

知识目标

1. 了解配送成本的定义
2. 掌握配送成本的构成
3. 掌握配送成本的计算方法
4. 掌握降低配送成本的策略
5. 掌握 ABC 成本计算法的内容

能力目标

1. 学会分析配送成本
2. 学会计算配送成本
3. 学会应用某种策略为企业降低配送成本

任务 1　配送成本及配送定价

案例：

2014 年 3 月 23 日，M 配送中心经理接到公司财务部传真过来的上年度财务报告，显示一些关键指标：2013 年度，配送中心完成货物配送量 120 万箱，约 4 万 t，营业收入约 300 万，营业成本 280 万，上缴营业税 9 万，扣除其他相关费用后，配送中心实现利润-10 万。这个数据表明没有完成上年度公司给配送中心下达的计划目标。要求配送中心今年务必要拿出降低成本、增加物流量、增加营业收入的计划和措施，争取完成 2014 年的计划目标。

看得出，配送成本高昂是导致配送中心没有完成计划目标的主要原因。

问题：

1. 何谓配送成本？
2. 配送成本由哪些内容构成？
3. 如何降低配送成本？
4. 配送中心的特点有哪些？

通过任务 1 的学习，你将能够有效解决上述问题。

1. 配送成本的构成

（1）从成本的性态来看

从成本的性态来看，成本由固定成本和可变成本构成。

1）固定成本

固定成本是指短期内必须支出的成本，即不随经营量发生变化的成本，是只要开展配送经营，就必须支出的成本，如资本成本分摊、固定员工工资、行政办公费用等。

虽说固定成本与配送经营量没有关系，但是配送量增大时，分配到每单位配送量的固定成本减少。理论上，当只有一单位配送量时，固定成本就需要完全由该一单位配送量来承担。因此固定成本是必需的支出，分配到每一单位的固定成本就需要每单位配送的收益贡献率来弥补。

固定成本是由企业规模、生产方式、资金成本所确定的。规模越大、生产的技术手段越先进、资本越密集，则固定成本也就越高。

2）变动成本

变动成本是指随配送量的变化而发生变化的成本，如商务交易费、设备运行费、租赁费、装卸搬运作业费、保险费等。在没有经营时，没有变动成本支出。每增加一单位配送量所增加的成本称为边际成本，也就是说边际成本就是变动成本。

变动成本主要由劳动力成本、固定资产的运行成本和社会资源的使用成本确定。变动成本和固定成本会因为经营方式的不同而发生转化。如使用自购车辆配送时，购车成本为固定成本；而采用租车运输时，使用车辆的租金成为了变动成本。

（2）从配送流程和环节来看

从配送流程和环节来看，成本由配送运输费用、分拣费用、配装费用、配送加工费用构成。

1）配送运输费用

① 车辆费用。车辆费用是指从事配送运输生产而发生的各项费用，具体包括驾驶人及其助手等的工资及福利费、燃料、轮胎、修理费、折旧费、车船使用税等项目。

② 营运间接费用。营运间接费用是指营运过程中发生的不能直接计入各成

本计算对象的站、队经费，包括站、队人员的工资及福利费、办公费、水电费、折旧费等内容，但不包括管理费用。

2）分拣费用

① 分拣人工费用。分拣人工费用是指从事分拣工作的作业人员及有关人员的工资、奖金、补贴等费用的总和。

② 分拣设备费用。分拣设备费用是指分拣机械设备的折旧费用及修理费用。

3）配装费用

① 配装材料费用。常见的配装材料有木材、纸、自然纤维和合成纤维、塑料等。这些包装材料功能不同，成本相差很大。

② 配装辅助费用。除上述费用外，还有一些辅助性费用，如包装标记、标志的印刷、拴挂物等的支出。

③ 配装人工费用。配装人工费用是指从事包装工作的工人及有关人员的工资、奖金、补贴等费用总和。

4）配送加工费用

① 配送加工设备费用。配送加工设备因配送加工形式不同而不同，购置这些设备所支出的费用，以配送加工费用的形式转移到被加工产品中去。

② 配送加工材料费用。配送加工材料费用是指在配送加工过程中，投入到加工过程中的一些材料消耗所需要的费用。

③ 配送加工人工费用。配送加工人工费用是指在配送加工过程中从事加工活动的管理人员、工人及有关人员的工资、奖金等费用的总和。

在实际应用中，应该根据配送的具体流程归集成本，不同的配送模式，其成本构成差异较大。相同的配送模式下，由于配送物品的性质不同，其成本构成差异也很大。

2．配送成本的影响因素

（1）与产品相关的因素

① 物品的数量、重量。物品的数量和重量增加虽然会使配送作业量增加，但大批量的作业往往使配送效率提高。配送的数量和重量是客户获得折扣的理由。

② 货物的种类及作业过程。不同的货物种类可能造成配送作业的要求不同、难度不同，承担的责任也不一样，因而对成本会产生较大的影响。采用原包装配送显然成本支出要比配装配送低，因而不同的配送作业过程直接影响到配送成本。

③ 外部成本。配送经营时或许要使用到配送企业外部的资源，例如，若当地的起吊设备租赁市场具有垄断性，则配送企业就需要对租赁的起吊设备增加成本支出；若当地的路桥收费普遍偏高且无管制，则必然使配送成本剧增。

（2）与市场相关的因素

① 时间。配送时间越长，占用配送中心的固定成本越高。但是这种成本往

往表现为机会成本，也就是配送中心不能提供其他配送服务获得收入或者在其他配送服务上增加成本。

② 距离。距离是构成配送运输成本的主要内容。距离越远，也就意味着运输成本增加，需要更多的运输设备和送货员工，从而导致配送成本的增加。

3. 配送成本的控制

配送成本的控制应从以下四方面进行：

（1）加强配送的计划性

在配送活动中，临时配送、紧急配送或无计划的随时配送都会大幅度增加配送成本，因为这些配送会使车辆不满载，浪费运力。为了加强配送的计划性，需要加强与客户的沟通，建立与客户共享的基于 EDI 或 Internet 的配送信息网络。在实际工作中，应针对商品的特性，制订不同的配送计划：

① 鲜活商品。客户订单尽可能定时定量，配送中心即可定时定量配送。商品的采购量应以控制在当天全部售完为宜。

② 普通商品。客户定期向配送中心订货，订货量为两次订货间的预计需求量，配送中心可以降低经营风险。

（2）确定合理的配送路线

采用科学的方法确定合理的配送路线，是配送活动中的一项重要工作。确定配送路线的方法很多，既可采用方案评价法，拟订多种方案，以使用的车辆数、驾驶人数、油量、行车的难易度、装卸车的难易度及送货的准时性等作为评价指标，对各个方案进行比较，从中选出最佳方案；又可以采用数学模型进行定量分析。无论采用何种方法，都必须考虑以下条件：

① 满足所有分店对商品品种、规格和数量的要求。

② 满足所有分店对货物发到时间范围的要求。

③ 在交通管理部门允许通行的时间内送货。

④ 各配送路线的商品量不得超过车辆容积及载重量。

⑤ 在配送中心现有运力及可支配运力的范围之内配送。

（3）进行合理的车辆配载

每个客户的销售情况不同，订货也就不大一致，一次配送的货物可能有多个品种。这些商品不仅包装形态、储运性质不一，而且密度差别较大。密度大的商品往往达到了车辆的载重量，但体积空余很大，密度小的商品虽达到车辆的最大体积，但达不到载重量。实行轻重配装，既能使车辆满载，又能充分利用车辆的有效体积，会大大降低运输费用。

（4）建立计算机管理信息系统

在物流作业中，分拣、配货需要全部劳动的 60%，而且容易发生差错。如果在拣货配货中运用计算机管理系统，应用条形码技术，就可使拣货快速、准确，配货简单、高效，从而提高生产率，节省劳动力，降低物流成本。

4．配送成本合理化的策略

配送合理化策略就是在一定的配送成本下尽量提高服务水平，或是在一定的服务水平下使配送成本最小。一般来说，要想实现在一定的服务水平下使配送成本最小化，有以下策略可供参考：

（1）混合策略

混合策略是指配送业务一部分由企业自己完成。这种策略的基本思想是：尽管采用纯策略（即配送活动要么全部由企业自己完成，要么完全外包给第三方物流企业完成）易形成一定的规模经济，并使管理简化，但由于产品品种多变、规格不统一、销售量不均衡等情况，采用纯策略的配送方式超出一定程度不仅不能获得规模效应，反而还会造成规模不经济。而采用混合策略，合理安排企业自己完成的配送和外包给第三方物流企业的配送，能使配送成本最低。

（2）差异化策略

差异化策略的指导思想是：产品特征不同，顾客服务水平也不同。差异化势必降低配送资源利用效率，提高配送成本。因此，当企业拥有多种产品线时，不能对所有产品都按同一标准的服务水平来配送，而应按产品的特点、销售水平来设置不同的库存、不同的运输方式以及不同的存储地点。采用ABC分类法，将产品分为三类：A类产品的销售量占总销售量的70%以上，B类产品占20%左右，C类产品则为10%左右。对A类产品，在各销售网点都应备有库存，B类产品只在地区分销中心备有库存而在各销售网点不备有库存，C类产品连地区分销中心都不设库存，仅在工厂的仓库才有存货。这样，通过区分产品重要性来分别进行配送管理。

（3）合并策略

合并策略包括两个方面：①配送方法上的合并；②进行共同配送。

1）配送方法上的合并。配送成本形成的一个原因在于配货时由于货物的体积、重量、包装、储运性能及目的地各不相同导致一定的车辆空载率。一辆车上如果只装容重大的货物，往往是达到了载重，但容积空余很多；只装容重小的货物则恰恰相反，看起来车装的满，实际上并未达到车辆的额定载重量。这两种情况实际上都造成了浪费。实行合理的轻重配装、容积大小不同的货物搭配装车，不但可以在载重方面达到满载，而且可以充分利用车辆的有效容积，取得最优效果。最好是借助电子计算机计算求得货物配车的最优解。

2）共同配送。共同配送是一种产权层次上的共享，也称为集中协作配送。它是几个企业联合起来，集小量为大量，共同利用同一配送设施的配送方式，其标准运作形式是：在中心机构的统一指挥和调度下，各配送主体以经营活动（或以资产为纽带）联合行动，在较大的地域内协调运作，共同对某一个或某几个客户提供系列化的配送服务。这种配送有两种情况：①中小生产企业、零售企业之间分工合作实行共同配送，即在同一行业或在同一地区的中小型生产企业、零售企业单独进行配送的运输量少、效率低的情况下进行联合配送，不仅可以减少企业的配送费用，使配送能力得到互补，而且有利于缓和城市交通拥挤，提高配送车辆的利用率；②几个中小型配送中心之间的联合，共同协作制订配送计划，共同组织车辆设备，对某一地区顾客进行配送。具体执行时由于共同使用配送车辆，提高了车辆实载率，提高了配送效率，有利于降低配送成本。

（4）延迟策略

传统的配送计划安排中，大多数的库存是按照对未来需求量的预测设置的，这样就存在着预测风险，当预测量与实际需求量不符时，就出现库存过多或者过少的情况，从而增加了配送成本。延迟策略的基本思想就是对产品的外观、形状及其生产、组装、配送应尽可能推迟到接到顾客订单后再确定。一旦接到订单就要快速反应，因此采用延迟策略的一个基本前提条件是信息传递非常快。一般说来，实施延迟策略的企业应具备以下几个基本条件：

① 产品特征：模块化程度高，产品价值密度大，有特定的外形，产品特征易于表述，定制后可改变产品的容积或重量。

② 生产技术特征：模块化产品设计、设备智能化程度高、定制工艺和基本工艺差别不大。

③ 市场特征：产品生命周期短、销售波动性大、价格竞争激烈、市场变化大、产品的提前期短。

实施延迟策略常采用两种方式：生产延迟（或称形成延迟）和物流延迟（或称时间延迟），同时，配送中往往存在着加工活动，所以实施配送延迟策略既可以采用形成延迟方式，也可以采用时间延迟方式。具体操作时，延迟常常发生在贴标签（形成延迟）、包装（形成延迟）、装配（形成延迟）和发送（时间延迟）等活动中。

资料：美国一家生产金枪鱼罐头的企业就通过采用延迟策略改变配送方法，降低了库存水平。历史上，这家企业为提高市场占有率曾针对不同的市场设计了几种标签，产品生产出来后运到各地的分销仓库储存起来。由于顾客偏好不一，几种品牌的同一产品经常出现由于某种品牌的畅销而缺货，而另一些品牌则滞销压仓。为了解决这个问题，该企业改变以往的做法，在产品出厂时不贴标签就运到各分销中心储存，当接到各销售网点的具体订货要求后，才按各网点指定的品牌标志贴上相应的标签，这样就有效地解决了此缺彼长的矛盾，从而降低了库存。

（5）标准化策略

标准化策略就是尽量减少因品种多变而导致附加配送成本，尽可能多地采用标准部件、模块化产品。例如，服装制造商按统一规格生产服装，直到顾客购买时才按顾客的身材调整尺寸大小。采用标准化策略要求厂商从产品设计开始就要站在消费者的立场去考虑怎样节省配送成本，而不要等到产品定型生产出来后才考虑采用什么技巧降低配送成本。

5. 配送定价

（1）价格模式

1）单一价格

同一配送区域内同一计费单位采用同一个价格。单一价格相当于采用送货量平均成本定价方式，有些客户如运输距离远、订货量小的能获得超值服务，而另一些客户则多支付了费用。采用单一价格时，对配送物品的规格有限定，如每件不超过 5kg 或者 $1m^3$。

2）分区价格

分区价格是指将配送覆盖区域分成若干个价格区间，不同区间的配送采用不同的价格。一般来说，区间的划分以距离为原则，根据区间的交通条件制定不同价格。

3）分线价格

配送区域按照配送运输线路进行划分，对每一条线路进行定价。只要是属于该线路的配送，就使用该线路价格，而无论是否达到该设计线路的基点。

（2）定价方法

1）成本定价法

成本定价法是指根据配送经营的成本确定配送价格。价格由成本、利润、税收三部分组成。其中，①成本=直接成本+间接成本；②利润=成本×成本利润率；③税收则根据国家税收政策确定。配送经营的税收有营业税和企业所得税。营业税直接计入成本，现今的税率为营业收入的 3%；企业所得税则包含在成本利润率之中。

$$营业税=（配送收入-外包的运输费支出）×营业税率$$

没有外包运输时，则

$$营业税=配送收入×营业税率=价格×计费量×营业税率$$

根据总收入等于总支出加利润，则

$$总收入=成本+利润+税收$$

而

$$总收入=价格×计费数量$$

$$价格×计费量=（直接成本+间接成本）×（1+成本利润率）+价格×计费量×营业税率$$

$$价格=\frac{(直接成本+间接成本)\times(1+成本利润率)}{计费量\times(1-营业税率)}$$

2）边际成本定价法

根据经济学的基本原理，在配送达到规模经济时，利用边际成本作为价格的定价方法。这种定价法的条件在于，配送已达到了规模经济，配送规模再继续增加就会使不经济的固定成本大幅增加，就会造成所定的价格不能弥补固定成本的支出。当配送的边际成本等于平均成本时的配送量时，配送利润最大化。此时，由平均成本决定的配送价格就等于边际成本。

3）市场价格定价法

配送供给量与配送需求量平衡时，对应的价格即为市场价格，这个价格也是配送服务供应商所能确定的最高价格。

4）综合定价法

产品定价是企业与客户、与竞争对手的博弈行为，既要保证产品尽可能被广泛接受，使经营规模扩大，又要实现最高的获益。定价要根据成本、市场需求、市场竞争的需要合理确定。总的来说，正常定价不能低于成本，但也不能高于市场均衡价格。

任务 2　ABC 成本计算法

案例：

2014 年 3 月 25 日，M 配送中心在为 L 市外及省外几家门店和一些终端消费者处组织配送时，遇到了一些问题，由于运输距离过远，而很多门店及终端消费者运量相对较小，公司车辆紧张，为此，需要与其他公司合作租用运输车辆，或统一外包给这些线路上的邮政物流中心，实现共同配送。但是，经过配送中心经理及销售员的联系、沟通，由于近期货运市场比较忙，无法组织共同配送。只能由配送中心想办法自己组织配送了。

配送中心从 N 承运人租到一辆 8t 的厢式货车来完成这次配送，租金为 3 000 元，再加上高速公路过路费、燃油费、分拣费等，可能的成本支出是 10 000 元左右。分摊到每箱货物上的成本大约为 50 元，可能超过终端消费者和门店的预期。怎么办？这些货物的订货又比较急。

你作为配送中心经理应如何解决上述问题？

问题：

1．如何计算出每一箱货物的配送成本？

2．如何计算每一订单的配送成本？

3．如何计算每一客户的配送成本？

通过任务 2 的学习，你将能够解决上述问题。

1．ABC 成本计算法概述

（1）定义

ABC 成本计算法又称作业成本分析法、作业成本计算法、作业成本核算法，是基于活动的成本核算系统，英文为 Activity Based Costing。

（2）起源

ABC 成本计算法的产生最早可以追溯到 20 世纪美国杰出的会计大师埃里克·科勒（Eric Kohler）教授。科勒教授在 1952 年编著的《会计师词典》中，首次提出了作业、作业账户、作业会计等概念。1971 年，乔治·斯托布斯（George J. Staubus）教授在《作业成本计算和投入产出会计》（Activity Costing and Input Output Accounting）中对作业、成本、作业会计、作业投入产出系统等概念做了全面、系统的讨论。这是理论上研究作业会计的第一部宝贵著作。但是，当时作业成本法却未能在理论界和实业界引起足够的重视。20 世纪 80 年代后期，随着 MRP、CAD、CAM、MIS 的广泛应用，以及 MRPII、FMS 和 CIMS 的兴起，美国实业界普遍感到产品成本处处与现实脱节，成本扭曲普遍存在，且扭曲程度令人吃惊。美国芝加哥大学的青年学者库珀（Robin Cooper）和哈佛大学教授卡普兰（Robert S. Kaplan）注意到这种情况，在对美国公司调查研究之后，发展了斯托布斯的思想，于 1988 年提出了以作业为基础的成本计算（Activity Based Costing，简称 ABC）方法。作业成本法在过去 10 年中受到了广泛的关注，新型的咨询公司已经扩展了作业成本法的应用范围并研发出相应的软件。

2．ABC 成本计算法的理论基础

产品消耗作业，作业消耗资源并导致成本产生。ABC 成本计算法突破了产品这个界限，而把成本核算深入到作业层次；它以作业为单位收集成本，并把“作业”或“作业成本库”的成本按作业动因分配到产品中。

3．ABC 成本计算法的计算思路

① 界定物流系统涉及的各个作业。

② 界定物流系统涉及的资源。

③ 确认资源动因，将资源分配到作业。

④ 确认成本动因，将作业成本分配到产品或服务中。

ABC 成本计算法计算物流成本逻辑图如图 9-1 所示。

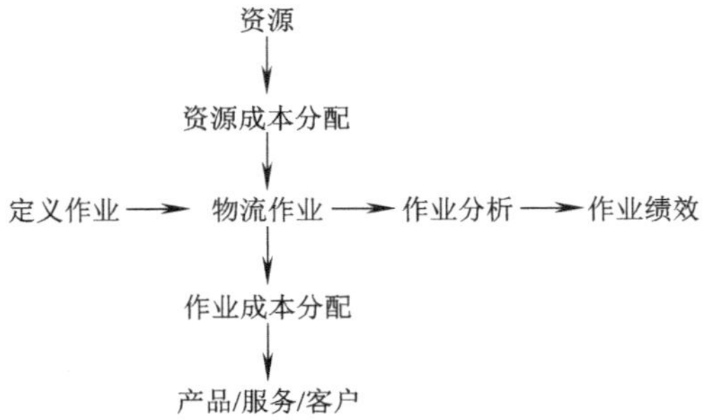

图 9-1　ABC 成本计算法计算物流成本逻辑图

（1）作业

作业是企业为提供一定的产品或者服务所发生的以资源消耗为重要特征的各项活动的统称，是资源和产品成本之间的中介。

（2）作业的分类

1）按照成本层次划分

① 单位作业：可以使得单位产品受益的作业，如劳动力的消耗和产品的产量大小成正比。

② 批别作业：使一批产品受益的作业，如机器的生产准备和调试费用。

③ 产品作业：使某种产品的每一单位都受益的作业，如对某一种产品的生产编制计划。

④ 工序作业：计算加工成本的基础，即计算每一批产品在每一道工序上消耗的成本。

2）按照作业与成本动因的关系密切程度划分

① 专属作业：只与某种产品的生产有关的作业。

② 共同消耗作业：与多种产品的生产有关的作业。

（3）成本动因

导致企业成本发生的各种因素，按照其对成本的形成及其在成本的分配中的作用可以分为：

① 资源动因。资源动因为作业成本计算的第一阶段动因，它反映了某项作业对资源的消耗情况。作业量的多少决定着资源的耗用量，而资源的耗用高低和最终产品的产量没有直接关系，如人工小时、机器小时、准备次数、搬运次数、订购次数等。

② 作业动因。作业动因为成本计算的第二阶段动因，主要将各成本库中的成本在各产品之间进行分配，反映了产品消耗作业的情况，是作业被最终产品消

耗的原因和方式。

（4）作业中心和作业成本库

1）作业中心

作业中心是指成本归集和计算的基本单位，由一项或一组性质相近的作业组成，相当于工序。

2）作业成本库

由于作业消耗资源，所以作业中心也可以看作一个资源成本库，即作业成本库。

ABC 成本法引入了许多新概念，图 9-2 显示了作业成本计算中各概念之间的关系。资源按资源动因分配到作业或作业中心，作业成本按作业动因分配到产品。分配到作业的资源构成该作业的成本要素（图中的黑点），多个成本要素构成作业成本池（中间的小方框），多个作业构成作业中心（中间的椭圆）。作业动因包括资源动因和成本动因，它们分别是将资源和作业成本进行分配的依据。

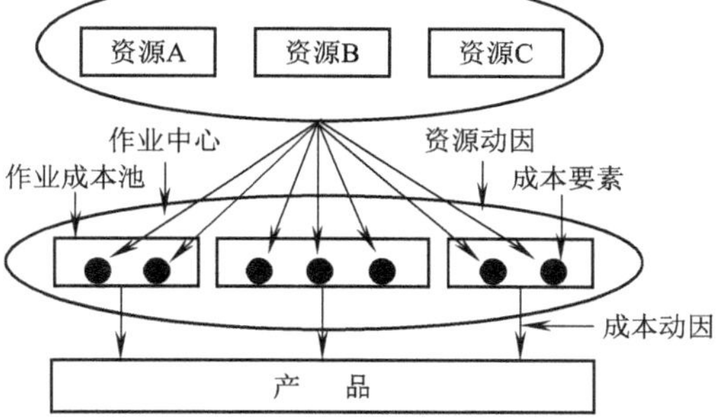

图 9-2　ABC 成本法的概念

4. ABC 成本计算法的优势

① 从成本计算的角度来看，它提高了成本核算的准确度，减少了成本信息的失真，提高了管理效率。

② 成本作业法实现了成本核算的灵活性，拓展了成本核算的范围。

③ 作业成本法使成本管理和控制成为可能，优化了业绩评价尺度，提高了企业管理水平。作业成本法使成本控制深入到每一道工序，减少不增值的作业来减少费用，从而优化了生产工艺和减少了产品的成本。

5. ABC 成本计算法的分析过程

① 定义业务和成本核算对象（通常是产品，有时也可能是顾客、产品市场等）。这一过程很耗时间。如果两种产品满足的是顾客的同一种需求，那么在定义业务时，选择顾客要比选择单个产品更为恰当。

② 确定每种业务的成本动因（即成本的决定因素，如订单的数量）。

③ 然后，将成本分配给每一成本核算对象，对各对象的成本和价格进行比较，从而确定其盈利能力的高低。

6. ABC 成本计算法的实施步骤

① 设定 ABC 成本计算法实施的目标、范围，组成实施小组。

② 了解企业的运作流程，收集相关信息。

③ 建立企业的作业成本核算模型。

④ 选择/开发作业成本实施工具系统。

⑤ 作业成本运行。

⑥ 分析解释作业成本运行结果。

⑦ 采取行动。

7. ABC 成本计算法的实施方法

识别不同活动的成本，并把它们分配到“活动成本库”中。活动成本库可以根据企业实际经营所发生的各种活动，灵活加以确定。它们可能包括设置调试机器、订货、材料处理、储存、发运、生产过程监管、供电等。对成本驱动因素的分析有助于确定把制造费用分配到各个产品或产品系列上的适当比率。运用这些比率把成本库中的制造费用分摊到各个产品中。分摊的制造费用=成本库分摊比率×耗用的成本驱动因素量（活动量）。

关键术语：

成本	配送成本
配送成本构成	ABC 成本计算法

思 考 题

1. 何谓成本及配送成本？
2. 配送成本的构成如何？
3. 如何控制配送成本？
4. 降低配送成本的策略有哪些？
5. 如何理解与应用 ABC 成本计算法？

案例分析：

国际某知名饮料公司在中国的业务广泛地采用了 ABC 成本计算法，特别是在其分销体系中采用 ABC 成本计算法，可以得到与传统会计不同的结论，具有良好的经济效益。此案例的中心问题是要不要在焦作设立分销中心。对该公司进行 ABC 成本分析时，首先将分销流程描述如下：

分销过程是从产品下线、存入仓库的时刻开始，交货到客户仓库处结束。按照 ABC 成本计算法的标准程序，先考察产品从郑州至新乡分销中心，再分销到焦作客户的整个过程，将该过程分解为单项具体的发生费用的活动。其中的各项活动的成本如下：

（1）活动 1——成品仓储

① 固定成本：计算机、托盘等设备折旧为 5 300 元/月。

② 可变成本：人员工资为 3 800 元/月；仓库租金为 20 000 元/月；货物破损为 28 500 元/月。

仓库内的货品都是整托盘存放的，仓库的租金由容积决定，而仓库的容积用托盘数来衡量。所以在此过程中托盘数可以作为成本驱动因素。

货物的破损额是由存放的时间和产品的金额所决定的，对不同包装的产品而言，每托的金额是不同的。把托盘数作为库存破损的成本驱动因素有些勉强，这里只能得出一个近似值。

人员的工资是由其工作量决定的。在完全托盘化作业的仓库中，无论每托存放何种产品，仓库人员进行收发货、盘点、计账等日常工作的工作量都是和托盘数成正比的，所以也可以认为托盘数是成本驱动因素。

仓库的最大容积为 6 000 托，平均库存为 3 000 托，平均一托盘产品储存一天的总成本是 0.8 元（每月按 24 个工作日计算）。另外，由于平均库存周转是 13.5 天，所以每托产品的平均库存成本是 10.8 元（0.8 元/天×13.5 天=10.8 元）。

（2）活动 2——开单据从厂房到分销中心

① 固定成本：开单据所需的计算机、打印机、办公设备折旧为 4 000 元/月。

② 可变成本：单据和发票成本为 0.9 元/单；人员工资为 15 000 元/月。

在此环节中，单据的数量决定了所需的人工和耗材，所以把单据数作为成本驱动因素。每月单据量为 12 700 单，平均每单成本为 2.4 元，每张单据对应一车 14 托盘的货物。

（3）活动 3——装车

① 固定成本：无。

② 可变成本：叉车油耗为 1 848 元/月；搬运工工资为 4 元/托。

这里由于叉车是整托盘搬运的，所以也把托盘数作为成本驱动因素。

每月销量为 6 700 托，每托搬运成本为 4.3 元。

（4）活动 4——货车运输（郑州至新乡）

① 固定成本：无。

② 可变成本：410 元/车，每车 14 托盘。

为了便于计算，此处只考虑了外租 8t 货车的运费报价，根据经验可知自有

8t 货车的总成本会比外租车稍高一些。

每托运输成本为 29.29 元。

（5）活动 5——卸车

① 固定成本：无。

② 可变成本：3.2 元/托。

（6）活动 6——分销中心仓储

① 固定成本：无。

② 可变成本：仓库租金为 7 500/月；平均出货量为 1 243 托/月；平均库存成本为 6.03 元/托。

（7）活动 7——销售拜访客户

① 固定成本：无。

② 可变成本：销售人员工资为 5 500 元/月；差旅费为 1 600 元/月；房租为 400 元/月。

销售人员的工作量和出差次数是与销售订单数紧密相关的，所以此项成本可以用订单数作为驱动因素。

每月订单数为 30 张，平均每张订单成本为 250 元。

（8）活动 8——开具出货单和发票

① 固定成本：设备折旧为 600 元/月。

② 可变成本：订单可变成本为 0.9 元/张。

新乡分销中心的每月订单数平均为 500 份，平均每张订单成本为 2.1 元。

（9）活动 9——装车

① 固定成本：无。

② 可变成本：3.2 元/托，人工装卸费。

（10）活动 10——货车短途运输（新乡至焦作）

① 固定成本：无。

② 可变成本：200 元/车，每车 7 托盘，平均每托成本为 28.57 元。

为简单起见，此处也只考虑了外租 5t 货车的情形。事实上向焦作送货时有时由于单个客户订单太少，也会采用 2t 小货车送货，其单位成本是 5t 货车的 2 倍左右。

（11）活动 11——收款结算（已计入开单成本之内）

其他成本：信息系统使用费为 0.07 元/箱，焦作月销量为 9 286 箱，合计为 143 托，平均每托为 65 箱，每张订单销量为 310 箱。

综合以上数据，可以把分销焦作的总平均成本计算出来。公司习惯上用箱为单位来衡量所有部门的业绩，所以最后把单位成本用每箱的成本来表示，见表 9-1。

在焦作设立分销中心后，依上述方法，可以得出每箱的分销成本（见表 9-2）。

总体看来，在焦作新增分销中心会带来平均成本的下降，所以该项目从成本上考虑是可行的。

表 9-1　设立分销中心前每箱的分销成本

活动	单位成本/元	单位	每箱成本/元
成品仓储	10.74	托	0.17
开单据	2.40	单	0.00
装车	4.30	托	0.07
货车运输，郑州至新乡	29.29	托	0.45
卸车	3.20	托	0.05
分销中心仓储	6.03	托	0.09
销售拜访客户	250.00	订单	0.81
开单	0.90	订单	0.00
装车	3.20	托	0.05
货车短途运输（新乡至焦作）	28.57	托	0.44
其他成本=信息系统使用费	0.07	箱	0.07
总计			2.19

表 9-2　设立分销中心后每箱的分销成本

活动	单位成本/元	单位	每箱成本/元
成品仓储	10.74	托	0.17
开单据	2.40	单	0.00
装车	4.30	托	0.07
货车运输，郑州至新乡	39.05	托	0.60
焦作卸车	3.20	托	0.05
焦作分销中心仓储	7.40	托	0.11
销售拜访客户	250.00	订单	0.81
开单	70.00	订单	0.23
装车	3.20	托	0.05
其他成本=信息系统使用费	0.07	箱	0.07
总计			2.15

问题：

1．何谓 ABC 成本计算法？

2．这样计算的意义是什么？

10 项目 10 配送中心组织设计

知识目标

1. 了解组织、组织结构的定义
2. 掌握组织设计的内容
3. 掌握配送中心的组织机构设计
4. 掌握组织结构类型

能力目标

1. 能够画出所涉及的配送中心的组织机构图
2. 能够根据实际需要，对配送中心的组织机构进行设计

任务1 组 织 职 能

案例：

2014 年 3 月 26 日，佳美零售商业有限责任公司配送中心的组织机构及人员配置见表 10-1。

表 10-1 配送中心的组织机构及人员配置

	部门	科室	小组
总经理 （1 名）	物流部 （经理：1 名） （副经理：1 名）	服务支持科 （科长：1 名） （副科长：1 名）	单据组 （主管：1 名） （单据员：5 名）
			客服组 （主管：1 名） （客服员：10 名）

（续）

	部门	科室	小组
总经理 （1名）	物流部 经理：1名 副经理：1名	仓管科 （科长：1名） （副科长：2名）	系统维护支持组 （主管：1名） （系统维护员：1名）
			叉车组 （组长：1名） （叉车员：8名）
			拣货组 （组长：1名） （拣货员：24名）
			收货组 （主管：1名） （收货员：10名）
			补货组 （组长：1名） （补货员：4名）
			出货理货组 （主管：1名） （理货员：20名）
			退货组 （主管：1名） （退货理货员：3名）
		配送科 （科长：1名） （副科长：1名）	配送调度组 （主管：1名） （调度员：3名）
			运输组 （主管：1名） （驾驶人：10名）
	综合部 （经理：1名） （副经理：1名）	后勤科 （科长：1名） （副科长：1名）	防损组
			安保组
			物业管理组
		行政科 （科长：1名） （副科长：1名）	办公室
			人事室
			培训室
	市场部 （经理：1名） （副经理：1名）	市场开发科	
		市场维护科	
	财务部 （经理：1名） （副经理：1名）	会计科	
		审计科	

问题：

1．什么是组织？

2．什么是组织结构？

3．什么是配送中心组织？

4．如何对组织进行设计？

5．试根据案例所给的相关资料，画出该配送中心的组织机构图。

通过任务1的学习，你将能够解决以上问题。

1．组织的概念

所谓组织，是指为了达到某些特定目标，经分工与合作，由不同层次的权利和责任制度构成的人的集合。

现代组织理论认为，组织是相互协作的关系，是人与人之间相互作用的系统。组织所要实现的目标是使人们在共同劳动中，能够为实现共同的目标而有效地工作，即它是通过有意识地形成职务或职位结构，使人类的活动有秩序地进行。

2．组织结构的概念

所谓组织结构，是指由分工协作、领导隶属关系贯穿起来的组织机构的整体。

3．组织结构的作用

组织结构的作用在于将分散、孤立的力量通过组织结构结合成集体的力量，从而发挥更大的作用。

4．配送中心组织的概念

配送中心组织是指以配送经营和配送管理活动为核心内容的实体性组织。

5．组织结构的特征

组织结构是描述组织的框架体系，即对一个组织内各要素的排列顺序、空间位置、聚集状态、联系方式以及各要素之间的相互关系进行描述。它包含三个特征：组织结构的复杂性、组织结构的规范性和组织结构的集权与分权。

（1）组织结构的复杂性

组织结构的复杂性是指组织结构内各要素之间的差异性。它包括组织内的专业分工程度，垂直领导的层级数及组织内人员在各部门、各地区的分布情况等。

（2）组织结构的规范性

组织结构的规范性是指一个组织内的纪律、规章制度、工作程序、生产过程及产品的标准化程度等。

（3）组织结构的集权与分权

组织结构的集权与分权是指一个组织内的决策权的集中与分散程度。集权是指决策权高度集中在组织的最高管理层中；分权则是指将决策权分散到组织的各个管理层中，乃至最低层的每个职能部门中。

6. 组织结构设计方法

（1）按照人数设计

这种方法曾是种族、部落、军队组织设计的重要方法，虽然这种方法正被淘汰，但是在现代社会专业技能要求不高的领域仍旧实用。

（2）按照时间设计

轮班作业就是典型的按照时间设计组织的方法。这种设计的优点是全天候工作，设备利用率高。缺点是8小时以外工作缺乏监督，易产生班组间配合及沟通上的障碍。

（3）按照地域设计

这种设计的优点是把责任放在较低层次，鼓励地区参与决策，有利于培养地区内全方位的通才；减少区域间运输与奔波的物质、时间成本。缺点是容易导致总部对各地区的监督失控。

（4）按照企业职能设计

这是制造企业典型的职能型组织设计。这种设计的优点是符合专业化的原则，合理反映企业职能分布；有利于简化企业培训。缺点是降低企业总的目标，易狭隘眼界。

（5）按照顾客设计

按照顾客设计是指根据客户需要来对企业的组织结构进行设计的方法。这种设计的优点是集中客户需要，发挥顾客领域的特长。缺点是难以完全明确地对顾客群体进行分类。

（6）按照工艺流程设计

按照工艺流程设计是指根据企业实际运作过程中的工艺流程来设计企业的组织结构的方式。它主要适用于制造企业。

（7）按照产品设计

按照产品设计是指根据企业生产或经营的产品种类来设计企业的组织结构的方式。它主要适用于拥有多条生产线或经营产品种类较多的大企业。

（8）按照项目设计

按项目设计是指将按照职能设计与产品设计组织结合起来进行的设计。

7. 组织结构设计的原则及步骤

（1）组织结构设计的原则

组织结构设计时应遵循如下原则：

1）任务目标原则

组织结构设计要服从每一项工作的任务和目标，尤其是价值链上的目标，体现一切设计为目标服务的宗旨。

2）分工协作原则

现代企业无论设置多少个部门，每一个部门都不可能承担企业所有的工作。企业部门之间应该是分工协作的关系，把握好分工协作原则对于现代企业来说至关重要。

3）统一指挥原则

无论企业怎么设计，都要服从统一指挥的原则，要在公司的总体发展战略指导下工作。企业所有部门要按照董事会的方针进行工作，在总经理和总裁的统一指挥下工作。

4）合理管理幅度原则

每一个部门、每一位管理者都要有合理的管理幅度。若管理幅度太大，则无暇顾及；若管理幅度太小，则可能没有完全发挥作用。所以在进行组织结构设计时，要制定合理恰当的管理幅度。

5）责权对等原则

设置的部门或单位有责任，就应该使其拥有相应的权力。如果没有对等的权力，根本无法完成相应的职责。所以责和权应该对等。

6）集权和分权原则

在整个组织结构设计时，权力的集中与分散应该适度。集权和分权控制在合适的水平上，既不影响工作效率，又不影响积极性。

7）执行部门与监督部门分设原则

例如财务部负责日常财务管理、成本核算，审计部专门监督财务部。执行部门和监督部门分设，也就是通常所说的不能既当裁判员又当运动员。

8）协调有效原则

组织方案的设计应遵循协调有效的原则，而不应在执行组织设计方案之后，部门之间无法相互监督控制，一旦出现运营机制效率低下的现象，就说明组织方案设计没有遵循协调有效原则。

（2）组织结构设计的步骤

组织结构的设计是对一个组织的结构进行规划、构造、创新或再构造，使组织的目标得以有效地实现的过程。在构造组织结构时，首先要按照系统的目标，考虑组织内的工作部门设置、工作部门的等级以及工作部门的管理层次和管理幅度等。在进行组织结构设计时通常要经过如下步骤：

1）工作划分

根据目标一致、效率优先原则，把达成组织目标总的任务划分为一系列各不相同又互相联系的具体工作任务。

2）建立部门

为了完成组织认为有价值的任务，实现组织目标，把相近的工作归为一类，在每一类工作之上建立相应的部门。

3）决定管理跨度

所谓管理跨度，就是一个上级直接指挥的下级数目。应该根据人员素质、工作复杂程度合理地决定管理跨度，相应地也就决定了管理层次和职权、职责的范围。

4）确定职权关系

通过确定纵向职权关系（上下级间的职权关系和横向职权关系、直线部门与参谋部门之间的职权关系），从而把组织上下左右联系起来。

5）组织结构的形成

在完成上述步骤的基础上，根据组织目标与组织现有人力资源等情况，对初步设计出来的部门、职务、人员配置和职权关系进行总体的调整与平衡，从而形成一个科学、合理而又严密的组织结构。

6）组织结构的修改和调整。

任何组织机构，经过合理的设计并实施后，都不是一成不变的。在实际运行过程中，根据运行过程中所出现的具体问题及外部环境和内部条件的变化，要及时进行修改和调整，以保证组织结构的有效运转。

组织设计就是对构成组织的要素内容进行相应的设计，即对组织设计时应考虑设置哪些部门、岗位，这些部门和岗位应配备多少人员，每个岗位具体的责任和权力是什么。

任务 2　配送中心组织结构设计

案例：

佳美零售商业有限责任公司是一家全国性经营零售用品的连锁企业，在全国的主要中心城市均设有分公司，分公司实行事业部管理，主要负责市场开发、门店经营和管理。目前，佳美零售商业有限责任公司 K 分公司有 30 多家门店，分布在以 K 市为中心，半径约为 200km 的 Y、Q、H、D 等地。事业部实行统一采购、统一配送，业务运作非常成功。但随着市场竞争者的不断增加，经营状况发生了很大变化，仅靠价格谈判、批量采购很难获得竞争优势。为此，事业部决定成立物流部，开展配送业务，以降低运作成本，获得新的竞争优势。经过分析论证，决定在 K 市租用一个约为 100 000m^2 的大型仓库，并对其进行全面改造后成立一个现代化的配送中心。还为配送中心配置一名全职经理，全面负责配送中心的运营和组织管理。

问题：

1．作为配送中心的经理，应如何设计配送中心的组织机构？

2．配送中心应设置哪些岗位？

3．各岗位的岗位职责是什么？

通过任务 2 的学习，你将能够解决以上问题。

1．配送中心的组织结构类型

配送中心是一个专门从事物流活动的组织，随着配送规模的不断扩大，以及业务关系的日益复杂，组织结构在组织工作中的作用越来越显著，地位也越来越重要。目前，无论是连锁商业企业自建的配送中心，还是完全属于第三方物流的配送中心，常见的组织结构类型有直线职能型组织结构、产品型组织结构和区域型组织结构。

（1）直线职能型组织结构

直线职能型组织结构是指企业按职能来划分部门，并按所划分的职能部门来组织经营活动的模式。它能充分体现企业活动的特点，物流设施集中统一，权力高度集中，属于典型的集中管理体制。

配送中心是利用其高效、快速的配送能力来保证商品顺畅流通，基本职能是货物采购、储存、加工、分拣、包装、配货及配送运输，同时还包括一些为保证配送活动顺利进行的辅助职能，如人事、保卫、客户服务、维修、财务等。而某些大的职能部门又可根据具体的业务需要进一步细分为一些子部门，以适应管理工作的需要。直线职能型组织结构如图 10-1 所示。

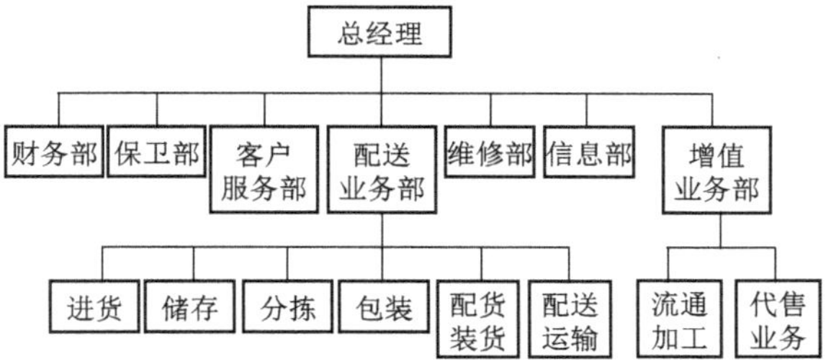

图 10-1　直线职能型组织结构示意图

直线职能型组织结构具有如下优点：

① 组织中各种职务按垂直系统直线排列。

② 各级主管人员对所属下级拥有直接的一切职权。

③ 组织中每一个人只能向一个直接上级报告。

④ 结构比较简单，权力集中。

⑤ 责任分明，命令统一，联系简洁。

直线职能型组织结构的缺点是：在组织规模较大的情况下，所有的管理职能都由一人集中承担，往往由于个人的知识及能力有限而感到难于应付，顾此失彼，发生较多失误。部门间协调比较差。该种组织结构适于现场作业管理或小型组织。

（2）产品型组织结构

随着配送中心配送产品的多样化，将所有配送产品全部集中在同一职能部门，将给企业的运行带来很多困难，而管理跨度又限制它们增加下级人员。在这种情况下，就需要按所配送的产品或者产品系列来进行组织结构的设置，建立产品型组织结构。该种结构要求高层管理者的主要职能为规划整个企业的发展方向，控制财务、人事等方面，而将具体配送产品的权力广泛授予产品部门经理，并要求产品部门经理承担一部分利润指标责任。产品型组织结构如图 10-2 所示。

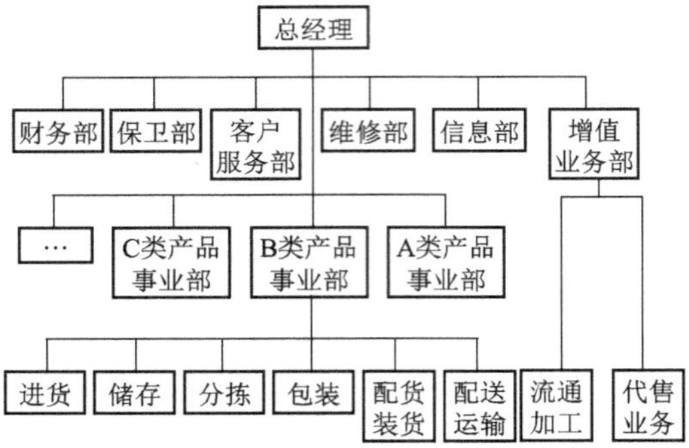

图 10-2　产品型组织结构示意图

配送中心的产品型组织结构可减少市场风险、提高劳动效率、降低经营成本，有利于企业加强对外部环境的适应性，以市场为导向，及时调整经营方向，有利于促进企业内部的竞争。但按产品划分部门也有一些不足之处，例如，必须有较多的进行全面管理的人员；由于总部和产品事业部中的职能部门可能重叠而导致管理费用增加；各产品部门的负责人具有较大的决策权，可能过分强调本部门的利益，而影响企业的统一指挥。为了避免失控，企业应把足够的决策权和控制权掌握在总部手中。

（3）区域型组织结构

对于经营范围分布很广的配送中心，应按区域划分部门，建立区域型组织结构，即将某一特定地区内的配送活动集中在一起，委托给一个管理者去管理。区域型组织结构如图 10-3 所示。

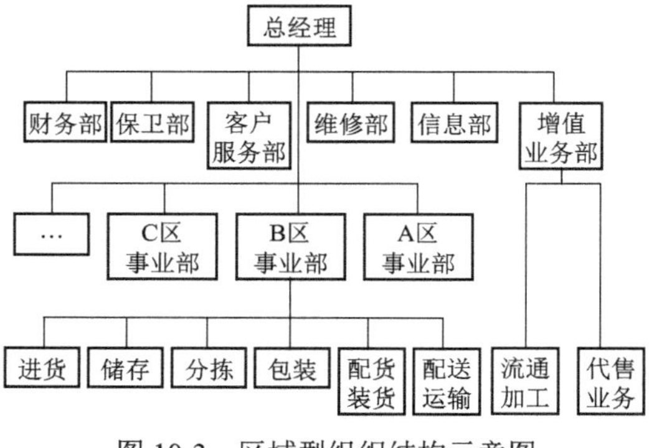

图 10-3　区域型组织结构示意图

按区域划分部门可以调动各地区管理者的积极性，加强地区内各种活动的协调；还可减少运输费用和时间，降低配送成本。但也存在着需要较多管理人员，容易造成机构重复设置，高层管理者难以控制各地区的管理工作等问题。

2．配送中心组织结构的发展趋势

配送中心作为一个流通型组织，其组织结构的发展趋势如下：

① 分立化趋势。

② 柔性化趋势。

③ 竞争主体由单个企业转向企业集团之间的对抗。

④ 网络化趋势。

具有创新性质的组织结构形式包括团队型组织结构、虚拟组织结构、无边界/扁平化组织结构等。这些新型组织结构形式的一个共同特点是通过企业的组织重构简化内部组织结构，尤其是正式组织结构，弱化等级制度，促进组织内部信息的交流、知识的分享和每位成员参与决策过程，使得企业组织对外部环境的变化更敏感、更具灵活性和竞争实力。

（1）团队型组织结构

团队是指一种为了某一目标而由相互协作的个体组成的正式群体。对于小企业来说，团队结构可以作为整个组织结构，提高企业的凝聚力。而对于大企业来讲，团队结构主要作为职能结构的补充，提高企业的灵活性和员工的工作效率。

团队结构的主要特点是打破部门界限，并把决策权下放到工作团队的队员手中，这种结构形式要求员工既是专才又是全才。

团队组织结构适合于有些重要任务具有特定的期限和工作绩效标准，或者任务是独特、不常见、需要跨职能界限的专门技能的组织。

（2）虚拟组织结构

虚拟组织是指利用一定的信息、通信技术特别是国际互联网将成员联系起来，具有虚拟的组织结构、虚拟的构成人员、虚拟的办公场所以及虚拟的核心能力的组织。

虚拟组织是一种规模较小，但可以发挥主要商业职能的核心组织，用结构理论术语来讲，虚拟组织决策集中化的程度很高，但部门化程度很低，或根本就不存在。

虚拟组织结构是小型组织的一个可行性选择，它可以通过充分利用外部资源来实现低成本扩张经营。同时，那些需要相当大的灵活性以对时尚的变化做出快速反应的企业，如玩具、服装制造企业，也适合采用该种组织结构模式。

（3）无边界组织结构

无边界组织是在信息通讯技术特别是计算机网络的支持下，通过一系列调整建立的新的组织结构。

无边界组织结构的特点：

① 通过取消组织垂直界限而使组织扁平化。

② 通过设立多功能团队围绕工作流程运作来消除因职能部门存在而形成的组织水平界限。

③ 打破组织与客户之间的外在界限及地理障碍，实行全球化的经营战略以及企业间的战略联盟，建立客户与组织间的固定联系。

④ 通过远程办公，模糊组织界限。

无边界组织并不表明企业不需要边界，而是表明企业不需要僵硬的边界，使企业具有可渗透性和灵活性的边界，以柔性组织结构模式替代刚性模式，以可持续变化的结构代替原先相对固定的组织结构。

3. 配送中心部门设置

为保证配送中心业务运营的顺利开展，通常会设置：配送业务部、客户服务部、维修部、信息部、保卫科、财务科等部门。其中，配送业务部可进一步分为业务受理科、配送方案设计科和配送业务运营科等下属子部门，而配送业务运营科又包括如下子部门：

① 进货组，负责订货、采购、进货等作业环节的安排及具体实施，同时负责到货货物的现场验收工作。

② 仓储组，负责货物的入库验收、储存、保管及养护、出库等作业的运作及管理。

③ 加工组，负责按照用户的不同要求对货物进行包装、分割、计量、分拣、刷标志、拴标签、组装等简单的流通加工作业。

④ 运输组，负责按照所设计好的配送运输方案，将货物完好无损地送交客户，同时对所完成的配送任务进行确认。

⑤ 装卸组，负责配送业务中所涉及的各项装卸搬运作业的具体运作和管理。

⑥ 退货组，负责对客户服务部所接收到的退货信息进行相应的处理，并将回收的退货商品集中到仓库的退货处理区进行重新清点和整理。

⑦ 调度组，负责对配送业务运营中所需的人员、车辆及其他设备及设施等进行总体协调和派遣，及时协调、处理和解决收发货业务中出现的各种特殊情况和问题。

⑧ 质量管理组，负责对配送业务运营中的作业质量进行检查、监督、指导和处理。

4. 配送中心岗位职责

配送中心具体岗位的设置要视配送中心的规模、设施设备、作业内容及服务对象而定，对于一些主要岗位的设置还应由配送中心的作业流程来决定。各个配送中心应根据自己的实际情况来进行岗位设置。如果配送中心吞吐量大，则在进行岗位设置时可以划分得相对细一些，而对作业量不是很大的配送中心而言，可将某些岗位进行合并，以充分利用人力资源，减少人员使用量，降低成本。

（1）配送中心的岗位设置

配送中心所涉及的岗位类型主要有：

① 配送中心经理。

② 部门主管。

③ 市场营销员。

④ 合同管理员。

⑤ 业务受理员。

⑥ 订单处理员。

⑦ 进货员。

⑧ 理货员。

⑨ 仓管员。

⑩ 流通加工员。

⑪ 拣货员。

⑫ 送货员。

⑬ 配送业务员。

⑭ 装卸员。

⑮ 质量管理员。

⑯ 生产调度。

⑰ 车辆调度。

⑱ 退货处理员。

⑲ 设备维修员。

⑳ 车辆维修员。

㉑ 电工。

㉒ 系统管理员。

㉓ 市场系统分析员。

㉔ 保安员。

㉕ 消防安全员。

㉖ 财务与会计。

㉗ 出纳。

㉘ 业务结算员。

（2）配送中心的岗位职责

1）配送中心经理岗位职责

① 主持制订配送中心长期发展规划和年度、月度生产经营计划，并负责组织实施与督促、检查，保证经营目标的实现。

② 组织协调各种生产经营环节和各种业务间的关系，负责定期召开生产经营分析会，处理和协调生产经营中出现的各种问题，掌握生产经营动态，及时发现问题。

③ 负责业务开发和客户管理与协调，了解和掌握存货、仓容、客户及市场动态变化。

④ 负责配送中心安全生产和业务质量管理，强化内部管理，杜绝和减少各种事故和差错发生。

⑤ 负责审核、签发、授权业务部门提交业务单证、资料及其变更申请。

2）部门主管岗位职责

① 制订并组织实施本部门或科室的年度工作计划。

② 掌握员工思想动态，深入、细致地做好员工的思想工作，组织、安排员工的培训工作。

③ 负责对本部门或科室员工的工作进行指挥、检查、监督、考核和评比。

④ 负责本部门或科室的日常工作安排和处理，做好与相关部门的协调工作。

⑤ 细化部门职责，明晰岗位责任，修改完善管理制度和办法，加强领导，精心组织，确保计划目标的实现。

3）市场营销员岗位职责

① 负责配送业务的洽谈及合同签订。

② 负责配送业务和配送客户的开发与管理工作。

4）合同管理员岗位职责

① 对客户合同进行分类、编号和归档管理。

② 对签合同时客户提供的预留印鉴、单证式样等进行妥善、严格的管理，以便进出库时进行核对和验证。

③ 制定货物、客户等编码。

④ 建立并不断充实完善客户档案，为有关业务部门、领导及系统内的其他单位提供各种客户信息、资料的查询服务。

5）业务受理员岗位职责

① 负责接收订单资料，接受客户的收发货作业。

② 负责受理客户的退货请求、协助退货组完成退货处理工作。

③ 完成有关业务单证与资料的统计、建账和出具各类业务报表。

④ 向有关部门及客户提供所管货物的相关资料和信息查询、咨询。

6）订单处理员岗位职责

① 在规定的时间内，对客户的订单进行确认和分类，并由此判断与确定所要配送货物的种类、规格、数量及送达时间。

② 对订货进行存货查询，并根据查询结果进行库存分配；

③ 将处理所得的拣货单、出货单等进行打印输出。

7）进货员岗位职责

① 了解和掌握采购商品的名称、规格、型号、特点、产地、进价、售价行情等信息，掌握配送中心的实际状况，根据配送中心的实际需要有效地组织货源。

② 组织人员对进货商品进行装卸搬运。

③ 到现场对进货商品进行核对验收，严格把好质量关，对于不符合要求的商品坚决拒收。

8）理货员岗位职责

① 按规定做好入库商品的验收、记账、出库商品的发放手续，及时做好清仓工作，做到账账相符、账物相符。

② 熟悉和掌握库存与仓容情况，合理安排货物的存储与堆码；

③ 负责库存货物的定期和动态清查、盘点。

9）仓管员岗位职责

① 熟悉货物品种、规格、型号、产地及性能，对货物做好标记，分类放置，并负责库房、货场、货区、货位的现场管理。

② 根据以往经验，或利用相关的统计技术方法，或者靠计算机系统的帮助来确定最优库存水平和最优订购量，并根据所确定最优库存水平和最优订购量，在库存低于最优库存水平时，负责制订配送中心最低库存量的申购计划，以确保存货中的每一种产品都能达到最优库存，做到合理库存，不积压资金。

③ 随时掌握库存动态，保证货物的及时供应，充分提高库存的周转效率。

④ 随时了解和掌握库存货物的保管情况和质量状况，遇到问题要及时通知业务受理员或存货人，并积极配合，妥善处理。

⑤ 负责商品及库房的卫生工作；认真做好安全管理工作，做好库区的防火防盗工作，保证库存商品的安全。

10）流通加工员岗位职责

① 本着节约能源、设备、人力、耗费的原则，根据客户配送的需要，进行合理的包装和加工。

② 根据合理运输的需要进行货物的拼装、裁剪等操作。

③ 根据客户的需要进行简单的改变包装等措施，形成方便购买和使用的数量。

11）拣货员岗位职责

① 根据客户的订单要求，从储存的商品中将用户所需的商品分拣出来，放在

发货场指定的位置，以备发货。

② 熟练掌握拣货作业的相关技术，认真完成每日的拣货作业任务。

③ 定期对拣货作业的实绩进行分析和总结，并做出书面的报告。

④ 做好拣货设备的定期检查工作，对设备出现的不良状况及时向设备维修员报告。

12）送货员岗位职责

① 服从调度组车辆调度的调配。

② 按配送方案中规定的配送路线完成各项运输任务。

③ 保证所送货物的安全。

13）配送业务员岗位职责

① 负责客户委托代运货物的运输计划安排和组织。

② 负责与承运部门、客户的提货、送货等业务联系及有关问题的协调与处理。

③ 负责到车站、码头、机场、邮局提取货物的到货凭证、发货运单、结算单据等单证、资料交业务受理员。

④ 熟悉和掌握各种运输方式的业务规程和要求，了解和掌握社会运输资源、有关信息、收费标准、交通路况等，熟悉和掌握本单位的自有运输能力和车辆、设备状况。

14）装卸员岗位职责

① 熟悉所要装卸搬运货物的性能特点，根据有关部门的要求，将货物装卸搬运到指定的位置，并进行合理的码放。

② 熟练掌握装卸搬运作业的相关技术，认真完成每日的装卸作业任务。

③ 做好装卸搬运设备的定期检查工作，对设备出现的不良状况及时向设备维修员报告。

15）质量管理员岗位职责

① 制订质量管理计划和质量考核、奖惩办法。

② 深入配送中心作业现场对货物装卸、搬运、堆码等作业质量进行检查、监督指导，发现不符合有关质量要求和安全生产规定的现象，有权当场予以纠正和制止。

③ 负责财物相符率的检查与考核工作。填制自查、互查考核表，建立质量检查、考核档案。

④ 负责处理货损、货差事故和货物损益情况。

⑤ 受理客户提出的有关质量与服务方面的意见和建议，并进行跟踪处理，出具质量事故处理报告。

⑥ 主动向主管领导提供质量分析报告和建议，积极配合有关部门和岗位共同改进业务质量。

16）生产调度岗位职责

① 负责对各个业务岗位进行管理、指导和协调。

② 及时协调、处理和解决收发货业务中出现的各种特殊情况和问题。经常了解和掌握库存货物的储存、保管情况和质量状况，遇到问题时指导和配合理货员及时进行协调和处理。

③ 根据业务量大小和缓急程度，合理组织和调配人力和设备。

④ 负责掌握仓库容量情况，合理安排货物储存和规划。

⑤ 负责货物储存、保管、装卸、运输当中的有关技术问题的处理，并提供相应的技术指导。

17）车辆调度岗位职责

① 根据所设计好的配送方案，结合客户的实际需要及配送中心现有车辆和送货员情况，合理组织和调配人力和车辆。

② 及时协调、处理和解决运输业务中出现的各种特殊情况和问题。

18）退货处理员岗位职责

① 当客户服务部接收到客户的退货信息时，负责安排车辆或人员对退货商品进行回收。

② 将回收回来的退货商品集中到仓库的退货处理区进行重新清点和整理。

③ 按照配送中心的有关规定对重新整理后的退货商品进行相应的处理。

19）设备维修员的岗位职责

① 了解和遵守设备使用和维修方面的有关制度与规定，熟练和正确掌握各类设备的使用维修和养护方法。

② 随时掌握配送中心所有设备的使用和运行状况，进行设备的日常检测和保养，确保设备的正常运行。

③ 对故障设备进行及时修理和调试，保证配送中心的正常运转。

发现未经法定检测鉴定机构检测鉴定合格或超过检测鉴定使用限期的设备，有权向主管领导反映并拒绝继续使用。

20）车辆维修员的岗位职责

① 了解和遵守车辆维修和使用方面的有关制度与规定，熟练和正确掌握各类车辆的使用、维修和养护方法。

② 随时掌握配送中心所有车辆的使用和运行状况，进行车辆的日常检查和保养，确保车辆的正常使用。

③ 对故障车辆进行及时修理，尽快使其投入正常使用。

④ 发现未经检审或超过车辆允许使用年限的车辆，有权向主管领导反映并使其停止使用。

21）电工岗位职责

① 了解并宣传电路安全知识，熟练掌握电力维修工作。

② 严格按照电力操作规程操作，杜绝野蛮操作。

③ 保证日常巡查工作，督促整改电力隐患，预防电力事故发生。

④ 与当地电力主管部门保持良好关系，保障配送中心的正常用电。

⑤ 参与建筑工程中有关电力设施的审查验收工作。

22）系统管理员岗位职责

① 认真做好系统运行环境的建设与维护工作。

② 维持机器设备等硬件设施的正常运行，及时发现和处理各类机器设备的故障。

③ 负责软件系统设置、运行维护和技术管理，监控软件和数据库管理系统的运行状态，及时处理计算机系统运行过程中的异常情况，并通过适当的干预手段确保整个软件系统稳定、高速运行。

④ 做好微机使用人员的操作应用辅导，监督微机使用人员按规定程序操作计算机。

23）市场系统分析员岗位职责

① 完善市场信息的调查和收集工作，负责调查数据和市场信息的处理、分析和整理工作。

② 负责市场信息数据库的建立与维护。

③ 负责市场信息调查报告的撰写，为各级管理人员提供相应的信息服务。

24）保安员岗位职责

① 严格执行出入库人员、车辆的登记制度，对所有进出仓库人员和车辆进行登记、验证。负责检查入库车辆和随车物品是否符合仓库安全与消防方面的规定和要求。

② 根据出门证明、进库登记内容和发货单，检查单证有无涂改、伪造；有关印鉴和经办岗位人员的签字是否齐全，核对出库车辆装卸货品名称、件数、车牌号、随车物品等是否与之相符。

③ 负责库区的安全保卫、交通的疏导、特殊情况的处理与报告等工作。

25）消防安全员岗位职责

① 认真贯彻执行国家消防安全法。

② 建立健全各项安全防火制度，遵照“预防为主、防消结合”的原则，加强防范，抓好落实。

③ 加强防火知识教育，做好防火宣传及防火演练。

④ 坚持经常性的防火安全监督及检查，督促整改火险隐患。

⑤ 负责配送中心灭火器材的购置、配备、维修及保养；做好义务消防队的组建和业务培训；参加火警、火灾事故的扑救，并查明火灾原因，提出处理意见。

⑥ 参加建筑工程有关消防安全设施的审核和验收。

26）财务与会计岗位职责

① 参与配送中心财务、会计制度的制定、修改和完善。

② 负责配送中心财务处理，财务报表的编制及分析工作。

③ 负责配送中心短期和长期预算的编制与控制。

④ 负责设计配送中心税务方案，并处理配送中的日常税务问题。

⑤ 负责分析配送中投资项目的运作情况，为配送中的项目投资提供参考意见。

⑥ 审阅配送中心经营合同，审核并指导出纳的工作，妥善保管会计凭证、账簿、报表和其他会计资料。

27）出纳岗位职责

① 认真履行现金管理制度。

② 严格审核收付凭证，据以收付款项，并记录现金、银行存款日记账；编制银行存款余额调节表，做好银行对账、报账工作。

③ 严格支票管理制度，遵守支票使用手续。

④ 每日清查借款凭证，及时对拖欠借款者进行例行催报。

⑤ 配合会计做好各种账务处理工作。

28）业务结算员岗位职责

① 根据业务受理员转来的收货单、发货单等，按照实际收发货数量和有关收货标准，进行结算和收取费用，同时向客户出具发票或收款凭证。

② 查验客户交付现金、转账支票和汇票的真伪。

配送中心业务运营部门设置与岗位设置如图 10-4 所示。

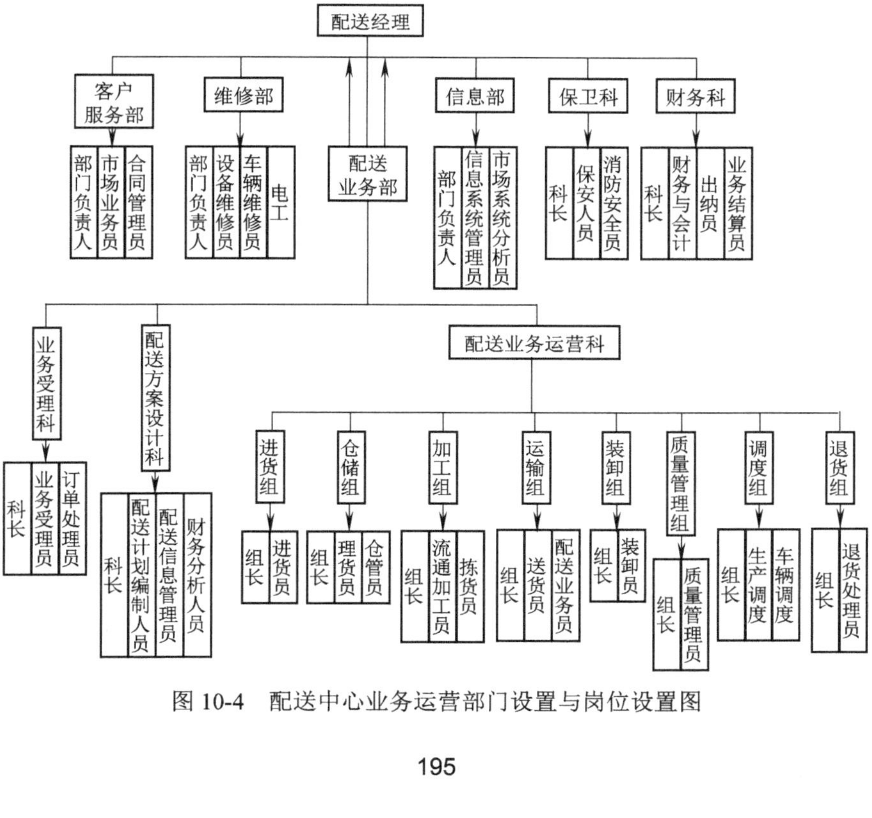

图 10-4　配送中心业务运营部门设置与岗位设置图

关键术语：

配送中心组织机构　　配送中心组织机构设计

配送中心岗位　　配送中心岗位职责

思 考 题

1. 什么是组织？
2. 什么是组织结构？
3. 什么是配送中心组织？
4. 如何对组织进行设计？
5. 配送中心应设置哪些岗位？
6. 各岗位的岗位职责是什么？

案例分析：

一整天的公司高层例会结束后，D公司S总经理不禁陷入沉思。例会由S总经理主持、几位副总经理参加。原本他想商谈一下公司今后的发展方向问题，不过会上的意见争执却出乎自己的预料。很明显，几位高层领导在对公司所面临的主要问题和下一步如何发展的认识上，存在着明显的分歧。

6年来，D公司由初创时的几个人、1 500万元资产、单一商业零售分销的公司，发展为今天的1 300余人、5.8亿元资产，以商业零售为主，集房地产、娱乐、餐饮、咨询、汽车维护等业务于一体的多元化实业公司，已经成为本市乃至周边地区较有竞争实力和知名度的企业。

作为公司创业以来一直担任主帅的S总经理在成功的喜悦与憧憬中，更多了一层隐忧。在今天的高层例会上，他在发言时也是这么讲的："公司成立已经6年了，在过去的几年里，经过全体员工努力奋斗与拼搏，公司取得了很大的发展。现在回过头来看，过去的路子基本上是正确的。当然也应该承认，公司现在面临着许多新问题：一是企业规模较大，组织管理中管理信息沟通不及时，各部门协调不力；二是市场变化快，我们过去先入为主的优势已经逐渐消失，且主业、副业市场竞争都渐趋激烈；三是我们原本的战略发展定位是多元化，在坚持主业的同时，积极向外扩张，寻找新的发展空间，应该如何坚持这一定位？"

面对新的形势，就公司未来的走向和目前的主要问题，会上各位高层领导都谈了自己的想法。管理科班出身、主管公司经营与发展的L副总经理在会上说："公司的成绩只能说明过去，面对新的局面必须有新的思路。公司成长到今天，人员在膨胀，组织层级过多，部门数量增加，这就在组织管理上出现了阻隔。例如，总公司下设5个分公司，即商业零售有限责任公司、物流中心、房地产开发公司、装修公司、汽车维修公司。各部门都自成体系，公司管理层次过多，如总公司有 3 级，各分公司又各有 3 级以上管理层，最为突出的是娱乐中心的高、中、低管理层次竟达 7 级，且专业管理机构存在重复设置现象。总公司有人力资源开发部，而下属公司也相应设置人力资源开发部，职能重叠，管理混乱。管理效率和人员效率低下，这从根本上导致了管理成本加大，组织效率下降，这是任何一个公司的发展大忌。从组织管理理论的角度看，一个企业发展到 1 000 人左右，就应以制度管理代替'人治'，我们公司可以说正是处于这一管理制度变革的关口。我们公司业务种类多、市场面广、跨行业的管理具有复杂性和业务多元化的特点，现有的直线职能制组织结构已不能适应公司的发展，所以进行组织变革是必然的，问题在于我们应该构建一种什么样的组织机构以适应企业发展需要。”

坐在S总经理旁边的另一位是公司创立三元老之一的始终主管财务的大管家 C 副总经理，他考虑良久，非常有把握地说：“公司之所以有今天，靠的就是最早创业的几个人，他们不怕苦、不怕累、不怕丢了饭碗，有的是闯劲、拼劲。一句话，公司的这种敬业、拼搏精神是公司的立足之本。目前，我们公司的发展出现了一点问题，遇到了一些困难，这应该说是正常的，也是难免的。如何走出困境，关键是要强化内部管理，特别是财务管理。现在公司的财务管理比较混乱，各个分部独立核算后，都有了自己的账户，总公司可控制的资金越来越少。如果要进一步发展，首先必须做到财务管理上的集权，该收的权力总公司一定要收上来，这样才有利于公司通盘考虑，共图发展。”

高层会议各领导的观点在公司的管理人员中间也引起了争论，各部门和下属公司也产生了各自的打算：房地产开发部要求开展铝业装修，物流中心要建集装箱中心，汽车维修公司要建 4S 店。甚至有人提出公司应介入制造业，成立自己的机电制造中心。

问题：

1．请讨论该公司目前进行改革是否成熟。

2．请根据以上信息，为该公司设计一套合适的组织机构，并画出相应的组织机构图。

项目 11 配送中心管理信息系统及作业单据

知识目标

1. 掌握信息、信息系统、管理信息系统的定义
2. 熟悉配送中心管理信息系统的作用和发展
3. 掌握配送中心管理信息系统的功能和内容
4. 熟悉配送中心作业单据
5. 掌握配送中心作业单据的填制与传递方法

能力目标

1. 学会设计基本的管理信息系统
2. 学会填制配送中心的各种作业单据
3. 学会操作物流软件

任务 1　配送中心管理信息系统

案例：

2014 年 3 月 18 日，佳美商业零售有限责任公司刘总一早来到办公室，做了简单的工作安排之后，开始了上周就已经安排好的与 M 配送中心等几个部门关于配送中心信息系统模块设计的共同会议，其目的是进一步改进配送中心的物流信息系统。

目前，公司配送中心物流信息系统存在的问题有：

① 信息传递过程太慢，不能按客户要求进行送货。

② 没有好的监控手段，管理部分失控。

③ 信息传递容易失真，造成大量操作错误。

④ 无法对管理的资产状况进行实时汇报，造成大量的错单。

⑤ 工作效率低下，人员膨胀，成本控制难度加大。

而且随着公司业务的扩展，又发现了以下新的问题：

① 公司业务快速发展，对于管理的精细化提出了更高的要求，需要有功能更为强大的物流信息系统支持。

② 系统的完善带来了管理创新的层出不穷，新的管理思路和方法已经对现有的系统结构产生了影响，系统的升级换代已经面临了越来越大的压力，下一步如何抉择？

③ 公司在业务结构方面已经在悄然发生变化，新的业务模式不断涌现，如何才能保证系统的更新跟得上业务和管理发展的需要？

问题：

1. 管理信息系统的定义是什么？
2. 阐述配送管理信息系统的功能。
3. 说明配送管理信息系统的结构。
4. 公司如何切实有效地设计开发合适的配送管理信息系统？
5. 简述外包配送管理信息系统开发的可行性。

通过任务 1 的学习，你将能够有效地解决这些问题。

1．配送中心管理信息系统的作用

配送中心作业除了进货、储存、保管、分拣、配货、配装、送货、流通加工等物流功能作业活动，还包括信息流活动。而系统处理信息流的平台则是配送中心管理信息系统，它为配送中心经营管理政策的制定、商品路线的开发、商品营销政策的制定提供参考。现代化的配送中心管理信息系统的作用如下：

① 缩短订单处理周期。

② 提高接受订货和发出订货的精度。

③ 接受订货和发出订货更为简便。

④ 提高仓储作业效率。

⑤ 保证库存水平适量。

⑥ 提高运输配送效率。

⑦ 提高发货、配送准确率。

⑧ 调整需求与供给。

配送中心管理信息系统是为了有效解决上述问题而建立的，总的目标是提高客户服务水平，降低物流总成本。

2．配送中心管理信息系统的发展阶段

配送中心管理信息系统的发展经历了人工、计算机化、自动化信息集成和智能化信息集成四个阶段。

（1）人工阶段

在这个阶段，配送及与配送相联系的各项作业均以手工为主，各项事务管理均由经营管理者按其迫切需求而产生，没有固定格式的管理单证，也没有固定的作业流程。

（2）计算机化阶段

伴随配送作业过程中采用自动化的搬运设备，混乱、低效、无效的作业方式在配送中心开始显现，因此经营管理需要准确真实的信息作为有效管理的依据。因此，配送中心开始将作业内涵、作业流程和信息载体（单据、表格、账表）合理化、规范化、标准化，并引进计算机或机械设备来解决人工作业的进度缓慢及统计数字不正确等问题。

计算机化阶段的特征是：作业合理化；单据、表格与账表合理化、规范化、标准化；计算机制表；计算机汇总与数据统计；计算机编制和提供各项管理报表；各计算机系统相互独立，有各自的数据库。

（3）自动化信息集成阶段

当仓储设备由机械化进入自动化阶段时，由于自动化设备如自动输送系统、自动仓储系统、自动拣货系统、自动分类系统等的使用，作业数据的处理量和处理速度成为配送系统运行的瓶颈。因此，如何处理自动化设备的输入输出数据及如何连接这些系统至关重要，直接关系到能否有效应用与控制这些自动化设备。

自动化信息集成阶段的作业特征是：计算机软硬件整合；建立数据库管理系统；对数据进行一定的统计分析并辅助制定各种决策；配送中心管理信息系统能与外部网络连接，接收、存储外部信息并进行数据格式转换。

自动化信息集成阶段的作业内容主要有：订单处理，销售预测，商品管理，优化配送线路，派车计划，供应商管理，与自动化设备间的数据传输、处理控制，信息系统整合与连接，与银行间的自动转账，绩效管理。

（4）智能化信息集成阶段

当各项作业及管理事务实现计算机化、网络化管理后，经营管理者对信息系统的需求已由作业管理的自动化转向经营决策自动化，经营管理者可参考各项作业数据统计结果，利用信息系统完成数据查询、排序、分类等，使信息得以快速处理，并且引进人工智能与机器学习、专家系统等技术来简化分析推理时间并减少人工作业的错误，提高系统运行效率。

智能化信息集成阶段的作业特征主要是：引进人工智能技术；引进专家系统技术，建立企业知识库；计算机辅助制定运营决策。

智能化信息集成阶段的作业内容主要有：建立各项后勤支援系统；仓库、配送中心、转运站数量及地址选择；配送动态分析；多库资源分配、配送；仓库软硬件设备、人力使用分析等。

3. 配送中心管理信息系统的功能

实际中，由于配送中心的类型、规模、功能、定位、流程以及处理物品不同，配送中心管理信息系统也会有差异，但是，基本的功能模块是一样的。总体来看，配送中心管理信息系统应包含以下基本功能：

（1）标准化管理

负责配送中心管理信息系统涉及的物品编码、代码、人员、货位等基础信息的维护，是信息系统应用的基础。

（2）订单管理

承担配送中心对外业务的处理，包括受理客户的收发货请求，配送中心出具的单据的验证、复核、打印与传递。

（3）合约管理

进行有关合同、客户档案的管理。

（4）存储管理

① 入库管理：负责处理不同要求、不同形式的入库指令，生成入库单。

② 理货管理：物品外观质量检验与验收，条码录入与打印，储存区域、货位分配，堆垛、苫盖，在库保管与养护，盘点作业管理。

③ 出库管理：负责处理各种出库方式的出库指令。

（5）车辆调度

按照配送中心出货订单与自有车辆和外雇车辆状况合理安排车辆。

（6）配载

按一定算法将轻重货物指派到指定车辆上以实现车辆较高的利用率。

（7）货物跟踪

负责物品运输/送货过程中的信息反馈与发送。可连接 GPS 装置，实现货物跟踪的功能。

（8）到货交接

负责物品送达客户的交接相关信息的处理。

（9）费用结算

配送业务相关费用的结算、业务单据和报表的打印与传递。

（10）其他

① 电子订货系统（EOS）数据接口：由 POS 系统或 MIS 生成的信息通过网络传给配送中心管理信息系统，并由配送中心管理信息系统组织物品的采购、库存及配送。

② 电子数据交换（EDI）：合作企业之间交互信息的有效方式。

③ 条码系统数据接口：配送中心管理信息系统通过相应的数据接口对条码系统获取的数据按标准格式导入系统进行处理。

④ RF 无线网络系统接口：RF 识别的信息应用无线方式传输到配送中心管理信息系统。

⑤ GPS 系统接口：GPS 获取的信息与配送中心管理信息系统连接，供其使用。

4．配送中心管理信息系统的结构

一个完整的配送中心管理信息系统由许多子系统组成，各个子系统都有着不同的功能定位和运作流程。这些子系统包括订单管理子系统、客户信息服务子系统、仓储管理子系统、配送管理子系统、运营绩效管理子系统、财务结算管理子系统等。

（1）订单管理子系统

配送中心的运作是以客户订单为核心展开的，订单处理对配送中心至关重要。订单管理子系统包含与订单处理相关的功能模块，涉及的作业主要包括：客户订单的处理（包括入库和出货订单的处理），根据订单生成入库计划与发货计划，进行 EDI 数据转换，客户通过 EDI 方式与配送中心进行订单数据交换时完成相应的数据格式转换。这些作业处理有对应的功能模块：出入库订单处理和订单数据转换。

① 出入库订单处理。订单处理包括自动报价与“接受订单”自动报价系统需要输入客户名称及商品名称、规格、等级等数据。在此基础上，信息系统根据这些数据调用产品明细数据库、客户交易此商品的数据库，读取该客户报价的历史数据、客户数据库、生产厂商报价数据等，以取得该种商品的报价资料、数量折扣、客户以往交易记录及客户折扣、商品供应价格等信息。然后由配送中心根据目标利润与配送成本、保管成本等，运用特定估价公式计算销售价格；接着由报价单制作系统打印出报价单，经销售主管核准后送给客户，经客户签单后成为正式订单。

② 订单数据转换。订单传送有多种方法，包括邮寄、销售人员取回、电话订购、传真订购、网络订购等，因此，订单的接受需要考虑订单数据的识别及法律效力等问题。

当商品退回时，可按订单号码找出原始订单数据与配送数据，修改其内容并标识退货记号，以备退货数据处理。

（2）仓储管理子系统

仓储管理子系统主要包括如下功能模块：采购入库管理、理货管理、销售分析与预测、出库管理、流通加工及仓库管理。

1）采购入库管理

该模块具体内容包括订货过程的管理、商品入库过程信息的处理、根据入库商品的内容进行库存管理。

采购入库管理的核心功能是对入库作业处理、存货控制、采购、应付账款的管理，其具体功能见表 11-1。

表 11-1　采购入库管理模块功能列表

功能模块		子模块	内容说明
采购入库管理	入库作业管理	预入库信息管理	对入库前与各项准备工作相关的信息进行管理，如装卸平台调度、人力资源调度等
		入库信息管理	对入库商品明细如名称、数量、货位等信息的管理
		货位信息管理	对商品货位登记、商品跟踪、空闲货位进行管理
		入库检验	对入库商品质量检验结果的管理
		货位指定	计算入库商品所需货位大小并指定最佳货位
		立即入库	入库后的两种处理方式之一
		上架入库	入库后的两种处理方式之一
	采购管理	采购单管理	对采购明细信息进行管理
		采购预警	列出需要采购的备选商品
		供应商管理	对供应商资料进行维护与分析
		采购单打印	（略）
		采购过程跟催	记录对商品采购入库跟催的信息

2）理货管理

理货管理主要负责商品入库后的货物检验和复核，仓储区、货位的安排及对与货物在库保管维护、码放、备货、盘点作业相关的信息和流程的管理。具体功能包括货位指定、盘点管理、库存控制等。

3）销售分析与预测

销售分析预测系统部分包括销售分析、销售预测、商品管理 3 个核心模块。

① 销售分析。销售分析的功能是为销售主管及高层领导提供及时的、全面的销售信息。使用者可以通过两种方式了解销售情况：查询销售明细、分指标对销售数据进行统计分析。销售明细包括订单数据、出货配送控制数据、商品明细、预测工具模型、客户对商品的响应信息、入库数据等。统计分析则主要是对商品销售量、年度商品进出数量、年度及月份商品进出数量、商品成本利润百分比、各仓库经营业绩等指标进行统计对比。统计结果可以通过饼图、直方图、柱状图、折线图等多种形式来进行展示。

② 销售预测。销售预测的功能是协助高层主管预测配送中心销售动态趋势，其基本的设计原理是根据历史销售数据结合作业模式或者使用统计方法完成预测分析。

③ 商品管理。商品管理的功能是协助高层管理者了解配送中心各种商品的基本信息及销售状况，包括商品基本信息的维护与查询、商品销售排行、畅销品与滞销品分析、商品周转率分析、商品获利率分析等。

4）出库管理

该模块负责完成对不同类型出库指令的实际处理，具体功能包括出库指令受理、拣货排程处理、拣货、记录实发、出库指令查询、出库明细查询等。

5）流通加工

该模块负责根据订单内容做出库前准备，通常由流通加工员或理货员使用。在输入配送日期后，该模块检索订单信息表、库存数据表等从而计算工时需求、人力需求及库存量需求，以便制作包装流通规划表、客户地址标签、包装流通加工批次报告、包装流通加工差异分析等，以此作为指令分派依据及对工程进度管理与控制的依据。拣货人员（如理货人员）领取工作分派或进行包装时，即根据该单据实施打包、贴标签等作业，作业完成后将实际作业进度及其他修正数据录入系统，对包装流通加工信息表、订单信息表中包装流通加工需求数量、库存量进行消减操作。

6）仓库管理

为完成商品的销售、运输配送，除了事务性的理货、配送作业，也需要对仓库的硬件设备及内部空间的使用进行有效的规划与管理。

仓库管理包含两大部分，一部分为硬件机械设备的应用规划、使用管理及设备本身的保养维护，其中包含装卸平台使用计划及排程、仓储区管理、托盘管理、托盘装卸方式规划、托盘叠放方式设计、车辆保养维修、燃料耗材管理；另一部分则包含使物流配送中心有效利用既有空间的区域规划布置，包含仓库规划布置计划、拣货区规划、包装区规划、仓储区规划等。

（3）配送管理子系统

配送管理子系统主要用于与出库商品实际的运输交付过程相关的派车、配载、运输、签收等作业活动的管理，其主要功能模块包括配送计划管理、车辆调度管理、配送装车管理、在途监控管理、配送签收管理。

1）配送计划管理

配送计划管理是指由配送中心管理人员（配送业务人员）根据订单数据将当日预定出货订单进行汇总，查询当前车辆信息表、车辆调用信息表、客户信息表、地图信息表等，先将客户按其配送地址划分区域，然后统计该区域出货商品的体积与重量，以体积或重量最大化等为首选配送条件来分配配送车辆的种类与数量。随后查询外车车辆信息表、自有车队调用信息表、设备调用信息表、工具调用信息表、人力资源调用信息表来制定出车批次、装车计划及配送调度计划，并打印配送批次规划报告、配送调度报告等。配送调度报告包括装卸平台、机械设备、车辆、装车搬运能力、驾驶人分配等报表。自动规划的配送计划可以进一步进行人工修改，修改后的数据即转入出货配送信息表，并作为车辆、装卸平台、设备、人力分配计划基础数据。

当日订单信息的汇总结果经过订单整合功能处理，按到货时间、目的地、所在线路、商品属性等条件进行归类、排序后，分别计算不同商品的容积及各种包装物的容积、现有车辆的运输能力，从而自动得出一个初始的装车计划与装箱单、货运清单。自动产生的装车计划可以进行人工方式的再次修改，从而产生最终的车辆需求计划作为车辆配载模块的输入。

2）车辆调度管理

车辆调度管理完成对车辆和驾驶人的任务分配，主要包括生成派车单、车辆编号编组、驾驶人配置、生成监控计划 4 个功能。

① 生成派车单。客户的订单在最终确认之后，承运人就要按照客户的要求进行派车。派车单管理的主要功能有派车单录入、修改、查询。派车单由客户订单的相关信息、运送货物信息以及车辆信息经过匹配加工组合而成。一个订单可能对应多个派车单，一个派车单也可以完成多个订单的运输任务。派车单由配送业务员下达给签有运输合同的运输人。

② 车辆编号编组。按订单整合的结果对配送计划进行手工调整，在车辆指派的基础上根据配送路线、配送优先顺序等条件对其进行编组，并记录编组信息。

③ 驾驶人配置。根据当前驾驶人信息指派空闲的驾驶人给已确定的配送车辆，并记录指派结果。驾驶人及随车人员的调派最好能考虑驾驶人的工作能力、体力、以往的工作量及曾经配送的区域范围，以便更有效地安排配送人员。

④ 生成监控计划。在配送业务中，为了使货物及时、完好地运往目的地，除了在派车环节进行合理的车辆调度外，货物在途的监控也必不可少。能否实施有效的监控也是客户评价物流服务提供商服务质量的重要指标。因此，拟订一个合理有效的监控计划是整个监控环节的首要任务。目前，一些先进的科技手段应用到配送业务中，使得实时的监控成为可能。

3）配送装车管理

根据配送中心的出库单，生成货物装车明细清单，并投运输保险。

4）在途监控管理

中途运输管理环节主要包括在途监控、事故处理、在途货物装卸 3 部分内容。

① 在途监控。根据监控计划中设定的沿途监控点，对一个车次进行全方位跟踪，记录每个路段的具体信息，包括计划到达时间、实际到达时间、实际行驶里程、路段费用情况。在系统中，可以根据需要增加新的监控点，记录运输过程的各种情况。

② 事故处理。在运输过程中，如果发生意外，需要拖运或者换车，驾驶人应及时向总部调度或配送业务员反馈情况，以决定下一路段是否能继续运输。中途发生意外时，该系统记录发生的时间、地点，并记录货物破损的明细。中途需要拖运时，该系统记录拖运工具的车牌号、开始时间、结束时间、起点、终点、费

用、里程。中途需要换车时，可以是本车次的运输人自己组织替换车辆、支付替换车辆的运费，将货物运达卸货点后，记录换车后的车号、驾驶人姓名及各车货物的明细，到货交接仍是原运输人；也可以是向承运人求援，由承运人重新组织车辆，完成剩余的运输任务。后一种方式要结束原运输人的运输车次，记录扣款金额；承运人重新组织的车辆，按新派车单的要求，到中途接管全部出库单，清点货物，运输到约定卸货点；如果新组织的车辆有多辆，则要在派车单中分割原来装在一辆车上的货物，但出库单号不变，出库单的实发数量是实际从故障车上分装的数量。

③ 在途货物装卸。沿途有装货和卸货时，记录沿途所发生的货物装车与卸货起止时间。

5）配送签收管理

运输车辆按派车单要求，将货物运至目的地，收货人核查实际到货数量，确认并签收。签收单是收货人对所收到货物的实际情况进行验收记录的单据，也是运输人向承运人出示的货物运抵凭据。

签收单记录卸车货物的名称及数量，如果少于出库单的实发数量，一般由运输人赔偿，能确认在下一次运输时补齐的，可以在货物补齐后，再更新相关单据的完成标志；如果收货数量大于出库单的数量，则要将多余货物退回给客户，或由客户补开出库单，也可以用于补齐以往的拖欠数量。

进行联运时，货物只是交割给下一运输人，由下一运输人或其后的运输人根据承运人新派车单的要求交给收货人。

（4）运营绩效管理子系统

运营绩效管理子系统通过与仓储管理子系统、配送管理子系统及财务结算管理子系统的交互取得运营绩效信息，也可以从外部获得各种市场信息来制定并调整各种运营政策，再将政策内容及执行方针通知各个业务部门。运营绩效管理子系统由资源管理、运营管理及绩效管理组成。

1）资源管理

在物流配送系统中，资源管理是涉及影响因素最多的环节，包括客户、合同、运输人、车辆、驾驶人、道路、货物、保险、运费等信息。该模块实现对上述资源的统一管理。其中，合同管理主要包括合同输入、合同查询、合同审核、合同延期、合同预警等功能；车辆管理包括车辆基本信息输入查询、规费支出、车辆保险、车辆年审、保养小修、交通事故、大修及报废、月度绩效、收支平衡等功能；驾驶人管理包括驾驶人基本信息输入查询、个人借款、违章记录、驾照年审、月度绩效、收支平衡等功能。

2）运营管理

运营管理模块通常由物流配送中心较高层的管理人员使用，主要用来制定各类管理政策，如车辆设备租用、采购计划、销售策略计划、配送成本分析、运费制定、外车管理等，偏向于投资分析及预算预测。

3）绩效管理

物流配送中心的经营状况是否良好，除了取决于各项运营管理政策制定的正确性、计划的实际执行效果，更在于有良好的信息反馈机制来作为政策、管理及实施方法修正的依据，这也是绩效管理模块存在的主要理由。该模块的主要内容包括：业务人员管理、客户管理、订单处理绩效分析、存货周转率评估以及缺货金额损失管理报表、拣货绩效管理报表、包装绩效管理报表、入库作业绩效管理报表、装车作业绩效管理报表、车辆使用率管理报表、装卸平台使用率评估报表、人力使用绩效报表、机器设备使用率评估报表、仓库使用率评估报表、货物保管率评估报表等。

（5）财务结算管理子系统

财务结算管理子系统由财务会计部门使用，对外主要以仓储管理子系统产生的物品入库信息查询供应商所送来的应付款单，并据此付款；或由销售部门取得出货单、制作应收账款请款单并收取账款。财务结算管理子系统也可以自动生成各种财务报表提供给运营绩效管理子系统作为调整运营政策的参考。

1）应付账款管理

采购商品入库后，采购信息即由采购数据库转入应付账款数据库，会计管理人员在供货厂商开立发票及请款单时即可调用该模块，按供货厂商进行应付账款统计并核对。账款支付后由会计人员将付款信息录入系统，更改应付账款表中的相应内容。管理人员可使用该模块功能制作应付账款一览表、应付账款已付账款统计表等。

2）配送费用结算

当商品配送出库后，订购数据即由订单数据库转入应收账款数据库，财务人员于结账日将应收账款按客户进行统计，并打印催款单及发票。发票的打印可以比较灵活，将统计账款总数开成一张发票，或以订单为基础开多张发票。收到的账款可由会计人员确认并登录，作为应收账款的销项并转为会计收支系统的进项。

3）工资管理

工资管理包括人事信息维护、工资统计报表管理、工资单管理。其中，从运营绩效管理子系统获得业务部门各岗位工作人员工作量统计及绩效考核信息，并以此作为工资单管理和编制的依据。

4）财务报表管理

该模块负责各类财务报表的生成和打印，包括资产负债表、损益表两大财务报表，可以查看任意财务期间的报表，可以进行跨年度查询。

5）费用设置

根据业务需要定制各项费用的名称及计价方式，使得费用名称可与业务单据自由绑定。

（6）客户信息服务系统

在配送中心门户网站上及时发布在库信息及发运信息，供客户、收货人、货运公司实时查询；客户服务人员按客户查询条件生成统计报表，保存或指定数据格式，进而与客户信息系统进行数据交换。

任务 2　配送中心作业信息与单据

案例：

2014 年 3 月 24 日，M 配送中心经理王海在例会结束后，召集了各部门主管、2014 年新进员工共 15 人，开了一个小型会议，主题是单证管理。存在的问题是：新员工由于不熟悉业务流程，在系统和手工制作各种单据时，出现混用、错用情况，该填写的内容没填写，关键单据丢失，签单找不到，或者干脆没有签回单，单证制作不规范，字迹潦草。上周已经有三笔业务没有签回单，导致财务不能及时与客户结算。这些问题的原因是什么，要求每个主管做出说明，包括如何指导新进员工，如何帮助他们尽快进入角色，熟悉业务，迅速成长为公司的业务骨干。每个主管都从各自的部门、岗位职责等总结，并诚恳地向经理及新进员工道歉：由于工作繁忙，又想到新进员工都是从专业院校毕业的，所以就疏于管理和指导，会后要落实，迅速改进。新员工也做出检讨：主要是没及时向师傅请教，擅自制单，保证以后虚心请教和学习，尽快融入公司业务运营过程。

问题：

1．配送中心包括哪些主要单据？

2．描述各种单据的信息。

3．填制和正确传递各种单据。

通过任务 2 的学习，你将能够有效解决这些问题。

根据配送中心运营实际，可能的与配送中心业务流程相适应的配送业务相关单证主要有以下几种：

1．与进出货作业相关的单据

（1）客户订单/订货单

客户订单/订货单基本包括以下类别的全部或部分信息：

① 客户信息：客户名称、客户类别、客户地址、客户代码、客户信用、客户

档案管理、联系人、联系电话、传真号等。

② 货品信息：货品代码、货品名称、货品规格、货品型号、货品计量单位、货品数量、货品单价与总价。

③ 交货方式：现货、期货、样品、标准、提货方式、送货方式。

④ 交货日期：时点、时期、随机、固定。

⑤ 交货地点：客户点、场、站、港、中间商、仓库。

⑥ 交易条款：交货期、品质、不良品处理、其他。

⑦ 注意事项：其他

订货单样式见表 11-2。

表 11-2　订货单

订单编号：　　　　　　　　　　　　　　　　年　　月　　日

客户名称		联系人	
客户地址		联系电话	
客户代码		传真号	

序号	货品代码	货品名称	规格	单位	数量	单价	总额
合计							

交货方式	
交货日期	
交货地点	
交易条款：	
注意事项：	

注：本单证一式两联　　　　核准：　　　　审核：　　　　经办：

（2）出货单/发货单

出货单或发货单基本包括以下类别的全部或部分信息：

① 客户信息：客户名称、客户地址、联系人、联系电话。

② 货品信息：货品代码、货品名称、货品规格、货品型号、货品计量单位、货品数量、货品单价、货品储位。

③ 承运单位信息：承运人、车船号、到站、联系人、专用线、保险。

④ 出货信息：发货人、理货员、结算员、复核员。

⑤ 相关费用：出库费、装卸费、包装费、运杂费、中转费、其他费用、费用合计、结算方式。

⑥ 其他。

出货单样式见表 11-3 和表 11-4。

表 11-3 出货单（一）

买方公司名称：　　　　　　　　　　出货单编号：

出货地址：　　　　　　　　　　　　出货日期：　　年　　月　　日

货品代码	货品名称	规格	单位	数量	单价	金额	储位	备注
总计								

仓库：　　　　　　　　审核：　　　　　　　　填表：

表 11-4 出货单（二）

客户代码		收货单位名称				联系人	
卸货地点						联系电话	
承运单位			承运方式			出货类别	
序号	货品名称	单位	数量	金额	实装数量	实收数量	备注
总计							

仓库：　　　　　　　　审核：　　　　　　　　填表：

（3）订货明细表

订货明细表基本包括以下类别的全部或部分信息：

① 客户信息：公司名称、公司地址、公司性质、客户类别、客户信用、联系人、联系方式、邮政编码。

② 货品信息：货品名称、规格、型号、质量标准、数量、包装、厂商、产地、保质期、条形码、包装标志。

③ 订货信息：订货数量、订货日期、运输方式。

④ 交货信息：交货次数、交货数量、交货日期、交货品种、交货地点、包装、服务。

⑤ 运输信息：运输方式、承运人、装车要求、保险、保险费率。

⑥ 付款方式：现金、支票、本票、汇票、信用证、信用期、信用条件。

订货明细表样式见表 11-5。

表 11-5　订货明细表

订单号码					客户名称				
货品名称					客户地址				
规格					运输标志				
批号等级									
订货数量					订货日期			运输方式	
交货次数	1	2	3	4					
交货量					付款方式		交易方式		
用途					包装		体积		
交货日期			年　月　日		出货日期			年　月　日	
色号	箱数	箱号	毛重	净重	色号	箱数	箱号	毛重	净重
总计					总计				
备注					备注				

主管：　　　　　　　　　　制表：

（4）客户订货统计明细表

客户订货统计明细表基本包括以下类别的全部或部分信息：

① 客户信息：公司名称、公司地址、公司性质、客户类别、客户信用、联系人、联系方式、邮政编码。

② 货品信息：货品名称、规格、型号、质量标准、数量、包装、厂商、产地、保质期、条形码、包装标志。

③ 价格信息：单价、总价、价格折让。

④ 订货信息：订货数量、订货日期、运输方式。

⑤ 交货信息：交货次数、交货数量、交货日期、交货品种、交货地点、包装、服务。

客户订货统计明细表样式见表 11-6。

表 11-6　客户订货统计明细表

<table>
<tr><td>客户代码</td><td colspan="6"></td><td colspan="3">联系人</td><td colspan="5"></td></tr>
<tr><td>客户名称</td><td colspan="6"></td><td colspan="3">电话</td><td colspan="5"></td></tr>
<tr><td>客户地址</td><td colspan="6"></td><td colspan="3">E-mail</td><td colspan="5"></td></tr>
<tr><td>货品名称</td><td colspan="3">货品规格</td><td colspan="3">订货数量</td><td colspan="3">订货日期</td><td colspan="3">交货日期</td><td colspan="2">备注</td></tr>
<tr><td></td><td colspan="3"></td><td colspan="3"></td><td colspan="3"></td><td colspan="3"></td><td colspan="2"></td></tr>
<tr><td></td><td colspan="3"></td><td colspan="3"></td><td colspan="3"></td><td colspan="3"></td><td colspan="2"></td></tr>
<tr><td></td><td colspan="3"></td><td colspan="3"></td><td colspan="3"></td><td colspan="3"></td><td colspan="2"></td></tr>
<tr><td></td><td colspan="3"></td><td colspan="3"></td><td colspan="3"></td><td colspan="3"></td><td colspan="2"></td></tr>
<tr><td></td><td colspan="3"></td><td colspan="3"></td><td colspan="3"></td><td colspan="3"></td><td colspan="2"></td></tr>
<tr><td>月份
价格
货品名</td><td>1</td><td>2</td><td>3</td><td>4</td><td>5</td><td>6</td><td>7</td><td>8</td><td>9</td><td>10</td><td>11</td><td>12</td><td>总计</td><td>备注</td></tr>
<tr><td></td><td></td><td></td><td></td><td></td><td></td><td></td><td></td><td></td><td></td><td></td><td></td><td></td><td></td><td></td></tr>
<tr><td></td><td></td><td></td><td></td><td></td><td></td><td></td><td></td><td></td><td></td><td></td><td></td><td></td><td></td><td></td></tr>
<tr><td></td><td></td><td></td><td></td><td></td><td></td><td></td><td></td><td></td><td></td><td></td><td></td><td></td><td></td><td></td></tr>
<tr><td></td><td></td><td></td><td></td><td></td><td></td><td></td><td></td><td></td><td></td><td></td><td></td><td></td><td></td><td></td></tr>
<tr><td></td><td></td><td></td><td></td><td></td><td></td><td></td><td></td><td></td><td></td><td></td><td></td><td></td><td></td><td></td></tr>
</table>

制表人：　　　　　　　　　　　　　　　　　　　制表日期：　　　年　　月　　日

（5）验收单

验收单基本包括以下类别的全部或部分信息：

① 供应商信息：供应商名称、地址、性质、联系人、联系方式、邮政编码。

② 采购信息：订单号、合同号、发票、采购计划、运输单。

③ 货品信息：货品名称、规格、型号、生产日期、批号/批次、外观质量、数量、计量单位、到货日期、产地、厂商、运单号。

④ 运输信息：承运人、车船号、到站、联系人、专用线、保险。

⑤ 发票信息：商业发票、增值税专用发票、运输发票。

⑥ 注意事项：其他需要注意的事项。

验收单样式见表 11-7、表 11-8 和表 11-9。

表 11-7 验收单（一）

厂商： 验收单号： 年 月 日

采购单号	品名	规格	交货数量	采购数量	短缺或退货数量	单价	总价	生产日期
备注								

主管： 证明人： 验收人：

表 11-8 验收单（二）

验收单号：

验收日期		承运单位					
品名		代码				采购单号	
厂商		发票号码		数量		金额	

验收量		退货量		单价		总价		核对	
验收员		验收日期		进账		进账日期			

说明：

表 11-9 验收单（三）

订购单编号： 验收单编号：

序号	品名	订购数	单位	规格符合（是/否）	实收数	单价	总价
是否分批交货 □是 □否		会计科目		供应厂商		合计	

主管： 证明人： 验收人：

（6）送货验收单

送货验收单基本包括以下类别的全部或部分信息：

① 进货信息：进货单、采购计划、购销合同、发票。

② 货品信息：货品名称、规格、型号、生产日期、批号/批次、外观质量、数量、计量单位、到货日期、产地、厂商、运单号。

③ 收货信息：入库通知单、交接单、磅码单、验收记录。

④ 发票信息：商业发票、增值税专用发票。

⑤ 检验信息：验收单、检验单、商检证书。

⑥ 处理信息：处理方式、记录、人员。

⑦ 备注：其他。

⑧ 签章。

送货验收单样式见表 11-10。

表 11-10 送货验收单

送货验收单编号： 年 月 日

送货时间		厂商名称	订购数								
货物代码			交货数								
订单号码		品名规格	点收数								
发票号码			实收数								
检验项目	检验规格	检验状况									
检验数量		不良数		不良率							
处理情况	接收		拒收		特检		全检				
备注		仓库主管		入库员		质量主管		检验员		点收员	

（7）交货验收单

交货验收单基本包括以下类别的全部或部分信息：

① 订货信息：订货数量、订货日期、运输方式。

② 交货/收货信息：入库通知单、交接单、磅码单、验收记录。

③ 发票信息：商业发票、增值税专用发票。

④ 检验信息：验收单、检验单、商检证书。

⑤ 处理信息：处理方式、记录、人员。

⑥ 备注。

⑦ 签章。

交货验收单样式见表 11-11。

表 11-11　交货验收单

交货验收单编号：　　　　　　　　　　　　　　　　　　　　　年　　月　　日

<table>
<tr><td>订单编号</td><td colspan="6"></td><td colspan="2">发票号码</td><td colspan="4"></td></tr>
<tr><td>订购数</td><td colspan="6"></td><td colspan="2">交货数</td><td colspan="4"></td></tr>
<tr><td>点收数</td><td colspan="6"></td><td colspan="2">实收数</td><td colspan="4"></td></tr>
<tr><td>检验项目</td><td colspan="2">检验规格</td><td colspan="6">检验状况</td><td colspan="2">数量</td><td colspan="2">判定</td></tr>
<tr><td></td><td colspan="2"></td><td colspan="6"></td><td colspan="2"></td><td colspan="2"></td></tr>
<tr><td></td><td colspan="2"></td><td colspan="6"></td><td colspan="2"></td><td colspan="2"></td></tr>
<tr><td></td><td colspan="2"></td><td colspan="6"></td><td colspan="2"></td><td colspan="2"></td></tr>
<tr><td></td><td colspan="2"></td><td colspan="6"></td><td colspan="2"></td><td colspan="2"></td></tr>
<tr><td></td><td colspan="2"></td><td colspan="6"></td><td colspan="2"></td><td colspan="2"></td></tr>
<tr><td></td><td colspan="2"></td><td colspan="6"></td><td colspan="2"></td><td colspan="2"></td></tr>
<tr><td>检验数量</td><td colspan="2"></td><td colspan="2">不良数</td><td colspan="2"></td><td colspan="2">不良率</td><td colspan="4"></td></tr>
<tr><td>处理情况</td><td>接收</td><td></td><td colspan="2">拒收</td><td colspan="2"></td><td colspan="2">特检</td><td></td><td>全检</td><td colspan="2"></td></tr>
<tr><td>备注</td><td colspan="2"></td><td></td><td></td><td></td><td></td><td></td><td></td><td></td><td></td><td></td><td></td></tr>
</table>

（8）出货通知单

出货通知单基本包括以下类别的全部或部分信息：

① 出货信息：发货人、理货员、收货人、发货数量、完好状况。

② 货品信息：货品名称、规格、型号、生产日期、批号/批次、外观质量、数量、计量单位、到货日期、产地、厂商、运单号。

③ 包装信息：箱、袋、托盘、标志、条码信息。

④ 运输方式：承运人、运输工具、运费、运杂费、保险及保险费率。

⑤ 其他。

出货通知单样式见表 11-12。

表 11-12　出货通知单

通知单编号：　　　　　　　　　　　　　　　　　　　　　　　　年　　月　　日

出货日期：　　　　年　月　日　时	
货物名称：	数量：
包装描述：	
承运单位：	收货人：
运输方式：	地址：
出货类别：	货物起运时间：
其他说明事项：	
批示：	

（9）退货单

退货单基本包括以下类别的全部或部分信息：

① 退货原因：发错货、质量瑕疵、包装损坏。

② 退货物品信息：货品名称、规格型号、生产日期、批号/批次、外观质量、数量、计量单位、到货日期、产地、厂商、运单号。

③ 签章。

退货单样式见表 11-13。

表 11-13　退货单

编号：　　　　　　　　　　　　　　　　　　日期：

货品编号	货品名称	单　位	数　量	原　因	签　章

经办人：

2. 与存储作业相关的单据

配送中心与存储作业相关单据主要是入库单或收货单，基本包括以下类别的全部或部分信息：

① 入库物品信息：货物名称、规格型号、生产日期、批号/批次、外观质量、数量、计量单位、到货日期、产地、厂商、运单号。

② 编号：条形码 、物品编码、顺序号、流水线号。

③ 时间：年、月、日。

④ 储位信息：库、货架（排）、列、货层，用四号定位或地址法确定。

⑤ 供应商信息：公司名称、公司规模、公司地址、公司性质、联系电话、交货期、优惠条件、技术、标准、信誉。

入库单样式见表 11-14。

表 11-14　入库单

入库单编号：　　　　　　　入库时间：　　　　　　　日期：　　　年　　月　　日

序号	货品编号	货品名称	规格	单位	预计进货量	实际进货量	储位	供应商

主管：　　　　　　　　　　　　经办人：

3. 与拣货作业相关的单据

（1）拣货单

拣货单基本包括以下类别的全部或部分信息：

① 类别：客户拣货单、品种拣货单。

② 客户信息：客户名称、联系人、联系电话、传真号、客户地址、客户代码、客户类别、客户信用、客户档案。

③ 拣货信息：拣货资料、客户订单。

④ 货品信息：货品名称、规格型号、生产日期、批号/批次、外观质量、数量、计量单位、到货日期、产地、厂商、运单号。

⑤ 货位信息：储存区、储存货架、列、货层。

⑥ 包装信息：托盘、周转箱、单品、大包装、小包装。

⑦ 生产厂家：公司名称、公司规模、公司地址、公司性质、联系电话、交货期、优惠条件、技术、标准、信誉。

⑧ 备注。

拣货单样式见表 11-15 和表 11-16。

表 11-15　品种拣货单

<table>
<tr><td>拣货单编号</td><td></td><td>货品编号</td><td></td><td rowspan="6">数量</td><td colspan="3">包装单位</td><td>储位号码</td></tr>
<tr><td>货品名称</td><td></td><td>规格型号</td><td></td><td>箱</td><td>托盘</td><td>单品</td><td></td></tr>
<tr><td>生产厂家</td><td colspan="3"></td><td></td><td></td><td></td><td></td></tr>
<tr><td colspan="4">拣货日期：　年　月　日至　年　月　日</td><td></td><td></td><td></td><td></td></tr>
<tr><td colspan="4">核查日期：　年　月　日至　年　月　日</td><td></td><td></td><td></td><td></td></tr>
<tr><td colspan="2">拣货人：</td><td colspan="2">核查人：</td><td></td><td></td><td></td><td></td></tr>
</table>

序号	订单编号	客户名称	包装单位	数量	出货单位	备注

表 11-16　客户拣货单

<table>
<tr><td>拣货单编号</td><td colspan="4"></td><td colspan="2">客户订单编号</td><td></td></tr>
<tr><td colspan="8">客户名称：</td></tr>
<tr><td colspan="5">出货日期：</td><td colspan="2">出货货位号</td><td></td></tr>
<tr><td colspan="5">拣货日期：　年　月　日至　年　月　日</td><td colspan="3">拣货人：</td></tr>
<tr><td colspan="5">核查日期：　年　月　日至　年　月　日</td><td colspan="3">核查人：</td></tr>
<tr><td>序号</td><td>储位号</td><td>货品编号</td><td>货品名称</td><td>规格型号</td><td>单位</td><td>数量</td><td>备注</td></tr>
<tr><td></td><td></td><td></td><td></td><td></td><td></td><td></td><td></td></tr>
<tr><td></td><td></td><td></td><td></td><td></td><td></td><td></td><td></td></tr>
</table>

（2）拣货时间统计表

拣货时间统计表基本包括以下类别的全部或部分信息：

① 拣货单号信息：客户拣货单、品种拣货单。

② 拣货货品信息：货品名称、规格型号、生产日期、批号/批次、外观质量、数量、计量单位、到货日期、产地、厂商、运单号。

③ 拣货人员信息：拣货组、拣货员。

④ 拣货设备信息：自动分拣设备、输送机、拣货台车。

拣货时间统计表样式见表 11-17。

表 11-17　拣货时间统计表

日期	拣货单号	拣货时间			捡货人员	拣货设备
		开始	结束	经过时间		

4. 与补货作业相关的单据

与补货作业相关的单据主要是补货单，它基本包括以下类别的全部或部分信息：

① 日期信息：月、日、储位、补货数。

② 时间信息：固定时间、随机。

③ 货品信息：货品名称、规格型号、生产日期、批号/批次、外观质量、数量、计量单位、到货日期、产地、厂商、运单号。

④ 其他。

补货单样式如见表 11-18。

表 11-18　补货单

补货日期：

补货时间：　　　　　　　　类别：　　　　　　　　补货单编号：

项次	货品编号	货品名称	规格	单位	需求数	实发数	货源储位

主管：　　　　　　　　　　　　　经办人：

5. 与盘点作业相关的单据

与盘点作业相关的单据主要是盘点调整表，它基本包括以下类别的全部或部分信息：

① 货品信息：货品名称、规格型号、生产日期、批号/批次、外观质量、数量、计量单位、到货日期、产地、厂商、运单号。

② 账面信息：发出、收货、结存。

③ 增加或减少信息：品项、规格、数量、价格。

④ 调整信息：已调整、待调整。

⑤ 调整原因：替代品、盘盈、盘亏。

⑥ 盘点时间信息：动态盘点、循环盘点、定期盘点。

盘点调整表样式见表 11-19。

表 11-19　盘点调整表

盘点调整表编号：　　　　　　　　　　　　　　　　　　　　年　　月　　日

货品编号	货品名称	单位	账面结存数	增加数	减少数	调整后结存数	调整原因说明

6．与配送作业相关的单据

与配送作业相关的单据主要是配送计划表，它基本包括以下类别的全部或部分信息：

① 客户信息：客户名称、联系人、联系电话、传真号、客户地址、客户代码、客户类别、客户信用、客户档案。

② 订购商品信息：货品名称、规格型号、生产日期、批号/批次、外观质量、数量、计量单位、到货日期、产地、厂商、运单号。

③ 销售信息：客户、销售地区、数量、价格、结算。

④ 毛利信息：单价、数量、总金额、成本、费用。

⑤ 备注。

配送计划表样式见表 11-20。

表 11-20　配送计划表

序号	客户名称	预计订购商品	1月	2月	3月	4月	5月	6月	累计销售额	预计毛利	备注

制表人：　　　　　　　　　　　　　　　　　制表日期：　　年　　月　　日

7．其他相关单据

（1）配送中心方案比较表

配送中心方案比较表基本包括以下类别的全部或部分信息：作业区域信息、

方案信息、其他。

配送中心方案比较表样式见表 11-21。

表 11-21 配送中心方案比较表

项次	作业区域	A 方案布置		B 方案布置		C 方案布置	
		基本需求面积	规划布置面积	基本需求面积	规划布置面积	基本需求面积	规划布置面积
1	装卸货平台						
2	进货暂存区						
3	理货区						
4	储存区						
5	拣货区						
6	补货区						
7	散装拣货区						
8	分类区						
9	集货区						
10	出货暂存区						
11	退货处理区						
12	退货品暂存区						
13	托盘暂存区						
14	容器储存区						
15	厂区大门						
16	保卫室						
17	一般停车场						
18	运输车辆停车场						
19	环境美化区域						
20	大厅						
21	电梯间						
22	楼梯间						
23	主管办公室						
24	一般办公室						
25	会议室						
26	训练教室						
27	计算机室						
28	工具室						
29	搬运设备停放区						
30	机房						
31	盥洗室						
32	休息室						
33	接待室						
34	驾驶人休息室						
35	餐厅						
36	合计						

（2）配送作业规范与人力需求分析表

配送作业规范与人力需求分析表基本包括以下类别的全部或部分信息：作业名称信息、作业内容信息、作业人员信息、人力资源规划信息、其他。

配送作业规范与人力需求分析表样式见表 11-22。

表 11-22　配送作业规范与人力需求分析表

作业名称	作业内容	作业人员	人力规划
订单处理	接受客户订单 商情反应	业务部订单处理员	
派车	配送车辆安排 车辆调度	运输部配送车辆调度员	
理货	出货拣货、集货 储位补货 缺货报告	仓储部理货员	
配送加工	改包装 贴标签 外包加工 包装材料 加工计价	仓储部物流加工员	
出货	商品复点、装车 单据验出 出厂检查	仓储部出货员 运输部驾驶人 仓储部门卫	
配送	物品运输、配送 退货载回 配送状况	运输部驾驶人 配送点验收员	
回库处理	配送货品退回处理 退货载回处理 单据验入	仓储部退货处理员 运输部驾驶人	
退货处理	损坏等级判定 良品入库 退回生产厂 折价出售 报废	仓储部出货员 仓储部进货员	
入库上架	商品入库上架	仓储部进货员	
仓库管理	储位管理 库存盘查 托盘管理 厂区保卫	仓储管理员	
仓库资料上传	库存资料上传 出货资料上传 进货资料上传 退货资料上传	仓储管理员	

（3）物品特性分析表

物品特性表基本包括以下类别的全部或部分信息：特性信息、资料项目信息、资料内容信息、其他。

物品特性分析表样式见表 11-23。

表 11-23　物品特性分析表

特性	资料项目	资料内容
物料性质	物态	□气体　□液体　□半液体　□固体
	气味特性	□中性　□散发气体　□吸收气体　□其他
	储存保管特性	□干货　□冷冻　□冷藏
	温湿度需求特性	温度：　℃，　湿度：　%
	内容物特性	□坚硬　□易碎　□松软
	装填特性	□规则　□不规则
	可压缩性	□可　□否
	有无磁性	□有　□否
	单品外观	□方形　□长条形　□圆柱形　□不规则形　□其他
单品规格	重量	重量：　（单位：　）
	体积	体积：　（单位：　）
	尺寸	长　宽　高　（单位：　）
	物品基本单位	□个　□包　□条　□瓶　□其他
基本包装单位规格	重量	重量：　（单位：　）
	体积	体积：　（单位：　）
	外部尺寸	长　宽　高　（单位：　）
	基本包装单位	□个　□包　□条　□瓶　□其他
	包装单位个数	（　个/包装单位）
	包装材料	□纸箱　□捆包　□金属材料　□塑料容器　□袋　□其他
外包装单位规格	重量	重量：　（单位：　）
	体积	体积：　（单位：　）
	外部尺寸	长　宽　高　（单位：　）
	基本包装单位	□托盘　□箱　□包　□其他
	包装单位个数	（　个/包装单位）
	包装材料	□纸箱　□捆包　□金属材料　□塑料容器　□袋　□其他

关键术语

信息系统　　管理信息系统

物流单据

思考题

1．描述配送中心的信息流。
2．什么是信息系统？
3．简述配送中心管理信息系统的功能与作用。
4．简述配送中心管理信息系统的结构和内容。
5．简述配送中心运营中的单据填制与传递方法。

案例分析：

宝供全面订单管理（TOM）案例

信息系统建设一直贯穿在宝供集团的发展历程中。1997—1998 年，宝供初步建立基于互联网（Internet）的物流信息系统；1999—2001 年，基于电子数据交换（EDI），与客户实现数据对接；2002—2003 年则立足于电子商务（B2B），致力于与客户结成供应链一体化合作伙伴。在第三个阶段中，TOM 处于核心地位。

TOM 项目作为宝供 2002—2003 年度的重点项目，对公司的订单管理进行了广泛的变革。之所以称为变革而非改进，其本质的区别在于，TOM 不再局限于业务运作层面，它两端向市场和财务深度延伸，再加上本身集成的供应商管理、索赔理赔等辅助功能模块，完全实现了信息流闭环和一票到底的全面订单管理。

1．问题迫使自己研发

随着公司规模扩大，经营范围扩张，宝供集团业务运作相关的流程和相关的信息支撑在满足内部客户和外部客户方面都存在一些准确、规范、及时性方面的问题，如现有的信息系统之间的信息孤岛问题、业务流程的分立问题、对执行过程的忽视问题等。这些问题的存在直接影响了总体业务运作质量，降低了上层对业务的监控能力，同时也影响了公司的决策和客户对服务的满意度。

基于对上述情况的思索，宝供集团决定建立一套真正适用、有效且能够起到统筹和支撑作用的物流一体化信息系统。结合未来公司信息系统结构的思路，这套系统将成为 ERP 的核心模块。由于物流业的行业特性以及中国物流业存在太多的特色因素，宝供集团决心自主开发物流一体化信息系统，这促成了 TOM 的诞生。

2．基本原理

TOM 主要包含以下三个方面的内容：

（1）流程

结构化的订单处理流程是全面订单管理的核心。宝供的 TOM 项目为了实现订单处理的事前计划、事中控制、事后考核，设计了结构化业务核心流程模块。

（2）组织

组织是根据流程设计的，组织的设计是流程得以实现的根本保障。宝供 TOM 系统根据客户订单特点和宝供运作特点设计了业务部门组织工作职责，其特点是：围绕工作流程而不是部门职能来建立机构，传统的部门边界被打破。改变金字塔形的等级机构，取消中间层级，实现纵向层级扁平化；管理的任务委托到更低的层次；管理组织体现专业分工与人力资源整合的原则，有利于提高劳动生产率。

（3）IT 技术

在全面订单管理项目中，流程和组织实现的支撑基础是现代信息技术的应用。

3. 技术标准

全面订单管理项目采用的技术标准有：B/S 多层网络架构标准；IT 系统架构符合 J2EE 标准；XML 通信协议标准；SOAP 电子商务平台通信协议标准。

4. 关键技术的解决

（1）数据挖掘与法典化存储

数据是系统运行最为基础和重要的元素，为了保证全面订单管理系统运行的稳定与高效，必须解决如何将已经运作和正在运作的大量数据从原有系统中挖掘出来，并且正确地识别出有效信息和无效信息的技术问题。同时，已挖掘的数据必须结合未来的需求进行整理，规范化和法典化之后导入 TOM 系统中。

（2）客户数据接口标准化

全面订单管理是以客户的订单为中心，因此作为 TOM 系统最初始的输入之一的客户订单是十分重要的。无论是电子商务对接还是传统纸面传递信息，标准化的系统输入信息（客户订单）对全面订单管理系统的正常运行都至关重要。

（3）网络安全与信息共享

对 TOM 来说，网络安全包含两个方面：一是全面订单管理作为物流企业的核心系统之一，如何保证分布全国的运作人员使用安全和企业内部信息安全；二是全面订单管理作为物流企业与客户进行电子商务对接的系统，如何保证每个客户的数据和第三方物流企业的数据是有效隔离的。

5. 实施效果

通过全面订单管理系统的实施，达到与国际物流公司相当的订单管理和客户服务水平，初步具有国际物流竞争力。全面订单管理系统将为公司每年节约 15% 的运作成本，将物流运作部门人均劳动生产率提高 20%。全面订单管理系统的开发与实施，将在电子商务时代与客户结成更紧密的战略联盟，实现更大范围的信息共享，每年能够为客户节约 2%～4%的物流成本。

（1）促进企业业务流程的改造

首先是对业务流程进行改造，特别是订单管理业务流程的改造，在订单的接收、调度、发运、跟踪、结算等各环节进行优化流程设计和高效管理，然后在供应链的上下游环节，如仓储、运输以及供应链的延伸环节，如市场开发和财务管理方面进行相应的流程改造。其次是在组织管理机构上进行调整，按流程改造的要求组织相应的部门，设置有关岗位和考核标准，使业务流程改造获得基本保证。

（2）规范信息处理流程，提高信息共享效率

全面订单管理系统的实现加速了上下游系统的接口标准化工作。通过信息平台，完成与仓库、运输、采购、结算、质量控制和系统决策各管理模块的信息交互标准约定，奠定了信息全程共享的基础。

（3）系统在技术上采用了多项业界标准

对于提高系统的效率、稳定性和可移植能力等方面有较强的支持作用。

（4）体现了宝供作为第三方物流公司的管理思想

以订单为驱动，实现了跨部门、跨地区的一体化业务流程管理，承载了宝供为客户提供一体化物流方案的服务模式。

该系统的实施获得了综合效益，效益分为两个方面：一是社会效益和企业管理层面的效益，无论在订单处理速度、业务管理监控点、订单跟踪服务还是业务处理自动化程度等方面都有明显提高；二是综合经济效益方面，能给企业营业收入和国家利税两个方面都带来利益。

（资料来源：www.wuliu.org）

问题：

1．说明宝供物流管理信息系统的发展变化过程。

2．说明宝供物流管理信息系统存在的问题。

3．描述宝供的 TOM 的原理。

4．阐述宝供的 TOM 的优势与效果。

12 项目 12 配送中心作业绩效评价

知识目标

1. 了解配送中心作业绩效评价的定义
2. 了解配送中心作业绩效评价的目标和意义
3. 了解配送中心作业绩效评价的原则
4. 了解配送中心作业绩效评价的内容
5. 掌握配送中心作业绩效评价的指标体系
6. 掌握配送中心作业绩效评价指标的分析方法
7. 掌握配送中心作业绩效评价指标的管理理论

能力目标

1. 熟悉配送中心作业绩效评价指标体系
2. 熟悉具体指标内容与计算公式
3. 分析指标变动的经济含义、原因与对策

任务 1　配送中心作业绩效评价概述

案例：

2014 年 3 月 28 日，佳美零售商业有限责任公司人力资源部组织对公司的 M 配送中心进行绩效考评。配送中心仓库面积为 20000m^2，仓库内分为分拣区域和暂存区域，中心进出货口有 110 多个，每个进出货口都需要专人负责管理，服务是 24h 全天候的，采用条形码管理、IT 技术，用户在任何时候都可以查询到货物位置，无论是在货车上还是货位上，该配送中心随着业务增长的需要，改变原有策略，划分出仓储区域，用于储存存期较长的货物，但一般的货物存期在一周左右；该中心最主要的收益来自于长途运输，所有车辆都有公司的标

志，但车辆为该公司外租的，公司认为业务规模不足时，公司自有车辆会增加其运营成本。

问题

1. 企业成功的关键在于什么？
2. 配送中心作业绩效评价的目标是什么？
3. 配送中心作业绩效评价的原则是什么？

通过任务 1 的学习，你将能够解决上述问题。

1. 配送中心作业绩效评价的含义

配送是现代物流重要组成部分，而配送中心是提高企业物流组织化程度、实现集约化经营的有效形式。

绩效评价能够正确判断配送中心的实际经营水平，提高经营能力，改善管理，从而增加配送中心的整体效益。

（1）企业绩效

绩效一词在英文里含义为“表现”，企业绩效是指在一定的经营期间内企业经营效益和经营者业绩。企业经营效益主要表现在盈利能力、资产运营水平、偿债能力和后续发展能力等方面。经营者业绩主要表现为经营者在经营管理企业的过程中企业的经营、发展所取得的成果和所做出的贡献。

（2）企业绩效评价

企业绩效评价是运用数理统计和运筹学方法，采用特定的指标体系，依据统一的评价标准，按照一定的程序，通过定量、定性分析，对企业在一定的经营期间内的经营效益和经营者的业绩，做出客观、公正和准确的综合判断。

评价内容重点在盈利能力、资产运营水平、偿债能力和发展能力等方面。

（3）物流绩效

物流绩效通常是指物流活动中一定量的劳动消耗和劳动占用与符合社会需要的劳动成果的对比关系，即投入与产出的比较。物流活动是指运输、仓储、装卸、搬运、包装、流通加工、物流信息、配送等要素或功能的物流服务，包含物流增值服务；劳动成果是物流服务的内容、质量、水平及客户满意度。

（4）配送中心作业绩效

配送中心作业绩效是指配送中心依据客户订单在组织配送运作过程中的劳动消耗和劳动占用与所创造的物流价值的对比关系，或者是配送运作过程中配送中心投入的配送资源与创造的物流价值的对比。

（5）配送中心作业绩效评价

配送中心作业绩效评价是指对物流价值的事前计划与控制以及事后的分析与评估，以衡量配送中心配送系统和配送活动全过程的投入与产出状况。

2．配送中心作业绩效评价的目标和意义

（1）配送中心作业绩效评价的目标

配送中心作业绩效评价的实质是物流配送服务能力、竞争能力和发展能力的评价。对配送中心的绩效评价，应当从提高物流配送服务水平的角度对物流运作活动的总体绩效做出评价。

① 通过评价服务水平和配送成本，并与以往进行比较分析，向管理者和客户提供绩效评估报告。

② 应用配送系统标准体系实时对配送系统运作绩效进行控制，以此改进配送运作。

③ 评价配送中心各业务部门和人员的工作绩效，达到激励员工、实现更优化配送运作效率的目的。

④ 评价配送中心作业绩效，了解配送中心空间、人员、设施、物品、订单、时间、成本、品质、作业规划等各个要素的状况，以便做出改进的措施。

（2）配送中心作业绩效评价的意义

① 提出和追踪物流运作目标以及完成情况，并进行不同层次和角度的分析和评价，实现对物流活动的事先控制。

② 判断配送中心目标的可行性和完成程度，进而调整物流目标。

③ 提升物流绩效。

④ 是企业内部监控的有效工具和方法。

⑤ 分析和评估配送中心资源素质与能力，确定物流发展战略。

3．配送中心作业绩效评价的原则

（1）客观公正原则

配送中心绩效评价的指标体系、标准、程序和方法，应该科学、实用和规范。评价结果应具有可比性，与实际经营绩效水平相符合，评价结论形成的信息对决策有价值。

（2）经常化、制度化原则

配送中心必须制定科学合理的绩效评价制度，将正式评价与非正式评价相结合，形成评价经常化、制度化。

（3）目标与激励原则

配送中心绩效评价体系的设计目标和激励是不可少的，而目标的实现是很重要的激励机制。

（4）时效与比较原则

为了及时了解配送中心运营的效益与业绩，应该及时进行评价。评价绩效，数据是最佳的衡量工具，但是如果没有比较的基准数据，再及时的评价也是徒劳的。因此，配送中心的盈余或亏损，须与过去的记录、预算目标、同行业水准、国外水平等进行比较，才能鉴别其优劣。一定的基准数据与评价企业的经营结果进行比较及分析，配送中心绩效评价才具有实际意义。

（5）内容全面原则

综合、全面地评价配送中心绩效，必须把影响配送中心经营效益和经营业绩的各种因素都作为评价范围，在详细研究、分析国内外配送中心绩效评价现状和发展的基础上，结合我国的实际情况，设计出反映配送中心绩效的评价指标体系和评价内容。

（6）可操作性强原则

无论多么完美的评价体系，如果操作繁杂，就不能被广泛接受，即便是勉强接受，在实施过程中也会出现操作的失误。要确保配送中心绩效评价的操作简便，这样有利于提高工作效率，便于推广利用。

任务 2　配送中心作业绩效评价的指标体系

案例：

2014 年 3 月 28 日，人力资源部在对 M 配送中心考评中，收到客户及企业员工的一系列抱怨，问题主要集中反映在：频繁的缺货；客户服务响应性差；产品价格太高；公司如果还要继续和客户合作，就需要在以下几个方面做出改进：①每周提高直接仓储交货，以便减少缺货现象；②建立一套自动订货处理系统，以提高客户服务响应性；③做好企业成本控制及作业绩效管理，进一步降低产品价格。

问题

1．配送中心作业绩效评价的内容是什么？
2．配送中心作业绩效评价的原则是什么？
3．配送中心作业绩效评价的指标是什么？
4．如何进行企业绩效指标的分析？

通过任务 2 的学习，你将能够解决上述问题。

1．配送中心作业绩效评价的内容和指标选择

（1）配送中心作业绩效评价的内容

● 配送中心财务方面：包括配送成本、配送业务量、配送业务营业收入、配送利润水平及利润趋势的评价等。

● 配送中心技术方面：包括配送中心业务流程的评价、配送中心设施设备的配置及运行的评价等。

● 配送中心资源方面：包括能源利用率、原材料利用率、回收率及资源对环境的影响情况等。

（2）配送中心作业绩效评价指标的选择

1）选择评价指标的原则

① 选择的指标能反映配送中心整体或个别作业单位的业绩。

② 选择的指标确实能反映负责人或经理人的努力程度，同时，对于不是他所能控制的因素也应能适当显示。

③ 选择的指标要有助于问题点的分析，这样才能协助配送中心找到加强改进的方向。

因此，选取的配送中心业绩评价指标既包含整体评价指标，又包含个别作业单位评价指标。同时，以各个作业为切入点，考查各部门人员的努力程度。

2）评价指标体系的选择

在配送中心运作中，几乎每一项作业都有其不同的人力与设备，且每一项作业重点评价不相同。有些作业集中在劳动力的支出，有些作业取决于管理决策，而有些作业则与设备的多少、设施的大小有密切关系。因此，在选择配送中心评价指标体系时，首先针对配送中心各项作业的内容，给出一些细化指标，由这些指标分析出问题的症结，决定从哪些作业、哪些要素着手改善，最能有效快速地提升配送中心整体运行效率；再配合公司管理人员一起评价配送中心整体绩效。配送中心评价指标体系的选择主要应注意以下几个方面：

① 配送中心作业项目的划分。由于配送中心的主体不同、功能不同、规模不同、类别不同，作业管理方式会不完全相同。但是，在作业流程方面却基本相同，都包含一些基本的作业项目，如订单接收与确认、进货、存储、装卸、搬运、盘点、订单处理、拣货、配货、送货、补货等。

② 配送中心作业项目评估要素的选择。针对配送中心运营作业，选择的评价指标应综合反映以下要素内容：

a．设施空间利用率。衡量配送中心设施空间是否已经充分利用。配送中心设施是指除人员、设备以外的一切硬件，包括办公室、生活区、收货区、储存区、拣货区、出货区等区域空间的安排及一些消防设施的设置等。该指标主要考虑配送中心空间利用率、有效度，即提高单位土地面积的使用效率。对设施空间利用率的评价以货架、储存区的存储量、每日配货场地的配货周转次数等为主要指标。

b．人员作业效率。人员作业效率可用来衡量每一个人员有无尽到自己最大的能力，是配送中心经营活动绩效评估的主要内容，一般从以下三方面进行分析：

首先是人员编制。要求人员的分配达到较为合理的程度，杜绝忙闲不均情形发生，以防影响到员工的情绪及效率。人员编制情况从以下四方面进行评价：工作需要、工作量、加班合理性、人员流动性。

其次是人员效率。人员效率是管理的目的，一般以工时进行评估。配送中心由于工时不如生产企业容易掌握，所以，除工时外，也可以销货收入、出货量、作业单元数等来评估人员效率。

最后是员工待遇。

c．设备利用率。设备利用率用来衡量资产设备有无发挥最大产能。配送中心设备主要用于保管、搬运、装卸、分拣、包装、流通加工、送货等物流作业活动。由于各种作业有一定的时间性，设备工时不易计算，因此除以机器移动时间来评估外，也可以单位时间内机器设备的产出量、产出金额、作业单元数、操作速率与故障率等，来评价和提升设备利用率。

d．物品、订单效率。物品、订单效率用来衡量物品销售贡献是否达到预定目标，关键在于配送中心集货的效率，如货品的种类、货品的数量、货品的质量等。

e．作业规划管理能力。作业规划管理能力衡量管理层决策规划是否合理。管理层规划出最佳的作业方式将使作业活动效率大幅提升；反之，则不会达到预期效果。

f．时间效益率。时间效益率可衡量每一项作业时间利用是否最有效。缩短作业时间一方面可以使工作效率提高，另一方面可以使交货期提前。时间是衡量效率最直接的因素，最容易看出整体作业能力的高低。评估时间效益，主要是掌握单位时间内的收入、产出量、作业单元数及各作业时间比率。

g．成本率。成本率可衡量某作业的成本费用是否合理。配送中心的物流成本是指直接或间接用于收货、储存、保管、拣货、配货、包装、流通加工、信息处理、配装、补货、送货及其他增值服务的费用的总和。

h．品质水平。品质水平可衡量产品及服务品质是否达到客户满意的水准。对于品质的管理，一方面要建立合理的质量标准，另一方面要加强对存货管理及作业过程的监督，尽可能避免不必要的损耗、缺货、不良率等，以降低成本，提高客户的服务质量。

维护品质标准可从以下四方面寻找对策：人员、货品、机械设备和作业方法。

2．配送中心作业绩效评价指标体系

（1）进货作业与出货作业

进货作业包括把物品等物资做实体上的领取，从货车上将货物卸下、开箱、检查其数量和质量，然后将有关信息书面化等一系列工作。

出货作业是将拣取分类完成的货品做好出货检验后，根据各个车辆或配送路线将货品运至出货准备区，而后装车配送的物流活动。

进出货作业是配送中心整个流程中处在两端的作业，它的效率直接影响着配送的质量。衡量进出货作业效率的指标有：

1）空间利用率

空间利用率主要考核配送中心站台的使用情况，是否因数量不足或规划不当造成空间利用效率低下。具体指标及其计算公式如下

站台使用率=进出货车次装卸货停留总时间/（站台泊位数×工作天数×每天工作时数）

站台高峰率=高峰车数/站台泊位数

① 站台使用率高，表示站台停车泊位数量可能不足，将造成交通拥堵。可采取以下措施：

a．增加停车泊位数。

b．为提高效率，让进出配送中心的车辆有序行使、停靠、装卸货作业。

c．增加进出货作业人员，加快作业速度，减少每辆车停留装卸时间。

② 若站台使用率低，站台高峰率高，表示虽然车辆靠站台平均时间不长，站台停车泊位数量仍然有余，但在高峰时间进出货车辆存在拥堵现象，这种情况主要是没有控制好进出货时间段引起的。关键是要将进出车辆到达作业面的时间岔开。可采取以下措施：

a．应要求供应商依照计划准时送货，规划对客户交货的出车时间，尽量降低高峰时间的作业量。

b．若无法与供应商或客户达成共识以分散高峰期流量，则应特别在高峰时间安排人力以保持商品快速装卸搬运。

2）人员负担和时间耗用

人员负担和时间耗用用以评估进出货人员的工作分摊及作业速率，以及目前的进出货时间是否合理。具体评价指标及其计算公式如下

每人每小时处理进货量=进货量/（进货人员数×每日进货时间×工作天数）

每人每小时处理出货量=出货量/（出货人员数×每日出货时间×工作天数）

进货时间率=每日进货时间/每日工作时数

出货时间率=每日出货时间/每日工作时数

① 若每人每小时处理进出货量高，且进出货时间率也高，说明进出货人员平均每天负担过重，原因是配送中心目前业务量过大。可增加进出货人员，以减轻每人的负担。

② 若每人每小时处理进出货量低，但进出货时间率高，说明配送中心每日进出货时间长，但每人进出货负担却很轻，原因是进出货作业人员过多和物品进出货处理比较繁杂、进出货作业效率低下。可采取的措施有：

a．减少进出货人员。

b．对低效率的人员进行督促、培训，强调报酬与绩效挂钩。

c．减少单纯依靠劳动力的装卸次数。

③ 若每人每小时进出货量高，但进出货时间率低，说明上游进货与下游出货的时间可能集中于某一时段，以致作业人员必须在该时间段内承受较高的作业量。针对这种情况，可采取分散进出货作业时间的措施。

3）设备移动率

设备移动率可评估每台进出货设备的工作分摊和工作效率。具体评价指标及其计算公式如下

每台进出货设备每天的装卸货量=（出货量+进货量）/（装卸设备数×工作天数）

每台进出货设备每小时的装卸货量=（出货量+进货量）/（装卸设备数×工作天数×每日进出货时数）

① 若每台进出货设备每天的装卸货量较低，说明设备利用率差，资产过于闲置，可采取的措施是积极开拓业务，增加进出货量；将部分设备出租或移至他用。

② 若每台进出货设备每小时的装卸货量较低，原因可能在于设备运作效率出问题，若无法由加强现有设备产能或改善作业方式来提高，则应考虑置换他种设备。

资料：

配送中心必须设有专用的进出货平台，以便达到迅速作业的目标。但许多中小型配送中心，由于各方面原因，进货、验货、拣货、配货、贴条形码、捆扎、组合、包装、配装、发货系列业务都在一起，造成各种作业混乱，影响效率及准确性。分析得出如下原因：

a．未设置专用进出货平台。

b．进货区、发货区未单独设立。

c．上下游厂商不按照要求时间进出货。

d．紧急订货或生意太好造成拥挤。

e．其他。

（2）储存作业

储存作业是指对存货或物品做妥善保管，充分利用仓库空间，注重库存控制，减少资金占用，降低保管成本，减少积压、过期、变质物品的物流活动。

在管理方面要求善于利用仓库空间，有效利用配送中心每一平方米面积；加强存货管理，保证存货可得性，降低存货的缺货率；防止存货过多而占用资源和资金。衡量储存作业的指标主要有：

1）设施空间利用率

具体评价指标及其计算公式如下

储区面积率=储区面积/配送中心建筑面积

可使用保管面积率=可使用保管面积/储区面积

储位容积使用率=存货总体积/储位总容积

单位面积保管量=平均库存量/可使用保管面积

平均每品项所占储位数=料架储位数/总品项数

① 储区面积率用以衡量厂房空间利用率是否恰当。

② 可使用保管面积用以判断储区内通道规划是否合理。

③ 储位容积使用率和单位面积保管量用以判断储位规划及使用的料架是否适当，以有效利用储位空间。

④ 平均每品项所占储位数用以判断储位管理策略是否应用得当。该指标数值一般为 0.5～2.0。即使无明确的储位编号，也能迅速存取物品，不至于造成储存、拣货作业人员找寻困难，也不会产生同一品项库存过多的问题。

2）库存周转率

库存周转率是考核配送中心货品库存量是否恰当和评价经营绩效的重要指标。其计算公式如下

库存周转率=出货量/平均库存量

或

库存周转率=营业额/平均库存金额

该指标数值越高，说明库存周转越快，即用较少的库存完成同样的工作，是库存占用和积压的资金减少。或者，资金的使用率高，配送中心的利润也随货品库存周转率的提高而增加。

提高库存周转率的途径有：

① 降低库存量。

② 增加出货量和营业额。

③ 缩短订货提前期，降低订购点。

④ 运用准时生产制控制库存。

3）库存管理费率

库存管理费率用以衡量配送中心每单位存货库存管理费用。其计算公式如下

库存管理费率=库存管理费用/平均库存量

该指标数值高，说明对库存管理费用的控制不够好，应逐一检查、分析库存管理费用的内容，发现问题并予以改进。一般库存管理费用包括：

① 仓库租金。

② 保险费。

③ 损耗费（包括变质、破损、盘点短缺和盘点损失等费用）。

④ 仓库管理费用（包括出入库验收、保管、盘点人工费、仓库照明费、空调

费、温调温控费、建筑物和设备及器具的维修费等，但不包含相应折旧费等）。

⑤ 货品淘汰费用（流行商品过时、季节性商品换季等造成的损失）。

⑥ 资金费用（如货物变价损失、机会成本损失等）。

4）呆废料率

呆废料率用以测定配送中心货品耗损影响资金积压状况。其计算公式如下

呆废料率=呆废料件数/平均库存量

或

呆废料率=呆废料金额/平均库存金额

一般配送中心发生呆废料的原因有以下几种：

① 验收疏忽。

② 产品变质。

③ 仓储保管不善。

④ 存货长期积压。

⑤ 订单取消或客户退货。

⑥ 变更设计。

⑦ 新产品或替代品出现。

⑧ 市场需求变化。

（3）盘点作业

经常定期或不定期做检查，及早发现问题，以免造成日后出货的更大损失，这是盘点的目的。在盘点作业中，以盘点过程中发现的存货数量不符的情况作为评估重点。具体评价指标有：

1）盘点数量误差率

盘点数量误差率用以衡量库存管理优劣，作为改变管理方式的依据，以降低企业的损失。其计算公式如下

盘点数量误差率=盘点误差量/盘点总量

盘点误差产生的原因主要有：

① 记账员的疏忽（看错字）。

② 盘点计数错误。

③ 单据遗失，进出货未过账。

④ 捆扎包装错误。

⑤ 出入库作业时传票输入、检查点数错误。

2）盘点品项误差率

盘点品项误差率可说明发生盘点误差的主要原因。其计算公式如下

盘点品项误差率=盘点误差品项数/盘点实际品项数

3）平均盘差品金额

平均盘差品金额用以判断是否采用 ABC 分类或已采用的 ABC 存货分类法是否发生作用。其计算公式如下

平均盘差品金额=盘点误差金额/盘点误差量

该指标数值高，说明价值高的物品误差率较大，这是未实施 ABC 管理的结果，对配送中心的运营将造成不利影响。

（4）订单处理作业

订单处理作业是指由接到客户订单开始到着手准备拣货之间的作业阶段，包括订单资料确认、存货查询、单据处理等，主要评价指标有：

1）订单延迟率

订单延迟率用以衡量交货的延迟状况。其计算公式如下

订单延迟率=延迟交货订单数/订单总量

该指标数值高，说明配送中心不能按计划和客户要求的交货日期准时交货，对顾客的交货能力有待提高。

可以采取以下措施解决订单延迟问题：

① 分析订单处理流程，找出作业瓶颈，加以解决。

② 研究物流系统前后作业能否相互支持或同时进行，谋求作业的均衡性，从而缩短交货时间。

③ 掌握库存情况，防止缺货延迟。

④ 调整出车时间。

⑤ 掌握路况。

⑥ 与客户协调配送时间。

2）订单货件延迟率

订单货件延迟率可评价公司是否应实施客户重点管理。其计算公式如下

订单货件延迟率=延迟交货量/出货总量

如果订单货件延迟率高，而订单延迟率低，说明订货件数较多的客户交货延迟率比较高，应检讨配送中心是否实施客户重点管理，应调整配送中心营运策略，否则会流失重点客户。

相应对策可以是根据订单资料，按客户购买量占配送中心营业额的百分比做客户 ABC 分析，即将客户分为 A、B、C 三类，对 A 类客户实施重点管理，尽量减少延迟交货的次数，有效降低延迟率。

3）紧急订单响应率

紧急订单响应率用以评价从接单至交货的处理时间及紧急插单的处理，是反映服务质量的重要指标。其计算公式如下

紧急订单响应率=未超过 12h 出货订单/订单数量

可以采取以下策略来提高紧急订单响应率：

① 减少紧急插单的概率。

② 建立紧急插单处理系统。

③ 制定快速作业处理流程及操作规程。

4）客户取消订单率和客户抱怨率

客户取消订单率和客户抱怨率用以评价客户满意度。其计算公式如下

客户取消订单率=客户取消订单数/订单数量

客户抱怨率=客户抱怨次数/订单数量

客户取消订单率和客户抱怨率过高，原因可能在于以下几方面：

① 产品品质不良。

② 服务态度不佳。

③ 交货延迟。

④ 同业竞争激烈。

⑤ 客户本质不良。

5）缺货率

缺货率用以衡量存货控制是否适宜。其计算公式如下

缺货率=接单缺货数/出货量

可采取的降低缺货率的策略如下：

① 加强库存管理。

② 分析存货变动原因。

③ 掌握采购、补货时机。

④ 督促上游供应商准时送货。

6）短缺率

短缺率用以反映出货作业的精确度。其计算公式如下

短缺率=出货品短缺数/出货量

可采取以下措施来改善短缺率：

① 表单标准化并尽可能减少传票数。

② 注重每位员工、每次作业的工作质量。

③ 分清责任归属。

④ 注重每一作业环节检查。

此外，订单处理作业评价指标还有分析每天订单变化情况，据以研究拟定客户管理策略及业务发展状况等内容的指标。其计算公式如下

日均受理订单数=订单数量/工作天数

每订单平均订货数=出货量/订单数量

日均商品单价=营业额/订单数量

（5）拣货作业

拣货作业是配送作业的中心环节，是依据客户的订货要求或配送中心的作业计划，准确、迅速地将商品从其储位或其他区域拣取出来的作业过程，拣货时间、拣货策略及拣货的精确度影响出货品质。除极少自动化程度较高的配送中心外，拣货大多是人工配合简单机械化设备的劳动力密集作业，耗费成本较多。

1）拣货时间率

拣货时间率用以衡量拣货耗费时间是否合理。其计算公式如下

拣货时间率=每日拣货时数/每天工作时数

该指标数值高，说明容易延误出货时间，原因在于出货量多、拣货人员少或拣货效率低，可以采取相应策略加以改善。

2）每人时拣取品项数、每人时拣取次数和每人时拣取材积数

每人时拣取品项数、每人时拣取次数和每人时拣取材积数用以衡量拣货的拣取效率。其计算公式如下

每人时拣取品项数=订单总笔数/（拣取人员数×每日拣货时数×工作天数）

每人时拣取次数=拣货单位累计总件数/（拣取人员数×每日拣货时数×工作天数）

每人时拣取材积数=出货品材积数/（拣取人员数×每日拣货时数×工作天数）

提高拣取效率的方法有以下几种：

① 合理规划拣货路径。

② 合理配置储位。

③ 确定合理的拣货方式。

④ 合理安排拣货人员数量及做好工作安排。

⑤ 实现拣货的机械化、电子化。

3）拣取能量使用率

拣取能量使用率用以评价拣货能量及其使用率，判断业绩与投入资源是否相适宜。其计算公式如下

拣取能量使用率=订单数量/（一天目标拣取订单数×工作天数）

4）拣货责任品项数

拣货责任品项数用以衡量拣货员的工作负荷与效率是否得当。其计算公式如下

拣货责任品项数=总品项数/分区拣取区域数

5）拣取品项移动距离

拣取品项移动距离用以评价拣货的走行规划是否符合动线效率、目前拣货区

布置是否得当。其计算公式如下

拣取品项移动距离=拣货行走移动距离/订单总笔数

6）拣货人员装备率、拣货设备成本产出

拣货人员装备率、拣货设备成本产出用以评价配送中心对拣货作业的投资程度。其计算公式如下

拣货人员装备率=拣货设备成本/拣货人员数

拣货设备成本产出=出货品材积数/拣货设备成本

7）批量拣货时间

批量拣货时间用以衡量每批次平均拣取时间。其计算公式如下

批量拣货时间=每日拣货时数×工作天数/拣货分批次数

8）每批量包含订单张数、每批量包含品项数、每批量拣取次数、每批量拣取材积数

每批量包含订单张数、每批量包含品项数、每批量拣取次数、每批量拣取材积数用以评价每批次拣取的能力及负担，调整现有的拣货策略。其计算公式如下

每批量包含订单数=订单数量/拣货分批次数

每批量包含品项数=订单总笔数/拣货分批次数

每批量拣取次数=出货箱数/拣货分批次数

每批量拣取材积数=出货品材积数/拣货分批次数

9）单位时间处理订单数、单位时间拣取品项数、单位时间拣取次数、单位时间拣取材积数

单位时间处理订单数、单位时间拣取品项数、单位时间拣取次数、单位时间拣取材积数用以衡量配送中心对订单处理完成的把握度。其计算公式如下

单位时间处理订单量=订单数量/（每日拣货时数×工作天数）

单位时间拣取品项数=订单数量×每张订单平均品项数/（每日拣货时数×工作天数）

单位时间拣取次数=拣货单位累计总时数/（每日拣货时数×工作天数）

单位时间拣取材积数=出货品材积数/（每日拣货时数×工作天数）

10）每个订单投入拣货成本、每笔订单拣货成本、每拣取次数投入拣货成本、单位材积投入拣货成本

运用拣货成本与产出的拣货效益做比较，借以控制拣货成本，提升拣取的效益。其计算公式如下

每个订单投入拣货成本=拣货成本/订单数量

每笔订单投入拣货成本=拣货成本/订单总笔数

每拣取次数投入拣货成本=拣货成本/拣货单位累计总件数

单位材积投入拣货成本=拣货投入成本/出货品材积数

一般拣货投入成本包括：

① 人工成本，包括直接和间接拣货工时成本。

② 拣货设备折旧费，包括储存、搬运、计算机等设备的折旧费。

③ 资讯处理成本。

11）拣货差错率

拣货差错率用以衡量拣货作业的品质，以评估拣货员的细心程度，或自动化设备的正确性功能。其计算公式如下

拣货差错率=拣取错误笔数/订单总笔数

降低拣货差错率的主要措施有：

① 选择最合理的拣货方式。

② 加强拣货人员的培训。

③ 检查拣货的速度。

④ 改善拣货单内容表达方式。

⑤ 引进条形码、拣货标签或计算机辅助拣货系统等自动化技术，以提高拣货精确度。

（6）配送作业

配送是从配送中心将货品送达客户处的活动。适量的配送人员、合适的配送车辆、最佳送货路线相结合才能实现有效的配送。

1）平均每人的配送量、平均每人的配送距离、平均每人的配送重量、平均每人的配送车次

平均每人的配送量、平均每人的配送距离、平均每人的配送重量、平均每人的配送车次用以评估配送人员的工作分摊及其作业贡献度，以衡量配送人员的能力负荷与作业绩效。评估指标及其计算公式如下

平均每人的配送量=出货量/配送人员数

平均每人的配送距离=配送总距离/配送人员数

平均每人的配送重量=配送总重量/配送人员数

平均每人的配送车次=配送总车次/配送人员数

2）平均每辆车的吨公里数、平均每辆车配送距离、平均每辆车配送重量

平均每辆车的吨公里数、平均每辆车配送距离、平均每辆车配送重量用以评估配送车辆的产能负荷。其计算公式如下

平均每辆车的吨公里数=（配送总距离×配送总重量）/（自车数量+外车数量）

平均每辆车配送距离=配送总距离/（自车数量+外车数量）

平均每辆车配送重量=配送总重量/（自车数量+外车数量）

3）空车率

空车率用以衡量车辆的空间利用率。其计算公式如下

空车率=空车走行距离/配送总距离

减少空车运行状况，关键要做好回程顺载工作，可从回收物流着手。回收物流包括容器的回收（啤酒瓶、牛奶瓶），托盘、笼车、拣货周装箱的回收，原材料的再生利用（碎玻璃、铁屑、废纸），退货等。

4）配送车移动率、积载率、平均每车次配送重量、平均每车次吨公里数

配送车移动率、积载率、平均每车次配送重量、平均每车次吨公里数用以衡量车辆运用状况。其计算公式如下

配送车移动率=配送总车次/（（自车数量+外车数量）×工作天数）

积载率=出货品材积数/（车辆总材积数×配送移动率×工作天数）

平均每车次配送重量=配送总重量/配送总车次

平均每车次吨公里数=（配送总距离×配送总重量）/配送总车次

5）外车比例、季节品比率

外车比例、季节品比率用以评估外车数量是否合理，是选择自车或外车的依据。其计算公式如下

外车比例=外车数量/（自车数量+外车数量）

季节品比率=本月季节品存量/平均库存量

一般使用外雇车辆的原因是为了应付季节性商品和节日商品与平日形成的淡旺季的需求差。季节性商品比例高，表示配送中心淡旺季出货量的差别很大，应尽量考虑多雇用外车、减少自备车的数量；反之，则应使用自备车来提高配送效率。

6）配送成本比率、每吨重配送成本、每材积配送成本、每车次配送成本、每公里配送成本

配送成本比率、每吨重配送成本、每材积配送成本、每车次配送成本、每公里配送成本用以衡量配送成本花费多少。其计算公式如下

配送成本比率=（自车配送成本+外车配送成本）/物流总费用

每吨重配送成本=（自车配送成本+外车配送成本）/配送总重量

每材积配送成本=（自车配送成本+外车配送成本）/出货品材积数

每车次配送成本=（自车配送成本+外车配送成本）/配送总车次

每公里配送成本=（自车配送成本+外车配送成本）/配送总距离

7）配送平均速度

配送平均速度用以掌握配送情况，评价配送路线选择及配送车司机管理情

况。其计算公式如下

配送平均速度=配送总距离/配送总时间

8）配送延迟率

配送延迟率用以掌握交货时间。应尽量减少配送延迟情况，以确保公司信用度。计算公式如下

配送延迟率=配送延迟车次/配送总车次

造成配送延迟率过高的原因有：车辆、设备故障，路况不佳，供应商供货延迟，缺货及拣货作业延迟。

（7）采购作业

由于出库使库存量减少，当库存量下降到一定点时，应立即进货补充库存，订购方式、供应商信用、货品品质是进货作业的重要环节。

1）出货品成本占营业额比率

出货品成本占营业额比率用以衡量采购成本的合理性。其计算公式如下

出货品成本占营业额比率=出货品采购成本/营业额

降低出货品成本占营业额的比率，可以采取集中采购方式，因采购数量大可获得数量折扣，且统一付款易获得现金折扣，还可以减少采购费用。采购条件如交货日期、付款方式、采购数量等，都会影响采购价格。

2）货品采购及管理总费用

货品采购及管理总费用用以衡量采购与库存政策的合理性。其计算公式如下

货品采购及管理总费用=采购作业费用+库存管理费用

对于单价比较高的物品，尽量增加采购次数，这样费用相对较省；而单价较低的物品，一次采购量大些，费用相对较省。

3）进货数量误差率、进货不良品率和进货延迟率

进货数量误差率、进货不良品率和进货延迟率用以掌握进货准确度及有效性，以配合调整安全库存。其计算公式如下

进货数量误差率=进货误差量/进货量

进货不良品率=进货不合格数量/进货量

进货延迟率=延迟进货数量/进货量

（8）非作业面

非作业面是指整体评估方面，重点是对配送中心资产营运、财务效益、人员等的评估。

1）固定资产周转率

固定资产周转率用以衡量固定资产的运作绩效，评估所投资的资产是否充分

发挥效用。其计算公式如下

固定资产周转率=营业额/固定资产总额

2）产出与投入平衡

产出与投入平衡用以判断是否维持低库存量，现有库存与零库存差距多远。其计算公式如下

产出与投入平衡=出货量/进货量

若以低库存作为最终目标，且不会缺货，则产出与投入平衡的指标数值最好在每一期间都维持在 1 左右。

3）每天营运金额

每天营运金额用以衡量企业营运作业的稳定性。其计算公式如下

每天营运金额=营业额/工作天数

4）营业支出与营业额比率

营业支出与营业额比率用以测定营业成本费用对该期损益影响程度。其计算公式如下

营业支出与营业额比率=营业支出/营业额

3．配送中心作业绩效评价指标的分析

配送中心各项考核指标是从不同角度反映某一方面的情况，如果仅凭某一项指标很难反映事物的总体情况，也不容易发现问题，更难找到产生问题的原因，因此，要全面、准确、深刻地认识配送中心运作的现状和规律，把握发展的趋势，必须对各个指标进行系统、周密的分析，以便发现问题，采取相应的措施使配送中心各项工作水平得到提升，从而取得更好的经济效益。

配送中心作业绩效评价指标分析在配送中心作业绩效评价指标体系中存在着重要意义，它能帮助管理者了解配送中心各项任务的完成情况和取得的成绩，及时总结经验；发现配送中心工作中存在的问题及薄弱环节；考核配送中心基本原则的执行情况，对作业的质量、效率、安全、经济等做出全面评价；同时找出物流作业的规律，为配送中心的规划提供依据。

（1）配送中心作业绩效评价指标分析方法

对配送中心作业绩效评价指标进行分析的方法有很多种，本书着重介绍：比较分析法、功效系数方法以及综合分析判断法。

1）比较分析法

比较分析是指对两个或几个有关的可比数据进行对比，揭示差异和矛盾。比较是分析的最基本方法，没有比较，分析就无法开始。

比较分析的具体方法种类繁多，按比较对象（和谁比）分类，可分为：①趋

势分析，即与本企业历史比，即不同时期指标相比，也称“趋势分析”；②横向比较，即与同类企业比，与行业平均数或竞争对手比较，也称“横向比较”；③差异分析，即与计划相比，实际执行结果与计划指标比较，也称“差异分析”。

按比较内容（比什么）分类，比较分析可分为：①总量的比较，如配送距离、配送总量、营业收入、营业（配送）成本等。总量比较主要用于时间序列分析，如研究配送中心利润的逐年变化趋势，看其增长潜力，有时也用于同业对比度，看企业的相对规模和竞争地位。②比较结构百分比，用于发现有显著问题的项目，揭示进一步分析的方向。③比较比率，配送中心各作业评价指标大都是比率，它们是相对数，排除了规模的影响，使不同比较对象建立起可比性，它的计算是非常简单的，但对它加以说明和解释是相当复杂和困难的。

2）功效系数方法

功效系数法是指根据多目标规则原理，将所要考核的各项指标分别对照不同分类和分档的标准值，通过功效函数转化为可以度量计分的方法，是配送中心绩效评价的基本方法，主要用于配送中心定量指标的计算分析。

3）综合分析判断法

综合分析判断法是指综合考虑影响配送中心绩效的各种潜在的或非计量的因素，参照评议参考标准，对评议指标进行比较分析判断的方法，主要用于定性分析。

（2）配送中心作业绩效评价指标分析的步骤

在取得营运作业各项绩效评价指标，经过采用不同的比较方法判断数据好坏后，接下来就是依指标反映的状况进行指标分析，即基于指标实际数据及资料一一加以分析并发现问题点，把每一生产要素所须采取的行动整理出来，以决定改善对策。

指标分析的步骤包括：

① 判断数据的好坏。

② 发现问题点。

③ 确定问题。

④ 查找原因。

⑤ 寻找解决方法。

具体分析时，从两方面入手：①单一指标分析法，即以单一指标来评估作业绩效。但存在的问题是，一些指标在单独使用时，往往会掩盖另一些重要的方面。②多元指标分析法，即以多个相互关联的指标来评估作业绩效。关键问题是如何确定各指标之间评估过程中的权数。

（3）作业绩效评价指标分析问题的改善

经过指标分析，会发现一些问题，可采取如下步骤加以改善：

① 在所有问题点中决定亟待解决的问题。

② 收集有关事实，决定改善目标。

③ 分析事实，检讨改善方法。

④ 拟订改善计划。

⑤ 试行改善。

⑥ 评价试行实施结果，并使之标准化。

⑦ 制定管理标准，执行标准。

4．配送中心客户服务绩效评价分析

配送中心客户服务绩效可以从配送中心服务的可得性、配送中心的作业绩效、配送中心顾客服务的可靠性几方面进行评价分析。

（1）配送中心服务的可得性

可得性是指当客户需要时，能够满足客户需求的能力。衡量可得性一般采用以下三个指标：

① 订货完成率。订货完成率是衡量配送中心拥有一个客户预定的全部存货时间的指标。它把存货的充分可得性看作一种可接受的完成标准。假定其他方面的完成为零缺陷，则订货完成率就为客户享受完美订货的服务提供了潜在时间。

② 缺货频率。缺货频率是指缺货发生的概率。某种商品未能按客户需要配送给客户即产生缺货，缺货频率用于衡量某种商品的需求超过其可得性的次数，将全部产品发生缺货的次数汇总起来，就能对配送中心的服务承诺状况做出评价。

③ 供应比率。供应比率是衡量缺货的程度或影响大小的指标。通常一种产品的缺货并不意味着客户需求得不到满足，在判断缺货是否影响服务绩效以前，先要确认客户的真实需求，包括需求量、需求时间、需求地点、需求速率等。如果要求速率缓慢，那么即使供应比率较低，客户也会接受部分延期供货或重新订货。

供应比率通常按客户目标予以区分，例如，甲客户订货 110 个单位，只有 95 个单位可以得到，那么订货供应比率为 95%，一般在评估程序中，在特定的时间内对多个客户完成订货进行测评，才能够有效地衡量供应比率。

（2）配送中心的作业绩效

作业绩效可通过订发货周期、一致性、灵活性、故障与恢复等指标进行衡量。

① 订发货周期。订发货周期是指从开始订货时起到货物实际送达时止的时间。不同的配送中心，其订发货周期也不一致，长则几周，短则几个小时。这个时间越短，说明配送中心效率越高，配送的速度越快，但并非所有客户都需要或希望时间越短越好，因为这与客户的存货，特别是安全库存有直接关系，一般情况下，订发货周期越短，客户所需用存货投资越少。

② 一致性。一致性是指配送中心必须随时按照配送承诺加以履行的作业能力。一致性通常用一定时期由准时交货并保证质量的次数占总交货次数的百分比来表示。设在某时期内，准时并保证质量交货次数为 N_1，总交货次数为 N_2，则一致性指标（P）计算公式为

$$P = \frac{N_1}{N_2}$$

③ 灵活性。灵活性是指处理客户特殊需求的能力，即在始料不及的情况下，妥善处理客户提出的需求，如突然改变配送地点、配送时间、配送货物（新产品）等的能力。在很多情况下，配送的优势就在于灵活性，当然这种灵活性并非针对所有客户。

④ 故障与恢复。不管配送中心作业如何完美无缺，也难免可能发生故障。一旦故障发生，在客户服务方案中的应急计划必须包括对客户期望恢复的确认以及衡量服务一致性的方法。

（3）配送中心客户服务的可靠性

配送中心的服务质量与客户服务的可靠性密切相关，在配送活动中最基本的质量问题是如何实现已规划的库存可得性及作业完成能力。客户通常最反感的是意外事件的发生，如果他们事前得到信息，就能够对缺货或延误送达等意外情况做出评估。

5．配送中心绩效管理理论介绍

本书从基准化管理、物流绩效倍增系统、关键业绩指标几种理论对配送中心绩效管理理论进行介绍。

（1）基准化理论

1）基准化产生的背景

20 世纪 70 年代末、80 年代初，美国企业掀起“学习日本经验”的运动，施乐公司首先创造性地应用基准化（Benchmarking）。此后，形成热潮并被广泛应用。

美国 1997 年的一项研究表明，1996 年世界 500 强企业中有近 90%的企业在日常管理中应用了基准化。这些企业包括美国电话电报公司、柯达、福特、IBM、通用电气等。

贝恩咨询公司（美国）在全球竞争报告中，针对欧美 475 家大型公司为提高企业业绩而采用的管理技术进行排名，基准化是应用最为广泛的技术。与企业再造、战略联盟一起并称为 20 世纪 90 年代三大管理方法，也是近 20 年来新涌现出来的最流行、最有影响力的管理方法之一。

2）基准化的产生

20 世纪 70 年代末期的国际复印机市场，施乐公司的垄断地位受到日本企业

的全方位挑战。日本佳能、NEC公司以施乐公司的成本价销售产品并且能够获利，产品开发周期缩短50%，开发人员减少50%，与此同时，施乐公司的市场份额从82%锐减至35%。原因何在？施乐公司将佳能、NEC的机器拆卸成零部件逐项进行检验分析，检查机器的运转性能，结果发现主要原因是成本，佳能、NEC的产品成本确实要比自己的低得多。基于成本原因，施乐公司放弃了原有的产品预算标准，改之以佳能、NEC的低成本作为自己的目标，取得了巨大的实效，阻止了市场份额的进一步下滑。这就是基准化管理。

3）基准化的定义

关于基准化的定义主要有以下几个：

① 罗伯特·开普——施乐公司基准化的先驱和最著名的倡导者，将基准化定义为："一个将产品、服务和实践与最强大的竞争对手或是行业领导者相比较的持续流程。"

② 美国生产力与质量中心将基准化定义为："基准化法是一个系统的、持续性的评估过程，通过不断地将企业流程与世界上居于领先地位的企业相比较，以获得帮助企业改善经营绩效的信息。"

③《国际项目管理专业资质认证标准》对基准化的定义是："基准化亦即优胜基准学习法（Benchmarking），是对产生最佳绩效的行业最优的经营管理实践的探索，也就是以行业中的领先团队为标准或参照，通过资料收集、分析比较、跟踪学习等一系列的规范化的程序，改进绩效，赶上并超过竞争对手，成为市场中的领先者。"

④ 马可姆·波里奇——美国现代营销大师，于20世纪70年代提出基准化概念，他认为基准化"是指组织为了削减运营成本、缩短流通时间、增加产品稳定性、降低库存和提高客户满意度，确认与鉴别出那些出类拔萃的、并可以为组织直接采用的，或经过必要的改造后可为组织所采用的产品、服务、流程以及经营管理实践的系统化的思维方式。"

4）基准化的特征

基准化的特征主要有以下几个方面：

① 实效性。基准化是欧美企业最有用的改善经营绩效、提高竞争力的管理方法。福特汽车公司瞄准日本马自达公司的会计支付管理，引入"无票据系统"，在原来雇用500人的基础上，成功裁减了200人。

② 适用性。基准化已经在库存管理、质量管理、成本管理、人力资源、新产品开发、市场营销、企业战略、组织绩效等方面得到了广泛应用。

③ 持续性。基准化管理不是静止的，随着新标准的出现，绩效管理的过程也应动态变化。

④ 价值化。基准化的最终目标是创造价值。

⑤ 创新性。基准化的精髓在于模仿与创新并举的循环往复过程。松下幸之助说过：“只有努力创新的商店或制造公司，才会有前途。墨守成规或一味模仿他人，到最后一定会失败。”

⑥ 系统性。基准化不是简单的抄袭，而是识别最佳实践并予以吸收消化的过程，它致力于长期的绩效的改善。

5）基准化的类型

基准化主要有以下几种：

① 内部基准化（Internal Benchmarking）。内部基准化是以企业内部操作为基准的基准化。通过辨别内部绩效优劣的标准，即确立内部基准化的主要目标，可以做到企业内的信息共享。辨别企业内部最佳职能或流程及其实践，然后推广到其他部门，不失为企业绩效提高最便捷的方法之一。但是，内部基准化的企业往往持有内向视野，容易产生封闭思维。

案例：

吉列公司的物流基准化

吉列公司在拉美地区的业务网点包括设在墨西哥、智利、巴西、哥伦比亚、阿根廷、委内瑞拉、厄瓜多尔及秘鲁的产品制造中心和配送中心。每年，每个网点工作人员的物流业绩考核是采用 12 项物流绩效指标测评的。这些指标是装运准确性、库存准确性、库存周转率、订单周转时间、供应率、配送中心效率、配送中心储存密度及订单执行绩效等。吉列公司为每个指标设置年度个人奖和集体奖。在颁奖时，每个获奖个人或单位必须向其他人讲授自己怎样经过一年来的努力而获得成功的。这样一来，每个配送中心的配送管理水平都得到了提高。

② 外部基准化（External Benchmarking）。外部基准化是以外部竞争对象为基准的基准化法，也称为竞争基准化（Competitive Benchmarking）。外部基准化的目标是与有着相同市场的企业在产品、服务和工作流程等方面的绩效与实践进行比较，直接面对竞争者。外部基准化的实施比较困难，究其原因在于除了公共领域的信息容易获取外，其他关于竞争企业的信息不易获取。

案例：

施乐公司配送网络外部基准化

施乐公司致力于配送网络的重新设计，包括配送中心的数量、配送中心的位置、成品及服务套件配送设施的重新考虑。如何设计高效的配送中心？施乐公司派代表参观其他行业的一序列配送设施，交换关于仓储绩效和仓储配送设施的操作方面及受访企业在这方面的经验与教训的信息。施乐公司的物流工程师设计了一个用来衡量每项配送设施运行状况的指标：每人时产品装运量，选择的基准化合作伙伴是 L.L. Bean 公司。

6）基准化的流程分析

基准化的流程应注重可操作性，有着一套逻辑严密的实施步骤，一般可以分为以下几步：

① 决定基准化的项目。这个项目是企业最关心的问题或最关键的竞争力决定因素，如成本、供应链管理、人力资源管理模式、税收系统的效率、海关报关体系等。企业对所选择的基准化项目进行基准化要能够带动或促进企业竞争力或工作效率的提高。

② 识别关键的可测定的绩效变量。

③ 识别最好的一类公司。

④ 测定最好的一类公司的绩效。

⑤ 测定本公司的绩效。

⑥ 制订缩小这种差距的具体方案和行动。

⑦ 方案的实施与监督。

⑧ 效果评估与改进。在一项基准化完成后，必须对实施效果进行合理的评判，并及时总结经验，对新的情况、新的发现进行进一步的分析，重新检查和审视对标杆研究的假设和基准化的目标，以不断提升实施效果。基准化只有起点没有终点，企业应当在持续学习中不断把握机遇与提升优势，避免危机并发扬优势。

7）基准化的优点与作用

① 基准化的优点。基准化可在企业内部形成一种持续学习的文化，形成学习型组织。企业的运作绩效永远是动态变化的，只有持续追求最佳才能获得持续的竞争力，始终立于不败之地。基准化为企业提供了优秀的管理方法和管理工具，它为企业提供了追求不断改进的思路，是发现新目标以及寻求如何实现这一目标的手段和工具，是企业创新的源泉，具有合理性和可操作性。

② 基准化的作用。

a．基准化是企业评估和提高绩效的工具。一般的企业经常高估自己的绩效水平，同时低估竞争对手的实力，从而导致企业停滞不前。而基准化是一种辨识世界上最好的企业实践并进行学习的过程。通过辨识最佳绩效及其实践途径，企业可以明确本企业所处的地位、管理运作以及需要改进的地方，从而制定适合本企业的有效的发展战略。同时，基准化可以通过设定可达目标来改进和提高企业经营绩效。

b．基准化是企业实行全面质量管理的工具。基准化是所有全面质量管理活动的主要内容之一，企业要想知道其他企业为什么或是怎样做得比自己好，就必然要遵循基准化的原理和方法。

c．基准化是企业战略制定和战略管理的工具。通过基准化，企业可以明确企业所处的地位，从而制定适合本企业的有效的中长期发展战略。并通过与竞争对手对比分析来制订战略实施计划，以及选择相应的策略与措施。竞争者可能维持某种现状，通过基准化企业有可能发现和应用适合本企业的新战略来超越竞争者。

d. 基准化是企业增进学习和持续改进的工具。企业可以通过基准化方法，使企业成为学习型组织。树立基准帮助企业员工增强信心，相信本企业还有更好的竞争手段。研究表明，基准化可以帮助企业节省 30%～40%的开支，为企业建立一种动态测量各部门投入和产出现状及目标的方法，达到持续改进薄弱环节的目的。

e. 基准化是企业增长潜力的工具。经过一段时间的运作，任何企业都有可能将注意力集中于寻求增长的内在潜力，形成固定的企业文化。而通过基准化，企业可以不断完善组织内部的各个流程和系统，使内在潜力得以提升。

8）基准化在配送中心应用的基本要求

基准化是企业不断改进和获得竞争优势的重要管理方式。在配送中心应用基准化，就是以领先的配送中心的服务或者流程方面的绩效及配送作业为基准，树立学习和追赶的目标，配送中心基准化的实质是配送中心在明确服务和流程方面的最高标准的基础上，通过必要的改进来达到这些标准。基准化是配送中心进行绩效评估和获得持续改进的工具，能给配送中心带来巨大的实效。

基准化需要配送中心内部各方面的参与协作。管理者应该有充分的信心实现基准化的目标，充分的计划、培训和部门之间的广泛交流是基准化有效执行的重要方面。成功的基准化活动对配送中心的基本要求是：高层管理人员的兴趣与支持；对配送中心运作和改进要求的充分了解；接受新观念、改变陈旧思维方式的坦诚态度；愿意与合作者分享信息；致力于持续的基准化；有能力把配送中心运作与战略目标紧密结合起来；能将财务和非财务信息集成为供管理者和员工使用的信息；有致力于与客户要求相关的核心职能改善的能力；追求高附加价值；避免讨论定价或竞争性敏感成本等方面的内容；不向竞争者索要敏感数据；未经许可，不分享所有者信息；选择一个无偏的第三者在不公开企业名称的情况下来集成和提供竞争性数据；不基于标杆数据向外界贬低竞争者的商务活动。

目前，在我国真正运用基准化的配送中心并不多，但作为一项营造企业竞争优势的管理技术，基准化方法蕴含科学管理规律的深刻内涵，较好地体现了现代知识管理中追求竞争优势的本质特性，因此具有巨大的应用前景。

（2）物流绩效倍增系统

1）物流绩效倍增系统的内涵

物流绩效倍增系统是一个对企业现有物流条件进行一系列的改善，达到提升物流绩效的方法体系。它的核心点是绩效、分析与检查及管理，由于它们的英文单词的首字母合在一起为 PAC，因此该系统又被称为 PAC 系统。

资料：

PAC 系统与物流效率

两个配送中心实施 PAC 系统数据比较：甲企业是一家玩具生产厂商，它的物流配送中心有员工 110 名。引入 PAC 系统之前，员工的作业效率约为 65%。引入 PAC 系统之后的第 13 个月，物流作业效率便提升为 88%；在引入 PAC 系统后的第 25 个月，提升为 132%，实施大约两年后，物流作业效率就提升了 2 倍；乙企业是一家家用电器生产厂商，它的物流配送中心有员工 120 名。引入 PAC 系统之前，员工的作业效率大致为 61%。实施大约两年后，物流作业效率提升到了 111%，大约为原来的 1.8 倍。

2）物流绩效倍增系统的运作程序

① 收集分析常物流配送工作各项数据资料，确定各项作业耗费的生产工时。每项物流配送作业都需要耗费一定的时间，这个时间一般被称为生产工时。引入 PAC 系统，要通过调查与记录，记录各个岗位的物流员工的实际工作时间耗费情况，即工作效率情况，以此来作为改善的出发点。

② 分析物流工作岗位的绩效损失原因。从接受客户的订货开始，经过进货、存储、分拣、配货、配装、流通加工到送货给客户物品为止的配送过程中，有许多时间被浪费掉了。这个浪费掉的时间，从工作绩效来看形成了很大的损失，包括作业损失与管理损失。作业损失包括冗长作业造成的速度损失、作业错误重新修正的损失、小休息、未能充分利用设备造成的损失。管理损失包括机械保养、突发故障的等待、参加会议造成作业中断的等待、定期检查、消防训练的时间、由于前道工序延误造成的等待、无法投入与工作量相当的人力所发生的损失。

③ 确定每个物流配送工作岗位的标准工时。在明确了造成各岗位物流绩效损失的原因以后，就可以在剔除这些原因的基础上，根据所掌握的同行业先进企业的作业绩效资料，结合本企业的物流设施、工作强度等实际状况，采用科学的方法来确定出物流各岗位的标准工时水平。

④ 测算物流绩效的损失状况。在确定了标准工时以后，物流经理可以进一步测算出企业目前的物流作业的绩效损失状况。以包装作业为例，目前每个产品的包装需用 14min。3 000 个产品则需耗费 70h，即 4 200min，这个时间称为作业工时。现在根据分析与测定，制定出每个产品进行包装的作业标准工时为 0.73min，则完成 3 000 个产品的包装任务需耗费的时间约为 2 200min。这样就可以看出作业工时与标准工时之间有 2 000min 的差距，即在该物流业务环节上发生了 2 000min 的作业时间损失，这 2 000min 的损失可以分成两个部分，其一是管理损失，为 500min；其二是作业损失，为 1 500min。作业工时减去管理损失即为投入工时。

用指标表示上述损失，则作业效率=生产工时/投入工时×100%=2 200min /

3 700min×100%=60%，即有 40%的绩效损失发生。这样，由投入工时与生产工时两者的数额就可以大致测算出物流绩效损失的多少。

⑤消除物流绩效损失。从指数层面上观察上可以看出，生产力=工作量/投入工时，所以提高物流生产力指数的有效途径是降低作业投入工时。为此应做到以下几点：提高作业员工的意愿与技能；良好的作业绩效有赖于物流经理对员工进行深入的业务培训，通过培训使员工增加工作技能，熟练地使用各种物流机械与物流作业系统，了解各项作业流程，从而提高物流工作绩效水平；全力促进及改善现场工作；物流经理应组织制定作业效率指标，并且坚持进行日常分析检查，发现问题、改善目标。第一线作业监督人员一般应每月开会相互通报情况，把它作为一项经常性工作来开展；投入与标准作业工时相当的人力；通过设立机动作业组来满足物流工作临时性的需求；物流工作的现场作业人数一般由工作量较少时所需的人数来决定，在忙时可以通过派出预先设立的机动作业组参与作业，或向其他部门请求增援。物流经理应定期对现场的物流员工进行巡回指导，表示热忱及关心。物流经理的任务主要有两项：①制定物流作业绩效的目标；②处理物流员工人际关系，是物流员工的伙伴与支持者。为此，物流经理要树立正确的管理理念，建立人性化、科学、优先的管理系统，尊重员工的自主性，充分调动他们的工作积极性。注意处理“持平现象”。在物流绩效改善的过程中，工作会出现停顿的时候，尤其是物流工作绩效提升到了 75%～90%时，往往会出现“提升停滞”，即“持平现象”。此时，物流经理可以通过适当的人事变动来力求创新，或通过重新对员工进行培训等方法克服这种现象。

（3）关键绩效指标

1）关键绩效指标的概念

关键绩效指标（Key Performance Indicator，KPI）是通过对组织内部流程的输入端、输出端的关键参数进行设置、取样、计算、分析，衡量流程绩效的一种目标式量化管理指标，是把企业的战略目标分解为可操作的工作目标的工具，是企业绩效管理的基础。KPI 可以使部门主管明确部门的主要责任，并以此为基础，明确部门人员的绩效衡量指标。建立明确的切实可行的 KPI 体系，是做好绩效管理的关键。

2）关键绩效指标的 SMART 原则

SMART 是 5 个英文单词首字母的缩写：S 代表具体（Specific），是指绩效考核要切中特定的工作指标，不能笼统；M 代表可度量（Measurable），是指绩效指标是数量化或者行为化的，验证这些绩效指标的数据或者信息是可以获得的；A 代表可实现（Attainable），是指绩效指标在付出努力的情况下可以实现，避免设立过高或过低的目标；R 代表现实性（Realistic），是指绩效指标是实实在在的，可以证明和观察；T 代表有时限（Time Bound），注重完成绩效指标的特定期限。

3）建立关键绩效指标的要点

① 明确企业价值评估的重点。在此基础上找出关键业务领域的关键绩效指标，即企业级 KPI。

② 部门主管依据企业级 KPI 建立部门级 KPI，并进行分解，确定相关的要素目标，分析绩效驱动因数（技术、组织、人），确定实现目标的工作流程，分解出各部门级的 KPI，以便确定评价指标体系。

③ 部门主管和部门的 KPI 人员一起再将 KPI 进一步细分，分解为更细的 KPI 及各职位的绩效衡量指标。这些绩效衡量指标就是员工考核的要素和依据。这种对 KPI 体系的建立和测评过程本身，就是统一全体员工朝着企业战略目标努力的过程，也必将对部门管理者的绩效管理工作起到很大的促进作用。

④ 设定评价标准。一般来说，指标指的是从哪些方面衡量或评价工作，解决“评价什么”的问题；而标准指的是在各个指标上分别应该达到什么样的水平，解决“被评估者怎样做，做多少”的问题。

⑤ 必须对关键绩效指标进行审核，如多个评价者对同一个绩效指标进行评价，结果是否能取得一致；这些指标的总和是否可以解释被评估者 80%以上的工作目标；跟踪和监控这些关键绩效指标是否可以操作，等等。确保这些关键绩效指标能够全面、客观地反映被评价对象的绩效，而且易于操作。

每一个职位都影响某项业务流程的一个过程，或影响过程中的某个点。在订立目标及进行绩效考核时，应考虑职位的任职者是否能控制该指标的结果，如果任职者不能控制，则该项指标就不能作为任职者的绩效衡量指标。例如，跨部门的指标就不能作为基层员工的考核指标，而应作为部门主管或更高层主管的考核指标。

绩效管理是管理双方就目标及如何实现目标达成共识的过程，也是帮助员工成功地达到目标的管理方法。管理者给下属订立工作目标的依据来自部门级的 KPI，部门级的 KPI 来自上级部门的 KPI，上级部门的 KPI 来自企业级 KPI。只有这样，才能保证每个职位都是按照企业要求的方向去努力。

善用 KPI 进行考评将有助于企业组织结构集成化，可以提高企业的效率，精简不必要的机构、不必要的流程和不必要的系统。

关键术语

配送中心绩效评价　　配送中心绩效评价方法

配送中心绩效评价指标体系　　配送中心作业绩效评价指标的分析方法

思 考 题

1．什么是配送中心作业绩效评价？

2．配送中心作业绩效评价方法包括哪些？

3．阐述配送中心作业绩效评价指标体系？

4．配送中心作业绩效评价的原则及突破点是什么？

5．配送中心作业绩效指标的变动含义、原因与措施分别是什么？

6．配送中心作业绩效评价指标的分析方法。

7．描述基准化管理。

8．阐述关键业绩指标管理。

案例分析：

位于 L 市的佳美零售商业有限责任公司的 M 配送中心，现阶段的业务主要分为收货和出货两个环节。尤其是在收货环节，配送中心对商品质量的检验相当严格。超市规定，收货之前，采购部必须按规定将订货单传送到配送中心，配送中心凭有效计算机订单收货。收货时，配送中心要认真核实订货单与厂商送货单是否一致，对商品名称、规格、数量等仔细核对。其中，质检验收以抽检开箱方式进行，开箱率应低于 20%。质检按订单时效、品名规格、包装规格、单件数量、质量的顺序进行，即先核查来货的品名规格、包装规格，然后核查来货的数量，再对商品的外观品质、保质期及商品标签进行检查，有关数据记录在相应的订货单上。对于容易混淆的商品则会在外包装上注明相应的管理的品名规格。

如果来货包装规格改变，要做好登记，并通知采购部修改计算机信息内容或采取其他处理措施予以更正，若供货方品名规格改变，采购部应及时修改订货单并通知配送中心收货组，否则不予收货。原则上，来货数量不多于订货数量，否则超过部分不予接收。

另外，收货组对无订货单的货品，来货的品名规格与订货单不符的商品，无法准确辨认保质期的商品，保质期与规定不符的产品，通过外观已看到来货变质、有异味或存在明显质量问题的产品，附激光标签或中文标志不全的进口商品，以及无商品中文标志、来货时间超过订货单有效期的国产商品，配送中心都会拒绝接受，以此保证进货产品对板的同时，初步把好质量第一关。

问题：

1．该公司采取的是什么样的作业绩效管理方法？

2．试分析该公司的配送中心作业绩效评价指标。

3．配送中心作业绩效评价指标给佳美零售商业有限责任公司带来了哪些效益？

参考文献

[1]刘昌棋．物流配送中心拣货系统选择与设计[M]．北京：机械工业出版社，2004．

[2]王焰．配送中心规划与管理[M]．长沙：湖南人民出版社，2006．

[3]王崇鲁．如何进行运输与配送管理[M]．北京：北京大学出版社，2004．

[4]吕军伟．物流配送业务管理模板与岗位操作流程[M]．北京：中国经济出版社，2004．

[5]杨平安．现代物流国际通用管理与成功案例典范[M]．北京：新华出版社，2002．

[6]冯耕中．物流配送中心规划设计[M]．西安：西安交通大学出版社，2004．